Wolfgang W. Müller, Bruno Santini-Amgarten (Hrsg.)

Minimalia christlicher Bildungspraxis

Das christliche Verständnis von Bildung
in einem konfessionsneutralen Staat

T0122539

TVZ

Wolfgang W. Müller
Bruno Santini-Amgarten (Hrsg.)

Minimalia christlicher Bildungspraxis

Das christliche Verständnis
von Bildung in einem
konfessionsneutralen Staat

EDITION **N Z N**
BEI **T V Z**
Theologischer Verlag Zürich

Schriften Ökumenisches Institut Luzern 2

Die deutsche Bibliothek – Bibliografische Einheitsaufnahme
Die Deutsche Bibliothek verzeichnet diese Publikation in der
Deutschen Nationalbibliografie;
detaillierte bibliografische Daten sind im Internet über <http://dnb.ddb.de>
abrufbar.

ISBN 3-290-20026-4

Umschlaggestaltung: www.gapa.ch gataric, ackermann und partner, Zürich
Satz und Layout: Verena Schaukal, Paris
Druck: ROSCH-BUCH GmbH, Scheßlitz

© 2006 Theologischer Verlag Zürich
www.tvz-verlag.ch

Inhaltsverzeichnis

Vorwort

«Alle Menschen, gleich welcher Herkunft, welchen Standes und Alters, haben kraft ihrer Personenwürde das unveräußerliche Recht auf eine Erziehung, die ihrem Lebensziel, ihrer Veranlagung, dem Unterschied der Geschlechter Rechnung trägt, der heimischen kulturellen Überlieferung angepasst und zugleich der brüderlichen Partnerschaft mit anderen Völkern geöffnet ist, um der wahren Einheit und dem Frieden auf Erden zu dienen. Die wahre Erziehung erstrebt die Bildung der menschlichen Person in Hinordnung auf ihr letztes Ziel, zugleich aber auch auf das Wohl der Gemeinschaften, deren Glied der Mensch ist und an deren Aufgabe er als Erwachsener einmal Anteil erhalten soll.» (GE 1)

Das II. Vatikanische Konzil ruft die Bedeutung der Erziehung für die Kirche in der Erklärung «Gravissimum Educationis» in Erinnerung. Wie steht es 40 Jahre nach dieser Erklärung um den Bildungsauftrag der Kirche? Die Fragestellung erschließt sich heute in einem ökumenischen Kontext.

Der Weltauftrag der christlichen Kirchen umfasst einen Bildungsauftrag: Bildung und Erziehung als Aufgabe der einzelnen Christen (Eltern, Familie, Alleinerziehende, Erziehende) als auch der kirchlichen Gemeinschaft als ganzer. Das christliche Verständnis von Bildung basiert auf der Würde der menschlichen Person. Dem Bildungsauftrag der Kirche liegt ein ganzheitliches Verständnis des Menschen zugrunde. Bildung richtet sich an Kinder und

Jugendliche, die in einem Erziehungsprozess stehen, versteht sich aber auch als spezifische Erwachsenenarbeit. Dem Bildungs- und Erziehungsauftrag der Kirche stellen sich immer wieder neue Fragen und Herausforderungen. Angesichts der heutigen gesellschaftlichen Situation müssen Theologie und Kirchen nach den Bedingungen christlicher Bildung und Erziehung in einer plural gewordenen Gesellschaft fragen. Wie kann Glaube neu geweckt und entfaltet werden, wie wird zu christlicher Mündigkeit erzogen? Das Selbstverständliche einer christlichen Bildung konnte in einer Milieugesellschaft problemlos praktiziert und tradiert werden. Wie lässt sich christlicher Glaube angesichts eines Wertewandels vermitteln? Welches sind die theologischen wie außertheologischen Rahmenbedingungen dieses Transfers? Worin besteht das Proprium christlichen Glaubens, der durch Bildung und Erziehung weitergegeben werden soll?

Der Bildungsauftrag konkretisiert sich in einer geschichtlich gewachsenen Glaubensgemeinschaft. Eine auf Zukunft hin christlich verantwortete Bildung wird eines anthropologischen Ansatzes bedürfen. Die ökumenische und interreligiöse Fragestellung ist eine weitere Vorgabe des heutigen Bildungsauftrages aller christlichen Kirchen. Auf Personalmangel und finanziellen Druck versuchen die Kirchen durch die Reduktion auf wenige Kernbereiche zu reagieren. Bildung als ein Kernbereich christlicher Kirchen wird in Frage gestellt. Wie sollen Theologie und Kirchen mit der Ökonomisierung von Bildung und Erziehung umgehen? Wie stehen Kirchen und Bildung in einer ausdifferenzierten Gesellschaft zueinander? Für viele gehört der Bildungsauftrag selbstverständlich zum Kernbereich der Kirchen, andere scheinen einen Rückzug aus dem Bildungsbereich zu propagieren. Christliche Bildung und Erziehung sind in einer pluralen Gesellschaft in die Debatte geraten.

Die vorliegenden Beiträge gehen auf eine Vorlesungsreihe zurück, die im Wintersemester 2004 an der Theologischen Fakultät der Universität Luzern gehalten wurde. Sie fragen nach dem Stellenwert des Bildungsauftrags in Theologie und Kirchen aus rechtlicher, pädagogischer, dogmatischer und bildungspolitischer Sicht. Mehrheitlich gehen die Beiträge vom eidgenössischen Kontext der Problematik aus. Der Beitrag «Katholische Schule als missionari-

scher Ort – die besondere Situation in den neuen Bundesländern»
wurde in diese Reihe aufgenommen, um die Vielfalt und Komplexität der untersuchten Fragestellung in einer säkularen Gesellschaft
zu dokumentieren.

Der Band versteht sich als Diskussionsauftrag für die Bildungsaufgaben der Kirchen in einer pluralen und säkularen Gesellschaft.

Die Herausgeber

Während der Vorbereitungszeit zu diesem Band verstarb unerwar-
tet der Initiator der Vorlesungsreihe. Bruno Santini-Amgarten war
der christliche Bildungsauftrag zur Lebensaufgabe geworden, ihm
sei dieser Band als Zeichen des Dankes gewidmet.

Wolfgang W. Müller

Wozu Bildung?
Der Bildungsauftrag im Gesamt
der ekklesialen Vollzüge

Die Kirche lebt in vielen Aktivitäten: Sie feiert, sie freut sich, sie kämpft, sie opfert, sie dankt, sie betet, sie hofft. Sie lehrt, sie ermahnt und tut vieles andere mehr. Solche Aufgaben gehören zu ihrem Selbstverständnis. Durch diese Aktivitäten wirkt die Kirche in die Gesellschaft hinein und wird dadurch von dieser wahrgenommen. Das Verständnis der Kirche in der (post-)modernen Gesellschaft realisiert sich – unter anderem – durch ihren Bildungsauftrag. Für bestimmte Perioden der Geschichte besaß die Kirche das Bildungsmonopol. Heute repräsentiert sie eine Stimme in einer pluralen Bildungslandschaft. Das Selbstverständnis der Kirche erweist sich durch eine theologische Reflexion all ihrer Aktivitäten. Es fällt auf, dass der Bereich der Bildung in der klassischen Ekklesiologie eher stiefmütterlich behandelt wurde. Spricht man von der Kirche als «ecclesia docens», so meint man damit die Lehrverkündigung in der Kirche, jedoch nicht die Bildung als einen gesellschaftlichen Auftrag der Kirche. Im Folgenden soll durch eine theologisch-systematische Reflexion der Frage nachgegangen werden, welchen Stellenwert die Bildung in einem theologischen Verständnis der Kirche einnehmen kann. Dazu wird zunächst eine kurze theologische Begründung der Kirche vorgenommen und in einem zweiten Schritt der Begriff «Bildung» erläutert, um dann zu einer theologischen Verortung der Bildung in Kirche und Theologie zu gelangen.

1 Eine theologische Beschreibung der Kirche

Wie wird Kirche wahrgenommen? Kirche ist ein komplexes Gebilde, das unter vielen Facetten betrachtet werden kann. Es kann an die Kirche vor Ort gedacht werden; sie wird als die Großorganisation gesehen, mit ihren amtlichen VertreterInnen. Die Vielfältigkeit spiegelt sich ebenso in der persönlichen Bindung zu diesem Phänomen Kirche: Es gibt Kirchendistanzierte, Randständige, solche, die die Kirche bewusst an einschneidenden Lebensabschnitten (Geburt, Hochzeit, Tod) aufsuchen oder bei solchen Gelegenheiten mit ihr (wieder) in Kontakt treten. Es gibt solche, die eine enge Beziehung mit ihr pflegen. Solche, die ihre Kirchenzugehörigkeit aus einer übernommenen Tradition begründen, machen ebenso Kirche aus wie jene, die auf Grund ihrer eigenen Biografie wieder neu einen Weg zur Kirche gefunden haben. Die Kirchenzugehörigkeit kann sich in einem bewussten Engagement für eine Kirche von unten oder für eine Frauenkirche neu artikulieren.

Andererseits tritt die Kirche auch als selbstständige Größe im Chor der pluralistischen Gesellschaft auf, wenn z. B. eine Verlautbarung einer Bischofskonferenz oder des Papstes zu einem gesellschaftspolitischen oder theologischen Thema veröffentlicht wird.

Wahrnehmung und Bindung an die Kirche entsprechen ebenso der bereits diagnostizierten Vielfalt der Kirche. Die Rede von der Kirche manifestiert auch deren konfessionellen Charakter. In einer geschichtlichen Betrachtung dessen, was Kirche ist, konkretisiert sich immer auch Konfessionalität. Wir kennen Kirchen und kirchliche Gemeinschaften.

Das christliche Leben sucht in der postmodernen Zeit seine Identität zu sichern. Wir leben unser christliches Leben nicht solo, sondern in Gemeinschaft. «*Ekklesia*» ist die Gemeinschaft der Herausgerufenen, vom Auferstandenen zur Nachfolge gerufen. Der maßgebende Ursprung der Kirche ist Jesus Christus. Kirche und Jesus Christus gehören zusammen. Das Neue Testament benutzt dafür das Wort Ekklesia. Dieses Wort wurde schon sehr früh zum Terminus technicus für die Kirche im Urchristentum. Es bezeichnet Kirche sowohl als ein Ganzes als auch die einzelne Gemeinde am Ort. Die Kirche ist neutestamentlich immer die Kirche Gottes. Gemeinschaft ist ein Zeichen der Christusnachfolge.

Was ist eigentlich eine Gemeinschaft? Was zeichnet sie aus? Die Gemeinschaft geht über das Individuum hinaus, ist mehr als die Summe der ihr angehörenden Personen. Das Soziale ist eine Grunddimension des menschlichen Lebens. Das damit verbundene Phänomen der Vergesellschaftung erlaubt den Individuen, in Kontakt mit einander zu treten. Die Sozialbezüge können verschiedene Formen annehmen («ingroup/outgroup»), sie gestalten das Leben der Einzelnen mit. Der Mensch ist ein Wesen, das auf Beziehung angelegt ist.

Mit dieser kurzen Phänomenologie des Gemeinschaftlichen haben wir einen Ansatzpunkt, um von Kirche reden zu können. So schreibt Karl Kardinal Lehmann über den Gemeinschaftscharakter der Kirche:

> «Ich brauche die Kirche, weil ich überzeugt bin, in ihrer Gemeinschaft den wahren Glauben zu finden. In dieser Kirche mag vieles menschlich, allzu menschlich, brüchig, sündig und manchmal auch ärgerlich sein, aber indem sie mir auf zuverlässige Weise den Glauben vermittelt und auch eine einzigartige, nämlich weltweite Gemeinschaft schenkt, nenne ich sie mit einer langen Überlieferung auch die Mutter. Ich bin darin direkt mit zahlreichen Schwestern und Brüdern in aller Welt, aus allen Rassen und Klassen eng verbunden.»[1]

Auf die Frage, was das Wesen der Kirche sei, kennt die Fachsprache der Theologie eine Antwort, die kurz vorgestellt werden soll. Die Kirche lebt in drei Grundvollzügen:
- Die Kirche ist eine feiernde (= Liturgie).
- Die Kirche ist eine dienende (= Diakonie).
- Die Kirche ist eine bezeugende (= Martyria).

Diese Trias von Diakonie, Liturgie und Martyrium/Zeugnis zeichnet – in theologischer Sicht – das Wesen der Kirche aus. Es ist wichtig, dass keine dieser drei Funktionen isoliert wird. Theologie und Praxis der Kirche, Kirchentheorie und Kirchenpraxis müssen sich dieser Gleichwertigkeit aller drei Bereiche bewusst sein. Im Vollzug der drei Modi realisiert sich Kirche in ihrer Gemeinschaft. In

Liturgie, Diakonie und Zeugnis vollzieht sich Kirche, realisiert sich die Gemeinschaft von Gott und Mensch. Die drei Grundweisen bleiben der Kirche als Vollzug in allen Teilen der Kirche aufgegeben. Immer wieder gab es in der Geschichte von Theologie und Kirche Tendenzen, diese drei Grundweisen auseinander zu reißen; dann aber wurde Kirche theologisch nur verkürzt wahrgenommen. Es ist natürlich einsichtig, bei diesen drei Grundweisen in der individuellen kirchlichen Existenz Schwankungen im Blick auf die Akzentuierung dieser drei Bereiche anzunehmen.

Bezeichnet Liturgie im Profangriechisch zunächst unbezahlte Dienste, wird es im kirchlichen Sprachgebrauch zur Bezeichnung gottesdienstlicher Handlungen verwendet. In liturgischer Sicht wird zunächst Christus als Liturge, sein Handeln als Liturgie bezeichnet (Hebr 9,21; 10,11), an der alle Getauften durch Teilhabe am Priestertum Anteil haben. Liturgie ist ihrem Wesen nach Handeln Christi und der Kirche. Die Liturgie ist ein «Höhepunkt, dem das Leben der Kirche zuströmt» (SC 10). «Ecclesia in Europa» spricht von der Bedeutung, das Christusmysterium als Quelle der Freiheit und der neuen Hoffnung zu feiern (vgl. Nr. 69). Trotz dieses hohen Stellenwerts der Liturgie erschöpfen sich Wirken und Wesen der Kirche nicht in der Liturgie.

Diakonie als Grundfunktion der Kirche leitet sich vom griechischen Wort *diakonein* ab. Jesu Christi Leben ist in eindrücklicher Weise Dienen für andere. Seine Pro-Existenz meint Dienst Gottes für die Menschen wie Dienst der Menschen für Gott und untereinander. Von daher versteht man unter Diakonie alle Dimensionen und Ebenen des sozialkaritativen und sozialpolitischen Handelns der Kirche. In dieser Hinsicht ist Kirche immer politisch. Diese diakonische Dimension der Kirche umschließt Fragen der Gerechtigkeit, des Friedens und der Bewahrung der Schöpfung. Die Kirche wirkt als dienende in der Welt nicht aus eigener Machtvollkommenheit, sondern versteht sich unter dem Wort Gottes stehend und im Auftrag Christi handelnd.

Kirche lebt vom prophetischen Zeugnis ihrer Glieder. Glaube basiert wesentlich auf dem Zeugnis. Das Zeugnis für den Glauben umschließt Verkündigung des Wortes Gottes sowie das Leben aus diesem gehörten Wort. Die Zeugnisdimension des Glaubens umgreift alle Weisen der Verkündigung im Gottesdienst und kirchliche Äußerungen aller Art. Das Zeugnis umfasst die Breite und Vielfalt eines menschlichen Lebens. Mit Zeugnis wird jede Art der Mitteilung des Evangeliums verstanden. Zum Zeugnis gehören sowohl das gesprochene Wort als auch die Zeichen der Zeit, die Symbolik des eigenen Lebens und die Geschichte der Gemeinschaft der Glaubenden.

Mit den drei Modi Liturgie, Diakonie und Zeugnis ist das Kirche-Sein aller angesprochen, in ihnen aktualisiert sich das Hoffen, Lieben und Glauben aller Christgläubigen. Das gesamte Handeln der Kirche in all ihren Vollzügen ist deswegen symbolisch zu verstehen, als alle diese Lebensvollzüge Zeichen sein wollen: Sie wollen auf die Botschaft der Barmherzigkeit und Versöhnung Gottes in Jesus Christus durch seinen Geist hinweisen. Diese drei Vollzüge der Kirche verweisen in ihrer Begriffsbestimmung bereits auf Jesus Christus.

2 Wo ist der Begriff «Bildung» in den ekklesialen Vollzügen anzusiedeln?

In dieser grundsätzlichen Bestimmung der Kirche aus systematischer Sicht wird der Bildungsauftrag nicht thematisiert. Ist dieser Auftrag etwa nur ein sekundäres Tun ekklesialer Vollzüge? In der Geschichte Europas besaß die Kirche – nach der Reformation muss von den Kirchen gesprochen werden – das Bildungsmonopol in der jeweiligen Gesellschaft. In der aktuellen Stunde der Kirche scheint die Frage nach Bildung und Erziehung nicht (mehr) erste Priorität zu besitzen. Dies steht im Gegensatz zur gesellschaftlichen Entwicklung: In unserem Globalisierungszeitalter («global village») kommen Bildung und Erziehung eine Schlüsselstellung für eine zukunftsfähige Entwicklung zu. Förderung und Aktivierung von Bildungsressourcen stellen für die Politik ein relevantes Aufgabenfeld dar. Alle sieben Weltkonferenzen der Vereinten Nationen haben in ihren Schlussdokumenten der Frage nach Bildung und Erziehung große Bedeutung eingeräumt.[2]

Um der Bedeutung der Bildung für die Kirche nachzugehen, soll im Folgenden von der Etymologie des Begriffs «Bildung» ausgegangen werden. Die Umschreibung der Thematik ist zugleich eine

Eingrenzung, werden doch andere Aspekte, die es bei einer solchen Thematik zu bedenken gilt (historischer Abriss, gesellschaftliche wie kulturelle Hintergründe u. a. m.) mehr gestreift als ausführlich gewürdigt und dargestellt.

2.1 Etymologische Wurzeln des Bildungsbegriffs [3]

In diesem einleitenden Exposé kann es sich nicht um eine vollständige Definition von Bildung handeln. Der Ursprung des Bildungsbegriffs liegt weder im humanistischen noch im pädagogischen Bereich, sondern sowohl im mystisch-theologischen als auch im naturphilosophischen und spekulativen Feld der Semantik. Das althochdeutsche Wort «bilden» meint die körperliche Bedeutung «abbilden, Bildnis», «Gebilde», «Gestalt». Diese Semantik reicht zu den Begriffen «imago» und «forma» sowie «imitatio» und «formatio».

Der Bildungsbegriff scheint eine «Neuprägung der spätmittelalterlichen Mystik»[4] zu sein und versteht sich aus der Verbindung mit der Imago-Dei-Theorie der klassischen Theologie sowie der Verknüpfung mit dem lateinischen Begriff «forma». Diese begriffliche Synthese bezieht sich wiederum auf die Verknüpfung mit dem biblischen Schöpfungsbericht (Gen 2,16) und den paulinischen Begriff des «Überbildetwerdens» in das Bild Christi (2 Kor 3,18: «Wir alle spiegeln mit enthülltem Angesicht die Herrlichkeit des Herrn wieder und werden so in sein eigenes Bild verwandelt, von Herrlichkeit zu Herrlichkeit, durch den Geist des Herrn»). Meister Eckhart, Heinrich Seuse und andere Vertreter der Rheinischen Mystik sprechen beispielsweise in ihren Texten von der «transformitas / conformitas» der menschlichen Seele zu Gott (vgl. auch die Thematik der Gottesgeburt: Die Seele, so Meister Eckhart, wird «überbildet»[5]).

Die Beschäftigung der Mystiker mit dem Begriff der Bildung baut diesen theologisch aus. Den Dingen wird durch die Ein-Bildung des Geistes Gottes in die natürliche Matrix eine innere Formgerichtetheit eingestiftet. Mit diesem theologischen Gerüst wird der Bildungsbegriff bis in das 18. Jahrhundert geprägt. Säkularisierung, Humanisierung und Pädagogisierung des Bildungsbegriffs setzen mit dem ausgehenden 18. Jahrhundert ein.

2.2 Anthropologische Gedanken zum Begriff der Bildung in den christlichen Kirchen

Gemeinhin unterscheidet man bei Fragen zum Menschsein zwischen anthropologischen Elementen, die entweder das Einzelwesen des Menschen oder seine gesellschaftliche Daseinsweise bedenken. Jeder Mensch versteht sich in seiner Daseinsweise als leibliches, freies, sprachliches und geschichtliches Wesen. Die anthropologischen Grunddaten werden in Arbeit, Sitte, Politik, Kunst und Religion durch weitere Formen menschlicher Tätigkeiten und Reflexionen verbunden. Diesen Bereich nennt man in der Alltagssprache heute Erziehung und Bildung. Die Denkschrift der Evangelischen Kirche Deutschlands (EKD) zu Fragen der Erziehung kritisiert, dass bei den Programmen und Konzeptionen der Wissens- und Lerngesellschaft auf eine Explikation des zugrunde liegenden Menschenbildes bzw. des Verständnisses vom Menschen verzichtet wird.[6]

Beide Begriffe, Erziehung und Bildung, meinen stets zweierlei:

«Die pädagogische Grundstruktur menschlichen Denkens und Handelns ist zum einen dadurch bestimmt, dass Menschen in jeder gesellschaftlichen Formation als leibliche, freie, sprachliche und geschichtliche Wesen existieren, die ihre jeweilige Bestimmung vermittelt über ihr eigenes Handeln und Denken hervorbringen; diese Grundstruktur ist zum anderen dadurch definiert, dass die für das Leben und den Fortbestand eines Sozialverbandes grundlegenden Kenntnisse, Fertigkeiten und Kompetenzen jeweils wieder an die nachwachsende Generation weitergegeben und von diesen stets von neuem angeeignet werden müssen.»[7]

Von diesem Tatbestand ausgehend kann man von einer anthropologischen Notwendigkeit von Erziehung und Bildung sprechen, für die es einen doppelten Grund gibt. Einerseits wird mit Erziehung/Bildung gesagt, dass die menschliche Natur nicht auf eine bestimmte Form des Zusammenlebens ausgerichtet und festgelegt ist, und andererseits, dass alle Formen menschlichen Zusammenlebens darauf angewiesen sind, durch Erziehung und Bildung tradiert zu werden.

3 Eine theologische Verortung der Bildung in Kirche und Theologie

3.1 Gottebenbildlichkeit

Der Würdetitel «Ebenbild Gottes» speist sich aus verschiedensten historischen Quellen und ist als solcher ein Schnittpunkt aller dogmatischen Themen. Grundsätzlich möchte die Aussage der Gottebenbildlichkeit eine Erkenntnisrelation aussagen. Bei diesem Begriff werden «der Schöpfer und die geschaffene Wirklichkeit zueinander in ein Verhältnis gesetzt, das in der bloßen Geschöpflichkeit nicht aufgeht.»[8] Die Erkenntnisrelation ergibt sich aus dem Begriff des Bildes. «Denn ein Bild gibt etwas zu erkennen, und zwar etwas anderes als sich selbst. Es will in der Weise erkannt sein, dass man zur Erkenntnis jenes anderen geführt wird, das man in dem Bild erkennt oder wiedererkennt».[9] Diese Erkenntnisleistung bezieht sich bei unserer Aussage auf die Gott-Mensch-Relation und wird somit für die Frage nach Erziehung und Bildung relevant.

Auf die anthropologische Frage, die elementar für Erziehung und Bildung ist, was der Mensch sei (vgl. Ps 8), gibt die biblische Theorie der Gottebenbildlichkeit eine theologische Antwort. Der Mensch (als Mann und Frau) wird biblisch als «Abbild Gottes» gesehen, er ist Abbild jenes Gottes, der «Leben in Fülle» ist. In Jesus Christus wurde Gott mit uns Menschen solidarisch. In Person, Geschichte und Schicksal Jesu zeigt Gott den Menschen die Form des individuellen wie kollektiven Lebens der Menschen (vgl. die beiden Pole der Erziehungsaufgabe!). Bezieht man die Rede von der Gottebenbildlichkeit der Menschen auf die Relevanz unserer Thematik, so lassen sich nach Pannenberg zwei Eckpunkte des Erziehungsprozesses ausmachen.[10] Einerseits wird dadurch von einer Bestimmung des Menschen gesprochen. Der Prozess der Bildung umfasst, theologisch formuliert, Schöpfungs- wie Erlösungsordnung. Andererseits wird aber auch der Anteil des Subjekts am Bildungsprozess thematisiert, insofern diese Bildung, paulinisch gesprochen, die Verwandlung in das Bild Christi meint, die sich durch den Geist Gottes in der Geschichte realisiert.

Der Erziehungsauftrag geht nach christlichem Verständnis von einer ganzheitlichen Perspektive aus. In dieser ganzheitlichen Sicht des Menschseins in seiner Polarität der Geschlechter, der Leib-Seele-Einheit, der Sinnlichkeit und des Geistes realisiert sich Erziehung und Bildung. Der Erziehungsauftrag geht vom Gutsein der Schöpfung und des Geschaffenseins aus und arbeitet auf der schöpfungs- wie gnadentheologischen Matrix: «Du bist geschaffen und angenommen, lebe!» Der Totalitätsaspekt des säkularen Bildungsziels hat eine innere Korrespondenz mit der religiösen Dimension der angesprochenen Thematik.[11] Das Christliche baut auf der Matrix des Humanum auf. So ist eine theologische Anthropologie, die von einer gesunden prozessualen Entwicklung des Menschlichen ausgeht, die Voraussetzung für christlichen Glauben und christliche Lebenspraxis. Aus diesem Humanum erwächst Vertrauen, das sich in den theologalen Tugenden von Glaube, Hoffnung und Liebe entfaltet.

Die theologische Anthropologie weiß um die Erfahrung des Erlöstseins und Heilseins als Grundvoraussetzung, um auf Dauer human leben zu können. Bildung und Erziehung implizieren die Anerkennung der Person mit ihren je eigenen Begabungen und Neigungen, ihrer Unverfügbarkeit und ihrer Freiheit, ihrem Gottesbezug.

Bildung hat mit Theologie zu schaffen, da der Mensch – auf diesen banalen Sachverhalt verweist Christoph Schwöbel – glaubt.[12] Dem christlichen Glauben geht es im Bildungsprozess um die Vermittlung eines Orientierungswissens. Der christliche Glaube gibt einen Bezugs- und Deutungsrahmen für die menschliche Existenz ab, der in der Bildung und der Erziehung vermittelt wird. Aus diesem Grund ist es einsichtig, dass die Thematik «Bildung/Erziehung und Kirche/Theologie» sich nicht auf die religiöse Erziehung zu beschränken hat. Die Bildung richtet sich von ihrem Selbstverständnis auf das Humanum als solches.

3.3 Kirche als Erzählgemeinschaft

Die Kirche bewahrt die Hoffnung, die Gott uns Menschen in Jesus Christus und seinem Geist gibt. Die Kirche als Erzählgemeinschaft der Erlösungs- und Heilsgeschichte Gottes mit uns Menschen lebt in den weiter oben genannten ekklesialen Vollzügen von Liturgie, Diakonie und Martyria/Zeugnis. Diese vitalen Lebensformen der Kirche müssen in dem doppelten Strang der Bildungs- und Erziehungsaufgabe eingeübt und gelernt werden. Die kirchliche Gemeinschaft präsentiert ein Erinnerungspotenzial, das einen Erziehungsprozess einschließt. Die Erinnerung an geschichtliche Ereignisse gründet auf den Kategorien «Sieger und Gewinner», die christliche Erinnerungs- und Erzählgemeinschaft hingegen basiert auf dem Bericht über Leben und Wirken des Menschen Jesus von Nazaret, der das Gedächtnis der «einen Welt» als im Geist Gottes geschaffene und erlöste Gottes meint. Jedes Forum dieses Kirche-Seins in den drei Bereichen von Liturgie, Diakonie und Martyria hat eine eigene Geschichte und bedarf jeweils der Erziehung und Einübung, damit diese Vollzüge personal mitgetragen werden können. Die Kirche als Erzählgemeinschaft erweist sich als Ort der Subjekt-Werdung der Glaubenden. Für den Vorsitzenden der Evangelischen Kirche Deutschland, Bischof Wolfgang Huber, Berlin, steckt im Bildungsauftrag der Kirche eine missionarische Dimension der Kirche in einem säkularisierten Umfeld.

«Wie die Kirche als ‹alte Institution› die Fragen heutiger Menschen beantwortet, wie sie ein Ort wird, an dem Menschen aller Generationen bei ihrer Suche nach Sinn einen festen Halt finden, wie ihr helfendes Handeln und ihr Beitrag zum Bildungsgeschehen sich so gestalten lassen, dass auch die Glaubensbotschaft die Menschen erreicht – dies erweist sich als Schlüsselfrage der gegenwärtigen Krise.»[13]

Bei diesen Überlegungen wird ersichtlich, dass Bildungs- und Erziehungsaufgabe nicht auf das Kinder- und Jugendalter beschränkt bleiben dürfen, sondern einen lebenslangen Prozess darstellen. «Bildung ist Bildung von Leben» (Paul Tillich)[14]. Die Bildung der Person ist nur dann Bildungs- und Erziehungsaufgabe, wenn das Leben der Person zur Ausformung kommt. Bildung ist letztlich eine Deutung des Lebens.

Angesichts der In-Fragestellung des christlichen Bildungs- und Erziehungsauftrages stellt sich neben dem formalen Aufweis der anthropologischen wie theologischen Begründung der Erziehung aber ebenso die inhaltliche Frage. Bei der inhaltlichen Ausgestaltung der Bildung muss zugleich auf eine doppelte Struktur des Inhalts verwiesen werden. Zunächst können die Inhalte christlicher Bildung im Sinne einer Vermittlung eines kulturellen Wissens weitergegeben werden.[15] Andererseits kann sich die Vermittlung aber auch theologisch verstehen, d. h., es geht um die Vermittlung der Glaubensinhalte und der christlichen Glaubenspraxis. Ebenso versteht sich dieses Lernen der christlichen Inhalte als ein organischer Lernprozess, der das Christwerden gesellschaftlich, politisch und kulturell als ein Lernen «im Kulturwandel» (Thomas Schreijäck) zu umschreiben hat. In diesem Sinn kann in der heutigen gesellschaftlichen Situation von Kirchen und Theologien nach der Relevanz des Bildungs- und Erziehungsanspruchs christlichen Glaubens gefragt werden. Die Verantwortung der Kirchen für die Bildung liegt in der Ausrichtung des genannten Orientierungsrahmens.

Das Basiswissen christlicher Theologie verweist bei der Frage nach Bildung und Erziehung in eine zweifache Richtung, die es in einer ekklesialen Perspektive zu beachten gilt:

1. Das Reden von Minimalia christlichen Glaubens: Angesichts des Glaubensschwundes und des Traditionsabbruchs in westlichen Gesellschaften stellt sich die Frage nach zentralen Inhalten christlichen Glaubens, die es zu vermitteln gilt. Was ist für den christlichen Glauben konstitutiv? Worin besteht das Kriterium christlicher Identität? In einer ökumenischen Perspektive kann dabei von dem Modell des Grundkonsenses ausgegangen werden, der die historische Entwicklung des Glaubens in seinen konfessionellen Ausgestaltungen berücksichtigt.

2. Der interreligiöse Dialog[16]: Der interreligiöse Dialog ist dem christlichen Glauben aus einer Innen- wie Außenperspektive aufgegeben. Auf Grund der Vernetzung von Gesellschaften und Kulturen rücken die Religionen näher zusammen. So stellt

sich in einer pastoralen Sicht die Frage nach dem Miteinander verschiedener Religionen. Von einer theologischen Innenperspektive her muss nach der Heilsrelevanz nichtchristlicher Religionen gefragt werden. Der universale Anspruch des christlichen Glaubens fragt von sich her nach einer Verortung anderer Religionen im Rahmen des Christusereignisses.

Der religionsphilosophische, religionsgeschichtliche, gesellschaftspolitische wie theologische Diskurs um Religion und Kirchen wird heute vermehrt um die Begriffe von Identität und Alterität geführt. Die Anerkennung des Anderen setzt die Frage nach der Identität voraus. Identitäts- wie Alteritätsthematik spielen sich auf der Matrix der Bildung und der Erziehung ab. Bildung und Erziehung vermitteln das Wissen sowohl um das Eigene als auch um das Andere, beide verhelfen, die nötigen Schritte für einen Dialog zu finden.

Innen- wie Außenperspektive des christlichen Glaubens schreiben den Bildungs- und Erziehungsauftrag in das Gesamt ekklesialer Vollzüge ein.

«Ist Bildung die Art und Weise, wie eine Gesellschaft ihre Zukunft bestimmt, dann brauchen wir eine große Koalition für die Bildung – wenn diese Gesellschaft eine Zukunft haben soll.» [17]

1   Lehmann, K.: Mut zum Umdenken. Freiburg i. Br./Basel/Wien: Herder Verlag, 2002, S. 163.

2   Vgl. Seitz, K.: Bildung im Horizont der Weltgesellschaft : Weltbürgerliche Erziehung im Zeitalter der Globalisierung. In: Schreijäck, Th. (Hrsg.): Christwerden im Kulturwandel : Ein Handbuch. Freiburg i. Br./Basel/Wien: Herder, 2001, S. 47–79, S. 47 Anm. 1.

3   Vgl. zum Folgenden: Lichtenstein, E.: Art. «Bildung». In: Historisches Wörterbuch der Philosophie. Bd. 1. Darmstadt: Beltz, 1971, S. 921–937; Pannenberg, W.: Gottebenbildlichkeit und Bildung des Menschen. In: ders.: Grundfragen systematischer Theologie. Gesammelte Aufsätze. Bd. 2. Göttingen, 1980, S. 207–225.

4   Lichtenstein: Bildung. aaO., S. 921.

5   Meister Eckhart: Das Buch der göttlichen Tröstung. In: Meister Eckhart: Deutsche Predigten und Traktate. Hrsg. Quint, Josef; München: Hanser, 1978, S. 117.

6   Vgl. Maße des Menschlichen. Evangelische Perspektiven zur Bildung in der Wissens- und Lerngesellschaft. Eine Denkschrift des Rates der Evangelischen Kirche in Deutschland. Gütersloh: Gütersloher Verlagshaus, [2]2003, S. 28.

7   Benner, D.; Brüggen, F.: Erziehung und Bildung. In: Wulf, Ch. (Hrsg.): Vom Menschen : Handbuch Historischer Anthropologie. Weinheim / Basel: Beltz, 1997, S. 768–779, S. 768.

8   Ebeling, G.: Dogmatik des christlichen Glaubens. Bd. 1. Tübingen: Mohr, 1979, S. 377.

9   Ebd.

10 Vgl. Pannenberg: Gottebenbildlichkeit. aaO., S. 19.

11 So verweist W. Pannenberg auf folgenden Sachverhalt: «Der Begriff ‹Ganzheit› hat denselben Inhalt wie der des Heils. Das macht verständlich, dass die neuere Diskussion des Bildungsbegriffs sich überraschend häufig seiner religiösen Ursprünge erinnert hat.» (Pannenberg: Gottebenbildlichkeit. aaO., S. 216).

12 «Warum muss der Glaube im Bildungsprozess ausdrücklich zum Thema werden? Warum ist kein Bildungsprozess vollständig, der nicht zum Thema des Glaubens Stellung nimmt? Die Antwort darauf ist trügerisch einfach. Sie lautet: Weil Menschen glauben» (Schwöbel, Ch.: Glaube im Bildungsprozess. In: ders.: Christlicher Glaube im Pluralismus : Studien zu einer Theologie der Kultur. Tübingen: Mohr, 2003, S. 277–295, S. 289).

13 Huber, Wolfgang: Kirche in der Zeitenwende : Gesellschaftlicher Wandel und Erneuerung der Kirche. Gütersloh: Bertelsmann, [2]1999, S. 234.

14 Tillich, Paul: Das Wesen der Bildung und das Bildungsideal. In: ders.: Religion, Kultur, Gesellschaft. Berlin: de Gruyter, 1999, S. 28–32(=Ergänzungs- und Nachlassbände zu den Gesammelten Werken, XI).

15 Dieses Programm verfolgt beispielsweise Régis Debray in seinem Buch: Dieu, un itinéraire. Paris, Ed. Odile Jacob, 2001. Der Untertitel des Buchs macht diesen kulturspezifischen Zugang zu Inhalten der christlichen Botschaft deutlich: «Matériaux pour l'histoire de l'Eternel en Occident».

16 Vgl. dazu etwa Müller, Wolfgang W.: Interreligiöses Lernen. Editorial. In: Zeitschrift für Missionswissenschaft und Religionswissenschaft 88 (2004), S. 1–2, Themenheft: «Interreligiöses Lernen».

17 Schwöbel, Chr.: Glaube im Bildungsprozess. In: ders.: Christlicher Glaube im Pluralismus. aaO., S. 295.

André Ritter

Kirchliche Bildungsverantwortung als Lebensbegleitung und Erneuerung im Alltag von Gemeinde, Schule und Gesellschaft heute

1 Vorbemerkungen zum Thema und zur Aufgabenstellung

Im Rahmen einer Veranstaltung zum vorgegebenen Thema «Der konfessionsneutrale Staat und sein Verhältnis zu Religionen, Christentum und Konfessionen aus theologischer und rechtlicher Sicht» zu sprechen, dies nötigt gerade aus evangelisch-reformatorischer Perspektive nun ebenfalls zu einer eigenen Standortbestimmung. Aber nicht etwa im Sinne eines missverständlichen «Hier stehe ich, ich kann nicht anders» (so ja bekanntlich das Diktum Martin Luthers auf dem Reichstag zu Worms 1521), sondern im Sinne einer vorläufigen Ein- bzw. Zuordnung im Kontext des gesellschaftlichen und politischen Wandels, dessen weiterer Fortgang meines Erachtens längst noch nicht absehbar ist.

Aus diesem Grund möchte ich in meinem Beitrag nun zwei Abschnitte ankündigen: Zum einen werde ich mögliche Zugänge zur gegenwärtigen Bildungsdebatte eben aus evangelisch-reformatorischer Perspektive beschreiben, zum anderen dann über kirchliche Bildungsverantwortung heute – im Spannungsverhältnis zwischen konfessionsneutralem Staat einerseits und pluralistischer Gesellschaft andererseits – sprechen.

2 Zugänge zur gegenwärtigen Bildungsdebatte aus evangelisch-reformatorischer Perspektive

«In einer Gesellschaft, deren Wesen und Struktur durch den Widerspruch von Lohnarbeit und Kapital gekennzeichnet ist, kann es keine neutrale Wissenschaft – weder Erziehungswissenschaft allg. noch Reflexion über Ziel und Inhalt von Erwachsenenbildung speziell – geben. Pädagogische Theorien enthalten immer auch Muster und Strategien bildungs- und gesellschaftspolitischer Planung oder Verhinderung. Als institutionalisierte und systematische Bemühung um Lernprozesse, in denen sich im bisherigen Sozialisationsverlauf begonnene Individuation und Vergesellschaftung fortsetzen, ist Erwachsenenbildung in ihren Voraussetzungen gesellschaftlich bedingt, in ihren Implikationen von höchster gesellschaftlicher Relevanz; bewusst, unbewusst oder gegen ihre subjektiven Intentionen hat sie schon immer und in jeder ihrer Operationen in die Antagonismen und Widersprüche der Gesellschaft eingegriffen und parteilich Standpunkt bezogen.»[1]

In der so bezeichneten Situation spiegelt kirchliche Bildungsarbeit – analog anderer nichtkirchlicher Bildungseinrichtungen – einen breit gefächerten «Binnenpluralismus» wider, wobei insbesondere der gesellschaftliche Säkularismus für die Kirchen nach wie vor eine nicht zu unterschätzende Herausforderung darstellt. Kirchliche Bildungsarbeit versucht, dieser Herausforderung ihrerseits durch ein vielfältiges Angebot von Konzeptionen und Programmen zu begegnen: Laut Jürgen Lott reicht das Spektrum von der Erwachsenenbildung im Sinne der Einübung in die kirchlich-gemeindliche *Praxis pietatis* über ein Verständnis von Bildungsarbeit als Theologiekurs für Nichttheologen bis hin zum Selbstverständnis der Evangelischen Akademien als Orte des gemeinsamen «Suchens und Fragens» bzw. der Erwachsenenbildung als Diakonie, mehr noch: als innerweltliche Lebenshilfe und Seelsorge. Entsprechend vielfältig gestalten sich auch die unterschiedlichen Konzeptionen evangelischer Bildungsarbeit; gemeinsam ist ihnen lediglich das Bemühen, die Mündigkeit des einzelnen Menschen zu verbinden mit seiner sozialpolitischen Verantwortung wie auch mit einem allgemeinbildenden und kulturstiftenden Interesse. Im Unterschied etwa zu den Anfängen im 19. Jahrhundert herrscht – nicht zuletzt aufgrund der leidvollen Erfahrungen der beiden Weltkriege und der nationalsozialistischen Diktatur in Deutschland – seit 1945 ein auf Freiheit und Verantwortung basierendes «bildungspolitisches» Engagement innerhalb und außerhalb der kirchlichen Institutionen vor.

In der gegenwärtigen Bildungsdebatte findet zunehmend mehr Aufmerksamkeit, dass wir heute in einer «Risikogesellschaft» leben, in der sich Menschen vielfach in Frage gestellt sehen – in verschiedenen Arbeitsprozessen ebenso wie auch in unterschiedlichen Lebenssituationen. In einer gerade durch Pluralismus und Säkularismus geprägten Gesellschaft wird es für evangelische Bildungsarbeit – im Sinne ständiger, weil notwendiger Konsensbildung – deshalb nun wesentlich darauf ankommen, die Individualität und die Sozialität des Menschen in ihrer wechselseitigen Korrespondenz zur Geltung zu bringen. Nach Meinung von Klaus Engelhardt (dem vormaligen Ratsvorsitzenden der EKD) zielt evangelische Bildungsverantwortung heute insbesondere auf individuelles wie auch partizipatorisches Selbstbewusstsein des Menschen. Dazu gehört es zu lernen, die Unvollkommenheit der Welt wie auch der eigenen Person auszuhalten und deshalb offen zu bleiben für Veränderungen. Nur so könne man den notwendigen Schritt von der Individuation zur Gemeinsamkeit machen, was eine wichtige Bildungsaufgabe in unserer Risikogesellschaft sei. Auf Grundlage dieser Einsicht folgert Engelhardt, dass in der gegenwärtigen gesellschaftlichen Situation die Frage nach evangelischem – will sagen: nach biblisch fundiertem kirchlichen, nicht aber konfessionalistisch beschränktem – Profil heute unverzichtbar ist: «Die Reformation war darin ein theologisch geistliches Ereignis, dass sie ein Bildungsereignis ersten Ranges gewesen ist ...»[2]. Gemeint sind hier insbesondere die Mündigkeit des einzelnen Christen, das allgemeine Priestertum der Gläubigen, das Schriftprinzip und der «Mut zum Sein», die des Menschen Freiheit und Verantwortung maßgeblich begründen helfen.

Hat doch beispielsweise gerade die dritte (mittlerweile vorletzte) EKD-Umfrage, als Studie «Fremde Heimat Kirche» erschienen,

1992 bundesweit deutlich erhoben, wie viele evangelische Christen, die durchaus in der Kirche bleiben wollen, ihrerseits auf Distanz zur Kirche gegangen und zu den «treuen Kirchenfremden» zu rechnen sind. So gehört es zum biblisch-reformatorischen Menschenbild wie auch zur evangelischen Bildungsverantwortung, diesem Trend theologisch entgegenzuhalten:

«Wenn ich aus dem Glauben lebe, traue ich Gott zu, dass er nicht am Ende ist, wo ich selbst mich am Ende fühle. Die weit verbreitete Verdrossenheit – Schulverdrossenheit, Kirchenverdrossenheit, Politikverdrossenheit – hat damit zu tun, dass zum Beispiel an Politiker Allmachtserwartungen gestellt werden, die sie nie und nimmer erfüllen können und deren Nichterfüllbarkeit darum Enttäuschung und eben Verdrossenheit auslöst.»[3]

Die damit angesprochene Grundspannung ist die von «Identität und Fragment» (Henning Luther). Für die Aufgabenstellung kirchlicher Bildungsarbeit bedeutet dies:

«Darauf aufmerksam zu machen, sich ins Fragmentarische einzuleben, nicht in Fatalität und Resignation – das profiliert auf evangelisch-reformatorische Weise Erziehung und Bildung, und zwar in allen Altersstufen. Hier hat kirchliche Erwachsenenbildung einen Schwerpunkt ... Das ist für die Arbeit in der kirchlichen Erwachsenenbildung wichtig, an der sich oft der Kirche Fernstehende beteiligen. Theologie des Kreuzes und die reformatorische Fundamentallehre von der Rechtfertigung des Gottlosen stellen die Frage: Welchen Stellenwert und welche Bedeutung kommen dem Nicht-Ganz-Sein, dem Unvollständigbleiben, dem Abgebrochenen – kurz: dem Fragment zu?»[4]

Ist es doch gerade die befreiende Einsicht der Reformation, die die Selbstbezogenheit des Menschen überwunden hat und ihn geöffnet hat für die Begegnung mit anderen.

Nachdem in den Vorjahren unterschiedliche Verlautbarungen seitens der EKD zur Aufgabe der kirchlichen Erwachsenenbildung erschienen sind, so zum Beispiel die Grundsatzerklärung von 1983 über «Erwachsenenbildung als Aufgabe der evangelischen Kirche» und 1994 die Denkschrift über «Identität und Verständigung» hinsichtlich der Problematik des Religionsunterrichts in einer pluralistischen Gesellschaft, sucht sich im Jahr 1997 unter dem prägnanten Titel «Orientierung in zunehmender Orientierungslosigkeit» eine weitere Stellungnahme der Kammer der EKD für Bildung und Erziehung der gegenwärtigen Herausforderung zu stellen, die durch verschiedene gesellschaftspolitische wie auch innerkirchliche Diskussionen zum Ausdruck kommt: zunehmende Knappheit kirchlicher Finanzen und anderer Ressourcen, aktuelle Entwicklungen in den neuen Bundesländern und den ostdeutschen Gliedkirchen der EKD, Globalisierung und Pluralisierung der Märkte und zugleich zunehmende Vernetzung von Kommunikationssystemen weltweit – um nur diese Gesichtspunkte hier zu nennen.

Bereits die Grundsatzerklärung der EKD von 1983 hat die kirchliche Bildungsarbeit bzw. die evangelische Erwachsenenbildung als eigenständigen Aufgaben- und Handlungsbereich der Kirche aufgefasst. «Sie ist im christlichen Glauben angelegt und ein eigenständiger Bereich neben anderen kirchlichen Handlungsfeldern wie Verkündigung, Seelsorge, Diakonie und Mission.»[5] Das «Lehren und Lernen der Kirche» entspricht dem «Öffentlichkeitscharakter des Evangeliums» – und deshalb müssen «Theologie und Bildung» als ein wesentlicher Zusammenhang von «Glauben-Leben-Bildung» angesehen werden, in ihrer Beziehung ebenso wie in ihrer jeweiligen Eigenständigkeit.

Demzufolge kommt für das Verständnis von Bildung nun wie folgt in Betracht:
– Bildung als Reflexion und als Lebensform,
– Bildung im Glauben als geistliche Lebenspraxis,
– Bildung als individuelle Lebenshilfe,
– Bildung als politisch-gesellschaftliche Bildung,
– Bildung als Hilfe zum Handeln unter der Last
    ethischer Verantwortung.[6]
Ein umfassendes Spektrum wird damit beschrieben, was den Bildungsbegriff wiederum als einen ganzheitlichen Prozess gemeinsamen Lehrens und Lernens verstehen lässt: «Zwischen Erwartungen nach Nähe und Distanz» kommt alles darauf an, «die Überzeugungskraft der Kirche im ganzen» zum Ausdruck zu bringen und im Sinne von «Ein Grundauftrag – verschiedene konzeptio-

nelle Ausgestaltungen» verstehen und im Kontext (post-)moderner Gesellschaften heute zeitgemäß leben zu lernen. Mit anderen Worten:

«Auf klaren Grundlagen aufruhend, stellen die verschiedenen Dimensionen und Gestaltungsformen kirchlicher Bildungsarbeit also ein offenes Gefüge dar, welches Eindeutigkeit im Grundauftrag mit geschichtlicher Wandlungsfähigkeit verbindet. Die gesellschaftlichen Rahmenbedingungen erlauben ebenfalls ein Spektrum unterschiedlicher Wege bei gleichzeitiger Forderung eines erkennbaren, glaubwürdigen inhaltlichen Grundprofils ... Diese – zugegeben – spannungsreiche Situation und Dynamik evangelischer Erwachsenenbildung, die auch nie ohne Konflikte sein wird, darf als Ausdruck der Situation und Lebendigkeit der Kirche selbst gedeutet werden.»[7]

Doch mit diesem Zitat und Hinweis bin ich bereits beim nächsten Abschnitt angelangt:

3 Kirchliche Bildungsverantwortung heute – in einem doppelten Spannungsverhältnis zwischen konfessionsneutralem Staat einerseits und pluralistischer Gesellschaft andererseits

Nach Auffassung von Karl-Ernst Nipkow, dem Tübinger Emeritus und Religionspädagogen, muss derjenige, der hier und heute von Bildungsverantwortung spricht, sein eigenes Bildungsverständnis darlegen. Dabei ist es unverzichtbar, dass kirchliche Bildungsverantwortung gleichsam nach zwei Seiten hin entfaltet wird: als die mit anderen geteilte pädagogische Mitverantwortung im öffentlichen Bildungssystem und zugleich als die ungeteilte Verantwortung bei der Erschließung der Glaubensüberlieferung im Generationenzusammenhang:

«Im Blick auf den Lebenshorizont der Zukunft wird nämlich nicht nur der neokonservativ-ordnungspädagogische Ansatz in der staatlichen wie kirchlichen Bildungspolitik obsolet; auch ein inhaltlich unbestimmter liberalistischer und individualistischer

Ansatz bleibt weit hinter der Aufgabe zurück. Diese besteht [gerade] darin, die Kategorie der Freiheit mit der der Schöpfungsgemeinschaft zusammenzubinden, Freiheit im weitesten Sinne kommunikativ zu buchstabieren und Kirche und Gesellschaft unter die selbstkritische Frage ihrer substanziellen Erneuerung zu stellen.»[8]

In modernen Gesellschaften ist die Arbeitsteilung weit fortgeschritten, gleichzeitig aber auch die Verwissenschaftlichung des Nachdenkens über die verschiedenen Handlungsfelder und der mit ihr einhergehende Bedarf an Orientierungshilfe stark angewachsen. «Auch für Pfarrer und kirchliche Mitarbeiter ist es nicht leicht, einen Überblick zu gewinnen und Zusammenhänge zu erkennen; für Religionspädagogen in Schule und Gemeinde gilt dasselbe. Sie alle nehmen irgendwie an der Bildungsverantwortung der Kirche teil, haben aber kein gemeinsames Problem- und Aufgabenbewusstsein entwickelt.»[9] Dementsprechend lautet die von Nipkow gestellte Frage, wie es gelingen kann, das Gegenstandsfeld der Religionspädagogik in der gewonnenen Weise zu belassen, allein schon um den Umfang der Bildungsverantwortung der Kirche sichtbar zu machen, und zugleich ernst zu nehmen, dass es sich um eine unteilbare Bildungsverantwortung der Kirche handelt.

Seine Antwort lautet: «Die Bildungsverantwortung der Kirche ist im Sinne der Reformation eine unteilbare Verantwortung in beiden Regimenten Gottes, im geistlichen und weltlichen. Sie betrifft Heil und Wohl, Glauben und Leben.»[10] Kirche und Staat, Kirche und Gesellschaft bilden hier – unbeschadet aller theologisch begründeten Unterscheidung – dennoch einen unaufgebbaren Sachzusammenhang, der auch und gerade für das Verständnis von Bildung und Erziehung wichtige Konsequenzen hat. So definiert Nipkow in kritischer Abgrenzung gegenüber dem Begriff «Erziehung» den Bildungsbegriff wie folgt:

«Erziehung ist ein gesellschaftlich bequemer, Bildung ein möglicherweise gesellschaftlich unbequemer Begriff. Wer Bildung im Sinne der alteuropäischen Tradition, erst recht der Bildungsphilosophie der Aufklärung und Goethezeit meint, lässt sich auf

eine nicht nur tief gegründete, sondern auch kritische Lebensver-
fassung ein, die sperrig werden kann.»[11]

Denn Erziehung ohne kritische Bildung oder in Verbindung mit
domestizierter Bildung wird tendenziell zur Sozialisation, ja sie
dient vornehmlich der gesellschaftlichen Eingliederung, der
«Sozialmachung» und «Sozialwerdung» – eine zwar wichtige, aber
keineswegs ausreichende Perspektive, sofern unsere Gesellschaft
auf Vernunft- und Zukunftsfähigkeit Wert legt. Nipkow zufolge
müssen wir uns heute vor allem mit fünf Grundmerkmalen des
abendländischen Bildungsverständnisses und ihren religionspädagogischen Implikationen kritisch auseinander setzen:

a) Bildung und Politik (i. S. griechischer «Paideia» als Integration
   der persönlichen und der öffentlichen gemeinsamen Kultur);

b) Bildung und Utopie (i. S. des eschatologischen Hoffnungsglau-
   bens in Verbindung mit bürgerlicher Bildungsphilosophie etwa
   bei J. G. Herder: Wachstum wahrer Humanität);

c) Bildung und Subjektivität (i. S. kritischer Aufklärungsphilosophie
   etwa bei I. Kant: persönlich reflektierte Mündigkeit und sittliche Selbstverantwortung des Menschen);

d) Bildung und Überlieferung (i. S. des historisch fortschreitenden
   Prozesses der Interpretation und Deutung: Was können wir aus
   der Geschichte lernen?);

e) Bildung und Verständigung (i. S. umfassender Sprachgemein-
   schaft als Verständigungsgemeinschaft; Nipkow: «Bildung heißt:
   Leben im Gespräch»).[12]

Dementsprechend reicht kirchliche Bildungsverantwortung sehr
weit; ja sie macht sich mit der Welt und ihren Sorgen im umfassenden Sinne solidarisch. Denn sie hört nicht dort auf, wo die Möglichkeit einer unmittelbaren Verkündigung oder der Einfluss kirchlicher Tradition endet. Und so gilt sie keineswegs nur in sog. «christlichen Gesellschaften» oder für «christliche Schulen» etwa im Sinne besonders gekennzeichneter Gemeinschaftsschulen, sondern
sie ist unbeschadet vom gesellschaftlichen Status und öffentlich
eingeräumten Wirkungsbereich der Kirche zusammen mit nicht-
christlichen Verantwortungsträgern grundsätzlich und notwendig
auf das uns alle gemeinsam angehende Wohl der Menschen bezogen.

Was folgt aus diesen Beobachtungen schließlich für das künftige Profil kirchlicher Bildungsarbeit? Nach meinem Eindruck wird es uns heute je länger desto weniger möglich sein, kirchliche als öffentliche Bildungsverantwortung durch Abgrenzung und Abwendung von anderen religiösen Erfahrungen zu verstehen. Im Gegenteil, in Zeiten schon entstandener bzw. noch entstehender multireligiöser Gesellschaften nehmen auch Theologie und Kirche teil an den gegenwärtigen Konflikten, die insbesondere durch den Streit über «Pluralismus» und «Fundamentalismus» angesichts eines fortschreitenden «Säkularismus» hervorgerufen worden sind, um an dieser Stelle wenigstens andeutungsweise einmal auf die hinter den politischen Schlagworten befindliche Sachproblematik zu verweisen.

So wird in diesem besonderen Zusammenhang bekanntlich immer wieder auf den Islam und seine auch in unseren Breiten verstärkte kulturelle und politische Präsenz hingewiesen. In jüngster Zeit ist es vor allem der Streit um das muslimische Kopftuch, der keineswegs nur in Frankreich oder in Deutschland nach wie vor für bemerkenswerte Schlagzeilen sorgt. Dabei zeigt sich meines Erachtens zugleich die Brisanz einer derzeit möglicherweise fehlgeleiteten Diskussion, die sich etwa im Bereich der öffentlichen Schulen schon bald als verhängnisvolle Gettoisierung und damit als ein sozialer und politischer Bumerang erweisen könnte. Doch zugleich betrifft der in unserer Gesellschaft hierzulande eher pragmatisch orientierte Zugang zur Religion beispielsweise auch die spirituelle und meditative Praxis vor allem (südost)asiatischer Religionen; eine Vielzahl meditativer «Techniken» scheint das allgemein empfundene Defizit an heute (noch) begegnender christlicher Spiritualität hier gern kompensieren zu wollen. Zu den weiteren Gründen für die Faszination insbesondere der östlichen Religionen im Westen – allen voran des Buddhismus – dürfte wohl nicht zuletzt auch das «Angebot» einer Alternative zum personalen Gottesbegriff der christlichen Theologie gehören. Wie auch immer – es gehört zu den besonderen Herausforderungen der Gemeinden und Kirchen heute, dass sie in einem pluralistisch bestimmten Umfeld existieren und von daher ihre je eigene Bildungsarbeit mit Bedacht als ein «interkulturelles» bzw. «interreligiöses» Lernen zu verstehen haben.

Nach Nipkow muss hier die «Kultur» unbedingt zur Ansehung und zur Sprache kommen,

«... weil nur so Phänomene wie ‹interkulturelles Lernen› auf den Begriff gebracht werden können. Der pädagogisch kulturelle Stil hängt vom allgemeinen kulturellen Lebensstil eines Volkes bzw. einer Gesellschaft mit ab. Staat und Kirche müssen sich schon jetzt und erst recht in Zukunft einer ‹Erziehung zur Kulturbegegnung› stellen, die besonders im Verhältnis zwischen Deutschen und Türken, Christen und Muslimen ein Prüfstein für unsere pädagogischen Grundüberzeugungen ist.»[13]

Im Sinne evangelisch-reformatorischer Einsicht ist daher notwendig festzuhalten, dass der Glaube an Gott als Gabe und zugleich als Aufgabe (1) *Vertrauensbildung* im Sinne von ganzheitlicher Grunderfahrung und zugleich (2) *Verständigung* über die Glaubensinhalte der Menschen untereinander ermöglicht, dass er deshalb (3) auf *Vergewisserung* im gemeinsamen Leben und Handeln und schließlich (4) auf sakramentalen *Vollzug* und *persönliche Teilnahme an kommunitärer Gemeinschaft* zielt. Das bedeutet, dass formulierte Glaubensbekenntnisse heute vielleicht nicht mehr selbstverständlich am Anfang eines gemeinsamen Lern- und Glaubensweges zu stehen kommen, dass sie aber nach wie vor ihren maßgeblichen Anteil an der Vermittlung des religions- wie gemeindepädagogischen Zusammenhangs von Leben, Glauben und Lernen behaupten.

Gerade im Rückgriff auf die reformatorische Theologie Martin Luthers und im Anschluss an die nachaufklärerischen Bemühungen Friedrich Schleiermachers um eine glaubensgemäße wie zeitbezogene moderne Religionspädagogik lässt sich für die kirchliche Bildungsverantwortung im Horizont des religiösen Wandels heute festhalten, dass der (post)-moderne Rekurs auf die Glaubensfreiheit und Religionsmündigkeit des Menschen zugleich die gegenwärtigen Aufgaben kirchlicher Bildungsarbeit begründet:

«Freiheit zum christlichen Denken und Freiheit zu eigener Glaubenssprache bedeuten pädagogisch die Freiheit zu einem ebenso in sich spannungsreichen wie grundlagenbewussten evangelischen Bildungsverständnis. Nach ihm ist der allgemeine wie religiöse Bildungsprozess ein Prozess in der Zeit. Er braucht Zeit, und er darf sich Zeit nehmen. Er ist ein individueller Glaubensweg und in seiner persönlichen Unverwechselbarkeit zu achten, ohne dass darüber die überindividuellen sozialen und politischen Seiten von Erziehung und Bildung aus den Augen verloren werden dürfen. Förderung von Selbstständigkeit, Kritikfähigkeit und Gedankenfreiheit sind [deshalb entscheidende] Kriterien [einer zeitgemäßen] Religionspädagogik, die sich diesem Bildungsverständnis verpflichtet weiß ...»[14]

Vor einiger Zeit hat der Bielefelder Bildungstheoretiker Hartmut von Hentig in seinem Beitrag «Bildung ist Freiheit» seinerseits drei Bildungsaufgaben benannt: (1) das Verstehen der Kultur, (2) ihre Aneignung und Kritik sowie (3) die Übernahme von Verantwortung für sie.[15] In der öffentlichen Diskussion herrscht zumeist die erste der genannten Wortbedeutungen vor, wenn beispielsweise von Bildungspolitik, Bildungsreform oder von Bildungsausgaben die Rede ist. Hinsichtlich der zweiten Wortbedeutung dürfte es wohl schwieriger sein; jedenfalls nach evangelisch-reformatorischem Verständnis ist Bildung seinem Wesen nach gerade Freiheit, also Freiheit des Erkennens, des Denkens, des Urteilens und auch des Genießens: «Freiheit ist erstens immer meine Freiheit in der Kultur, in der ich lebe, und hängt zweitens [selbst wiederum] von der Freiheit dieser Kultur ab.» Denn:

«Nicht das Fitmachen für die Welt der Karrieren (oder der Arbeitslosigkeit), der gefährdeten Wirtschaftsstandorte, des sich überschlagenden technischen Wandels, des explodierenden Wissens, der Datenautobahnen; nicht die Anhäufung kanonisierter Kulturgüter im Gedächtnis und in der Sprache des einzelnen; nicht die Feier der Persönlichkeiten und auch nicht das Beschultwerden für eine bestimmte gesellschaftliche Verwendung. Sondern ... die Fähigkeit und der Wunsch, sich an der Wirklichkeit zu bilden – an den Hervorbringungen, den Zuständen und Widerständen der gewordenen Welt –, sodass man dieser gewachsen ist und sie dadurch zu berichtigen, zu bewahren, [schließlich auch] zu bereichern vermag.»[16]

4 Ein vorläufiges Fazit

Im Kontext einer mehr und mehr pluralistisch verfassten Gesellschaft wird es aus evangelisch-reformatorischer Perspektive heute also sehr darauf ankommen, ob und inwiefern sich das jeweils eigene Profil der unterschiedlichen kulturellen wie religiösen Traditionen und Konfessionen auf angemessene Weise zur Geltung bringen lässt. Mit anderen Worten: Dem differenzierten Verständnis kirchlicher Bildungsverantwortung entsprechend, werden die christlichen Kirchen auch weiterhin ihren gesellschaftlichen Beitrag zu leisten haben, damit die Vielfalt der jeweils bestehenden Bekenntnisse und Traditionen im Sinne garantierter Religionsfreiheit anerkannt und der ihnen gebührende Platz im Rahmen der geltenden öffentlichen Ordnung eingeräumt wird.

1   Lott, Jürgen: Erwachsenenbildung. In: Otto, Gert (Hrsg.): Praktisch-Theologisches Handbuch. Hamburg: Furche Verlag, 1970, S. 196f. – Lotts Beitrag über Erwachsenenbildung ist auch heute immer noch lesenswert.

2   Engelhardt, Klaus: Ins Fragmentarische einleben. Evangelisches Profil zeigen in unübersichtlicher Zeit. In: EK 1/95, S. 37.

3   Ebd. 37f.

4   Ebd. 38.

5   Lohse, Eduard: Vorwort zu: Erwachsenenbildung als Aufgabe der evangelischen Kirche. In: Die Denkschriften der EKD. Bd. 4/1: Bildung und Erziehung. Gütersloh: Gütersloher Verlagshaus Mohn, 1987, S. 264– 290, S. 266.

6   Vgl. ebd. 280–284.

7   Ebd. 290, als «Ausblick» auf zukünftige Bildungsarbeit der Kirche.

8   Nipkow, Karl-Ernst: Bildung als Lebensbegleitung und Erneuerung. Kirchliche Bildungsverantwortung in Gemeinde, Schule und Gesellschaft. Gütersloh: Mohn, 1990, S. 60.

9   Ebd. 70.

10   Ebd. 25.

11   Ebd. 29.

12   Vgl. dazu ebd. 32–37.

13   Ebd. 83.

14   Ebd. 189.

15   Vgl. Hentig, Hartmut von: Bildung ist Freiheit. In: EK 3/97, S. 149–151.

Adrian Loretan

Hat der Religionsunterricht Zukunft in einer konfessionsneutralen Schweiz?[1]

1 Heutige Fragestellungen

Der Religionsunterricht (RU[2]) ist wachsendem Legitimationsdruck ausgesetzt. Historisch betrachtet ist die Schule eine Tochter der Kirche. Heute sind für die Schulhoheit in der Schweiz die Kantone zuständig. Dies führt zu unterschiedlichen Schulsystemen und zu noch verschiedenartigeren Regelungen des Religionsunterrichts.

Gemeinsam sind allen Kantonen die wenigen Vorgaben durch die Bundesverfassung. Mit der Religionsfreiheit besteht unter anderem ein Verbot des Zwangs zu religiösem Unterricht. Aber kann es in der religiös neutralen Schule einen für alle verpflichtenden religiös neutralen Religionsunterricht geben, der nicht durch eine Religionsgemeinschaft, sondern vom religiös neutralen Staat verantwortet wird?

Die öffentlichen Schulen werden von christlichen, muslimischen und anders- oder nichtgläubigen Kindern besucht. Die neuen Zahlen der Religionszugehörigkeit tragen «dazu bei, die Zusammenarbeit zwischen Staat und Religionsgemeinschaften in rechtsgleicher Form weiterzuentwickeln.»[3] Damit stellt sich die Frage nach dem Platz des Religionsunterrichts in den öffentlichen Schulen neu. Der konfessionelle Religionsunterricht ist auf eine gesellschaftliche Wirklichkeit hin konzipiert worden, in der die überwiegende Mehrzahl der schulpflichtigen Kinder einer der christlichen Kirchen angehörte.

Aber können Menschen in unserer Gesellschaft ihre Religiosität im Rahmen schulischer Bildung ebenso thematisieren wie ihre Musikalität und ihre sprachlichen Interessen? Der Staat garantiert mit dem Religionsunterricht nicht Privilegien der Kirche, sondern Grundrechte der Menschen.

Religionsunterricht soll die Menschen befähigen, sich angesichts der in der Gesellschaft wirksamen Vielfalt religiöser und weltanschaulicher Strömungen eigenständig zu orientieren. Diese der individuellen Religionsfreiheit verpflichtete Erziehungsaufgabe schließt eine Bekenntnisorientierung keineswegs aus. Der von der Verfassung gebotene Schutz vor individuell unerwünschter religiöser Beeinflussung ist nicht durch eine wertrelativistische Ausgestaltung des Unterrichts zu gewährleisten, sondern durch die Möglichkeit der Abmeldung vom Religionsunterricht. Wegen diesen Abmeldungen werden dann die Religionsstunden von Bildungsdepartementen oder Rektoraten gern an den Rand des Stundenplans verlegt, weil sonst Kinder mitten im Morgen eine Stunde frei haben.

In der Diskussion um den schulischen RU geht es sowohl um bildungspolitische, schul- und religionspädagogische Fragen, als auch um Fragen des Verhältnisses von Kirche und Staat, bzw. von Religionsgemeinschaften und Staat. Es geht um die normativen Grundlagen unseres Zusammenlebens. Über welche Werte besteht ein Konsens zwischen den Religions- und Weltanschauungsgemeinschaften?[4] Die berühmte These Böckenfördes lautet, dass der freiheitliche Rechtsstaat von Voraussetzungen lebt, die er selbst mit den Mitteln des Rechtszwangs nicht garantieren kann, von Voraussetzungen, die u. a. aus Religion und Ethos kommen. Hier wird deutlich, warum Religionsunterricht der Kirchen und Religionsgemeinschaften in der öffentlichen Schule seinen Platz haben sollte.

Der schulische RU ist auch gesellschaftspolitisch bedeutsam. Er bewahrt die Kirchen und Religionsgemeinschaften davor, sich in ein soziales Getto zurückzuziehen, um dort, von allen kritischen Anfragen unbehelligt, eine sektenhafte Religiosität zu pflegen. «Der Zwang zu öffentlichen Diskussionen religiöser Überzeugungen ist vielleicht das wichtigste Heilmittel gegen den Einfluss fundamentalistischer Strömungen in den Religionen.»[5] Aus diesem Grund wird die Einführung eines islamischen RU die Integration der muslimischen Minderheit in die demokratisch-pluralistischen Gesellschaften Europas wesentlich fördern.

Die staatliche Neutralität in religiösen Angelegenheiten verbietet zwar Identifikation mit einer bestimmten Religionsgemeinschaft, etwa im Sinne einer Staatsreligion. Sie bedeutet auf der Grundlage der Nicht-Identifikation Offenheit für die im politischen Gemeinwesen vorhandenen freien Kräfte, zu denen auch die Kirchen gehören. Der Staat baut auf seinen Bürgerinnen und Bürgern und den in ihm wirkenden Gruppen und Institutionen auf. Es ist deshalb durchaus legitim, dem Christentum in der öffentlichen Schule durch den Religionsunterricht Raum zu geben, wie dies das deutsche Bundesverfassungsgericht festhält[6].

Fast gleichzeitig, als im laizistischen Frankreich die lange Zeit für undenkbar gehaltene Frage aufbrach, ob religiöse Inhalte nicht viel stärker Teil der allgemeinen Bildung werden müssten, wurde im Kreis der deutschen Religionspädagogik der Vorschlag gemacht, auf den Religionsunterricht in der öffentlichen Schule zu verzichten. Beide Konzeptdiskussionen haben auf die deutschsprachige und die französischsprachige Schweiz ihre Auswirkungen gehabt. Um das Spezifische der Schweizer Situation des RU herauszuarbeiten, werden wir im Folgenden nach der völkerrechtlichen Ebene (1) sowohl die deutsche Situation des RU (2) als auch die Schweizer Situation (3) behandeln.

2 Völkerrechtliche Ebene

Bezüglich der Religionsfreiheit in den Schulen ist grundsätzlich Art. 9 der Europäischen Menschenrechtskonvention (EMRK) zu beachten. Desgleichen garantiert der Internationale Pakt über bürgerliche und politische Rechte (UNO-Pakt II) in Art. 18 die Religionsfreiheit. Letzterer hat aber im religionsrechtlichen Bereich keine weiterreichenden Folgen, gehen doch seine Garantien nicht weiter als die praktisch gleich lautende Gewährleistung der Religionsfreiheit in Art. 9 EMRK.

Die völkerrechtlich und verfassungsrechtlich geschützte Religionsfreiheit gehört zu den maßgebenden Freiheiten des demokratischen Rechtsstaates. Sie muss sich gerade auch dort entfalten können, wo der Staat die Bürgerinnen und Bürger im Sonderstatusverhältnis in Anspruch nimmt (Schule, Armee, Gefängnis). Das berechtigt zu der Feststellung, dass der Staat nicht gleichzeitig Schulzwang verordnen und den Bereich der Religion ausblenden kann. Insofern besitzt der Religionsunterricht eine grundrechtliche Legitimation in der Religionsfreiheit, auf die sich Schülerinnen und Schüler sowie Erziehungsberechtigte berufen können.

3 Deutsche Situation[7]

3.1 *Rechtslage*

Als einziges Unterrichtsfach ist in Deutschland der Religionsunterricht durch das Grundgesetz (Art. 7 Abs. 3 GG)[8] und die Landesverfassungen sowie durch Staatskirchenverträge geregelt und damit Gegenstand der staatlichen Rechtssprechung. Nach Art. 7 GG ist der RU in den öffentlichen Schulen mit Ausnahme der bekenntnisfreien Schulen ordentliches Lehrfach (Abs. 3 Satz 1). Er wird unbeschadet des staatlichen Aufsichtsrechts in Übereinstimmung mit den Grundsätzen der Religionsgemeinschaften erteilt (Abs. 3 Satz 2). Nach herrschender Lehre ist damit eine «institutionelle Garantie» gegeben, d. h. eine verfassungsrechtliche Gewährleistung einer öffentlich-rechtlichen Institution.[9] Die Garantie des Religionsunterrichts als ordentliches Lehrfach erfährt durch Art. 141 GG, die so genannte Bremer Klausel, eine Einschränkung. Die institutionelle Garantie findet nicht Anwendung in einem Land, in dem am 1. Januar 1949 eine andere landesrechtliche Regelung bestanden hat.[10]

Konsequenzen dieser Verfassungsgarantie sind: Als ordentliches Lehrfach muss der RU als selbstständige Lehrveranstaltung mit einer angemessenen Wochenstundentafel in die Lehrpläne der einzelnen Klassen eingebaut werden. Der Staat ist Veranstalter dieses Unterrichts; er trägt dafür die sachlichen und personellen Kosten. Der Staat hat zudem in seinem Bildungssystem staatliche Einrichtungen zur Verfügung zu stellen, an denen die Befähigung zur Erteilung des RU erlangt werden kann. Daraus ergibt sich die

Notwendigkeit einer Gewährleistung religionspädagogischer Ausbildung an Pädagogischen Hochschulen im Bereich Grund-, Haupt- und Realschule; «darin steckt des Weiteren auch ein Element der Garantie der Theologischen Fakultäten, da an ihnen die Befähigung zur Unterrichtung an höheren Lehranstalten erworben werden kann»[11]. Der Staat kann diese Ausbildung allerdings nur in enger Zusammenarbeit mit den Kirchen gestalten.

Dasselbe gilt vom Religionsunterricht. Es kann nur von Religionsunterricht gesprochen werden, wenn er in Übereinstimmung mit den Grundsätzen der Religionsgemeinschaften erteilt wird. Dieses Gebot der Übereinstimmung ist es, das den RU zu einer gemeinsamen Angelegenheit von Staat und Kirchen macht, deren normative Ausgestaltung eine enge Kooperation von Staat und Kirche voraussetzt. Deshalb ist es für eine Religionsgemeinschaft möglich, ihre religionsinternen Bestimmungen zum RU auch in der staatlichen Schule einzubringen.[12]

Von seiner Rechtsstellung her nimmt der RU eine Sonderstellung ein, die nicht zuletzt einen erhöhten schulorganisatorischen Aufwand zur Folge hat: Er ist ein ordentliches Unterrichtsfach, das in konfessionell aufgeteilten Gruppen zu erteilen ist und neben dem zusätzlich ein Ersatz- oder Alternativfach angeboten werden muss, wenn sich eine genügend große Anzahl von Schülerinnen und Schülern vom RU abgemeldet hat. Den Erziehungsberechtigten steht das Recht zu, über die Teilnahme des Kindes am RU zu bestimmen (Art. 7 Abs. 2 GG).[13]

RU als bekenntnisgebundenes Lehrfach ist weder Religionskunde im Sinne von «Lebensgestaltung – Ethik – Religionskunde» (LER), noch ökumenischer RU. Die Verfassungsgarantie bezieht sich allein auf den vom Staat so gewollten bekenntnisgebundenen RU. Das Bundesverfassungsgericht hat in seinem Urteil wichtige Kriterien festgelegt für die Teilnahme konfessionsfremder Schülerinnen und Schüler. Es muss sich nach wie vor um konfessionellen Religionsunterricht handeln, dessen Prägung durch die konfessionsfremden Schüler nicht beeinträchtigt werden darf.[14]

Allein sich auf die verfassungsrechtliche Garantie des RU zu berufen, reicht nicht. Sollte die kirchliche Anbindung der Bevölkerung auch in den alten Bundesländern in dem Maße erodieren wie in den neuen Bundesländern sowie in anderen Staaten (Benelux-staaten, Frankreich usw.), so wird sich die Frage der öffentlichen Plausibilität des RU auch in Deutschland stellen.

3.2 Religiöses Bildungskonzept

«Insgesamt haben wir eine Entwicklung hinter uns, die den (christlichen) Kirchen wenig Chancen lässt, unter den derzeitigen Bedingungen und in der bisherigen Form Einfluss auf die junge Generation zu gewinnen», schreibt die letzte Shell-Jugendstudie.[15] Die Strukturen, in denen sich Jugendliche engagieren, sind kaum hierarchisiert. Bewegungen, in denen sich Jugendliche organisieren, müssen ihnen die Möglichkeit lassen, von Anfang an hundertprozentig mitzuwirken und ebenso jederzeit wieder auszusteigen.

> «Da jede und jeder Vierzehnjährige weiß, dass Menschen ab 30 in der Regel ziemlich ‹uncool› werden, bevorzugen Jugendliche von vornherein Gleichaltrigen-Strukturen. ... Selbst traditionelle Jugendverbände wie die christlichen Pfadfindergruppen erfahren einen steten Zulauf von Jugendlichen, wenn sie ihre Losung ‹Jugend führt Jugend› in der alltagskulturellen Praxis ernst nehmen»[16].

Was heißt das für den RU? Der RU trifft bei Jugendlichen nur noch ausnahmsweise auf Situationen gegebenen Einverständnisses mit dem Glauben. Selbst Jugendliche, die sich kirchlich engagieren, halten dies gegenüber ihren Schulkameraden und Schulkameradinnen in der Regel verborgen. Norbert Mette formuliert es so: «Für den Großteil der Schülerinnen und Schüler stellt die Teilnahme am RU eine Exkursion in eine für sie ‹fremde Heimat› dar.»[17]

Dies bleibt nicht ohne Auswirkungen auf die Lehrkräfte. Wie können sie im RU den Gegebenheiten einer kulturellen, ethischen und religiösen Pluralität Rechnung tragen, ohne den Wahrheitsanspruch preiszugeben? Wie können sie die allgemeine Entkoppelung von Gesellschaft und Kirche, die auch die Schule betrifft, kompensieren? Wie sollen sie die Erosion des lebensweltlichen Zusammenhangs von Individuum und kirchlich institutionalisierter Religion ausgleichen?[18]

Das könnte über das Konzept der religiösen Bildung gelingen. Wenn Bildung als pädagogisches Handeln die Schülerin bzw. den Schüler als ganze Person begreift, dann gehört dazu auch die Vorstellung von einem sich religiös autonom bildenden Subjekt.

«Den SchülerInnen muss eine persönliche Aneignung mit den entsprechenden Freiheitsgraden in der praktischen Ausgestaltung und intellektuellen Verarbeitung möglich werden. ... Erst dieses Verständnis von der Aufgabe des konfessionell getragenen RU nimmt die Individualität – das persönliche, eben nicht vermittelbare Verhältnis des einzelnen zu Gott – ... ernst.»[19]

Freiheit im Sinne der Aufklärung bedeutet keineswegs Bindungslosigkeit. Es geht vielmehr darum, die Fremdbestimmung abzuschütteln und diese durch Bindung zu ersetzen, die aus Einsicht erfolgt. «Die Würde des Menschen [auch die Würde einer Erstklässlerin] verlangt daher, dass er [bzw. sie] in bewusster und freier Wahl handle, d. h. personal, von innen bewegt und geführt und nicht unter blindem innerem Drang oder bloß äußerem Zwang.»[20] Diese Gewährung des erforderlichen Freiraumes für die persönliche Entscheidung in Glaubensfragen muss durchlaufende Perspektive auch des kirchlichen Verständnisses von Religionsunterricht in der öffentlichen Schule sein.[21]

3.3 Ökumenisches Konzept

Von der hier nur kurz angedeuteten gesellschaftlichen Situation des RU wird es für die Religionslehrerinnen und Religionslehrer immer weniger einsichtig, warum im RU nicht zumindest eine ökumenische Öffnung angestrebt werden soll. Denn die Schülerinnen und Schüler können von ihren Erfahrungen her

«mit der Tatsache der Trennung der Kirchen mitsamt den Lehrunterschieden und den unterschiedlichen Akzentsetzungen in der kirchlichen Praxis so gut wie nichts mehr anfangen. Es ist ... schon viel erreicht, wenn es gelingt, ihnen die zentralen christlichen Glaubenswahrheiten als möglicherweise lebensbedeutsam aufzuschlüsseln.»[22]

Von daher drängt sich die Frage auf, ob das nicht viel besser in Kooperation der Konfessionen geschehen könnte.

Der Deutsche Katecheten-Verein hat diesbezüglich ein Plädoyer verfasst, das sich für einen RU einsetzt, der zunehmend von den Kirchen gemeinsam verantwortet werden soll.[23] In die gleiche Richtung zielt ein von der Kammer für Bildung und Erziehung der Evangelischen Kirche in Deutschland im Herbst 1994 vorgelegtes Dokument zum RU mit dem Titel «Identität und Verständigung». Es sieht einen konfessionell kooperativen RU als die angemessene Gestalt des konfessionellen RU vor.[24]

Die Aussagen der Deutschen Bischofskonferenz sind vor allem aus verfassungsrechtlicher Sicht zu deuten. Die katholischen Bischöfe sehen die

«Gefahr, dass der konfessionell erteilte RU infolge Überfremdung den Schutz der Verfassung verliert, d. h. nicht mehr als ordentliches Lehrfach gilt. Andererseits schließt ein RU, der im Einklang mit der Verfassung in konfessioneller Gebundenheit erteilt wird, ökumenische Gesinnung, Offenheit und Kooperation nicht aus.»[25]

Spätestens hier wird deutlich, dass die Verfassungsgarantie des RU die gesamte Diskussion entscheidend beeinflusst.

4 Schweizer Situation

4.1 Rechtslage

Im Unterschied zum deutschen Grundgesetz gibt weder die alte noch die neue Bundesverfassung eine Existenzgarantie des RU ab. Die Schulhoheit ist in der Schweiz den einzelnen Kantonen zugewiesen. Die Kantone haben einen ausreichenden Grundschulunterricht anzubieten, der für alle Kinder offen ist und unter staatlicher Leitung oder Aufsicht steht.[26] Der Schulunterricht ist religiös neutral zu gestalten. Die Lehrpersonen dürfen die religiösen Empfindungen der Schüler nicht verletzen.[27] Der Unterricht soll in einem Klima der Toleranz gestaltet werden.[28] Niemand darf zu einem religiösen Unterricht gezwungen werden.[29] Die erziehungsberechtigten Personen können ihre Kinder vom RU abmelden. Nach vollendetem sechzehnten Lebensjahr können Jugendliche sich selber abmelden.[30]

Der Schulunterricht und damit auch der RU an öffentlichen Schulen gehört zum Zuständigkeitsbereich der Kantone[31]. Auch die Kompetenz zur Regelung des Verhältnisses des Staates zu den Religionsgemeinschaften liegt bei den Kantonen. Diese entscheiden eigenständig, ob sie den RU als Schulfach einführen oder ob sie ihn als Sache der Kirchen sowie der Religionsgemeinschaften behandeln und ob und inwieweit sie einen kirchlichen RU im Rahmen der Schule unterstützen. Die bundesrechtlichen Vorgaben ermöglichen sehr unterschiedliche Schulsysteme mit ebenso unterschiedlichen Konzepten des schulischen RU und der kirchlichen Unterrichtstätigkeit in den öffentlichen Schulen. Grundsätzlich müssen wir daher mit 26 verschiedenen kantonalen Konzepten rechnen. Dazu kommt aufgrund der Gemeindeautonomie in nahezu allen Kantonen eine Unzahl von verschiedenen gemeindlichen Regelungen. Wer nun aber damit rechnet, dass wenigstens in der gleichen Gemeinde dieselben Grundlagen gelten, hat die Schulautonomie übersehen. Im Gegensatz zu den Lehrplänen der 70er und 80er Jahre werden heute Lehrpläne stärker von den Lehrkräften mitbestimmt. «Aufgrund dieser neuen Bottom-up-Struktur der Lehrplanformen kommen vermehrt pragmatische und schulpolitische Argumente ins Spiel. Konfessionelle Fragen fallen gewöhnlich nicht mehr ins Gewicht.»[32]

Der Begriff RU kann in der schweizerischen Diskussion keineswegs als so geklärt erachtet werden wie in Deutschland, wie die Ausführungen zur Konzeptvielfalt noch zeigen werden. Um sich einen Überblick zu verschaffen, war es deshalb erforderlich, den aktuellen Stand bezüglich der verschiedenen Regelungen in den Kantonen zu untersuchen. Bei diesem Forschungsprojekt beteiligten sich Vertreter von kantonaler, überkantonaler und wissenschaftlicher Seite. Im Frühjahr 1998 wurde ein Fragebogen erarbeitet und an sämtliche Erziehungsdepartemente, an alle römisch-katholischen und evangelisch-reformierten Landeskirchen, an alle christkatholischen und an alle öffentlich-rechtlich anerkannten jüdischen Gemeinden der Deutschschweiz versandt. Die eingegangenen Antworten wurden unter Mitwirkung des Instituts für Kommunikationsforschung in Meggen ausgewertet und publiziert.[33]

Das deutschschweizerische Forschungsprojekt von 1998[34] wurde von Andréa Belliger im Alleingang im Jahr 2002 wiederholt. Die Veränderungen zwischen den beiden Studien wurden in der im Herbst 2003 eingereichten Masterarbeit von Karin Furer ausgewertet: «Klare Veränderungen sind bezüglich der gesetzlichen Verankerung des Religionsunterrichts an der öffentlichen Schule feststellbar.»[35] Im Folgenden beziehen wir uns auf die neueste Studie von 2002.

Den schulischen RU regeln in der Deutschschweiz 10 Kantone in einem Gesetz im formellen Sinn: AI, AG, FR, LU, NW, OW, UR, VS, ZG, ZH. Elf Kantone kennen keine Regelung des schulischen RU, da er nicht erteilt wird oder seine Inhalte in einer Fächergruppe mit der Bezeichnung «Mensch und Umwelt» oder ähnlicher Deklaration untergebracht wurden (AR, BL, BS, BE, GL, GR, SG, SH, SO, SZ, TG).

15 Kantone geben an, den kirchlichen RU in einem Gesetz im formellen Sinn festzuhalten: AI, AG, BL, BS, BE, FR, GL, GR, LU, NW, OW, SG, UR, VS, ZG. Ein Kanton kennt keine Regelung (AR). In zwei Kantonen basiert der konfessionelle RU auf einer Weisung des Erziehungsdepartements (SH, SZ). Der Kanton SO kennt eine Empfehlung des kirchlichen RU. Dem konfessionellen RU im Kanton TG liegt eine Verordnung zugrunde. Im Kanton ZH beruht der kirchliche RU auf einer Richtlinie des Regierungsrates.

4.2 Konzeptvielfalt

Phänomenologisch sind verschiedene Schulsysteme und auch sehr unterschiedliche Konzepte des RU und der kirchlichen Tätigkeit in der öffentlichen Schule festzustellen: Konfessioneller Unterricht im Raum der Schule, aber ohne Mitverantwortung der Schule; konfessioneller RU im Rahmen des schulischen Lehrkanons in Absprache mit der Schule, aber in Verantwortung der Kirchen; konfessionell neutraler christlicher RU in der Verantwortung der Schule und allenfalls – nach Absprache – unter personeller Mitwirkung der Kirchen.

Dieses Nebeneinander verschiedenster Konzepte des schulischen RU und Bibelunterrichts an der Volksschule ist nur schwer zu überblicken. Deshalb waren wissenschaftliche Bemühungen nötig, um diese Situation zu klären und Konzepte für die Zukunft aufzuzeigen.[36] Dabei wird von Autoren auch die Frage gestellt, ob der Staat einen christlichen RU in alleiniger Trägerschaft führen kann.[37]

Das genannte Forschungsprojekt hat die Vielfalt des «staatlichen und kirchlichen RU an den öffentlichen Schulen der Deutschschweizer Kantone»[38] und der Romandie[39] untersucht und dabei idealtypische Konzepte von Religionsunterricht herausgearbeitet. Schulischer RU wird erteilt:

1. durch die staatlichen Schulen ohne Mitverantwortung der öffentlich-rechtlich anerkannten Religionsgemeinschaften,
2. mit Verantwortung der öffentlich-rechtlich anerkannten Religionsgemeinschaften[40] oder
3. durch die öffentlich-rechtlich anerkannten Religionsgemeinschaften in Zusammenarbeit mit dem Staat.

Kirchlicher, konfessioneller RU wird erteilt:

1. ohne Zusammenarbeit mit dem Staat,
2. in Zusammenarbeit mit dem Staat, in den Räumen der Schule außerhalb der Wochenstundentafel,
3. innerhalb der Schule innerhalb der Wochenstundentafel und
4. je nach Kanton mit mehr oder weniger Mitsprachemöglichkeiten des Staates in Fragen des kirchlichen, konfessionellen RUs.

In allen Kantonen wird schulischer und/oder kirchlicher Religionsunterricht erteilt, in acht der 26 Kantone indes nur kirchlicher. In 18 von 21 Kantonen der deutschsprachigen Schweiz gibt es in den Primarschulen noch konfessionellen RU. In den Trennungs-Kantonen Genf und Neuenburg ist in laizistischer Tradition jeder schulische RU ausgeschlossen. Es werden aber für den kirchlichen RU dennoch Schulräume zur Verfügung gestellt. In den Westschweizer Kantonen wird, wie in Frankreich, die Frage diskutiert, ob nach den Blutbädern der Sonnentempler[41] und nach dem 11. September 2001 und dem 11. März 2004 nicht auch in einer laizistischen Schule ein schulischer RU angeboten werden müsste, der über die großen religiösen Traditionen informiert.[42]

Im Rahmen einer Reform der Volksschule wurde im Kanton St. Gallen Religion in den Fachbereich «Mensch und Umwelt» integriert. Für diesen Teilbereich tragen die beiden Landeskirchen die Verantwortung. Der Lehrplan wurde gemeinsam zwischen den Kirchen und der Schule erarbeitet. Mit Ausnahme einiger konfessioneller Fenster (Sakramente, Kirchenkunde) werden die Inhalte konfessionsübergreifend formuliert. D. h., Klassen können nach wie vor in konfessionellen Gruppen unterrichtet werden; ökumenischer RU ist aber möglich geworden.[43]

Der Kanton Zürich führte 1991 auf der Oberstufe einen interkonfessionellen RU ein. Dieser konfessionellkooperative RU (KokoRu) wird weiterentwickelt zugunsten eines interreligiösen RU mit dem Namen «Religion und Kultur». Nach den Konzeptvorstellungen soll dieses neue Fach «ein Ort des interreligiösen und interkulturellen Lernens sein. Das neue Fach sollte allen Schülerinnen und Schülern [ohne Abmeldungsmöglichkeit] sowohl ‹unsere religiösen und kulturellen Wurzeln› aufzeigen, als auch Einblick in Wertvorstellungen verschiedener Religionen und Weltanschauungen ermöglichen und so zur Integration beitragen.»[44] Der Bildungsrat erwartet keinen Konflikt mit dem Grundrecht der Religionsfreiheit, indem er wie der Europäische Gerichtshof für Menschenrechte in Straßburg unterscheidet zwischen *teaching in religion* und *teaching about religion*.[45]

In Zukunft sollen laut Regierungsrat des Kantons Zürich die Gemeinden von der Pflicht entbunden werden, Bibelunterricht anzubieten. Der Kanton Zürich wird dazu keine Beiträge mehr bezahlen. Eine Petition, für die in zwei Monaten 20 000 Unterschriften zusammengekommen sind, verlangt aber die Weiterführung des Schulfachs Biblische Geschichte an den Volksschulen des Kantons Zürich.[46] Gegen Abbaupläne meldet sich auch hier politischer Widerstand.[47]

Wer wird die neuen Fächer unterrichten? In Zürich sind es die Oberstufenlehrkräfte, in den Waadtländer Gymnasien sollten zuerst Absolventinnen und Absolventen der Theologie ausgeschlossen werden. Schließlich entschied man sich dafür, verschiedene Typen von Lizenzen anzuerkennen, u. a. auch die der Geisteswissenschaften (mit erstem Fach ‹Histoire et sciences des religions›) und die Lizenz in Religionswissenschaften von der Evangelischen Theologischen Fakultät Lausanne.[48]

Der konfessionelle RU und der konfessionskundliche RU werden auch in mehrheitlich katholischen Kantonen, wie z. B. im Kanton Luzern, auf der Ebene der Volksschule[49] und im Gymnasium[50] miteinander kombiniert. Das Modell des RU in Verantwortung der Religionsgemeinschaft wird gleichzeitig weiterentwickelt.

4.3 Islamischer Religionsunterricht

Im Kanton Luzern wird erstmals islamischer RU erteilt in den Gemeinden Kriens und Ebikon[51]. Dem stand das Gesetz über die Volksschulbildung des Kantons Luzern[52] nicht im Wege. Darin heißt es in § 5, dass sich die Volksschule ausgehend von der christlichen, abendländischen und demokratischen Überlieferung nach Grundsätzen und Werten wie Freiheit, Gerechtigkeit, Toleranz, Solidarität und Chancengleichheit richtet. Die öffentlich-rechtliche Anerkennung der Religionsgemeinschaft ist dafür ebenfalls nicht erforderlich.[53]

Der islamische RU wird in deutscher Sprache gehalten. Der Lehrplan stammt vom Institut für internationale Pädagogik und Didaktik (IPD) in Köln. Eine Lehrperson, im Besitz des Luzerner Primarlehrerdiploms, ließ sich in Köln für islamischen RU ausbilden. Der Unterricht ist so aufgebaut, dass Muslime unterschiedlicher Rechtsschulen des Islams daran teilnehmen können. Die Verantwortung für die Zuteilung von Raum und Zeit liegt bei den Schulleitungen der einzelnen Gemeinden.

«Das Angebot in Kriens und Ebikon ist in enger Zusammenarbeit mit den örtlichen Schulleitungen und Schulpflegen entstanden. Von kantonaler Seite bestanden ebenfalls Kontakte zu den Initianten. Eine formelle Genehmigung für das Vorhaben war aber nicht notwendig. Auch eine Aufsicht auf Grund der gesetzlichen Regelungen ist laut Regierungsantwort nicht notwendig. Die Verantwortlichen waren auch nicht verpflichtet, ihre Materialien dem Amt für Volksschulbildung vorzulegen. Doch hätten sie es freiwillig getan.»[54]

Der islamische RU wurde im Kanton Luzern ermöglicht, weil die

Latte der öffentlich-rechtlichen Anerkennung des Islams nicht übersprungen werden musste. Aber spätestens bei der Finanzierung dieses RU stellt sich die Frage der öffentlich-rechtlichen Anerkennung wieder.

Angesichts der Tatsache, dass in der Schweiz «heute schätzungsweise 400 000 Muslime» leben, wie der Islamwissenschaftler der Universität Luzern, Samuel Behloul, betont[55], ist davon auszugehen, dass weitere Initiativen folgen werden. Ansonsten wird der islamische RU für Schulkinder in deren Freizeit angeboten von ausländischen Imamen, die die hiesigen Verhältnisse nicht kennen. In Deutschland und der Schweiz ist eine Diskussion über den so genannten ‹Hinterhof-Fundamentalismus› in Gang gekommen,

«die daher rührt, dass Berichten zufolge in manchen Koranschulen extremistisches Gedankengut verbreitet werde. … Ein weiteres Ziel wird deshalb auch darin gesehen, in der Schweiz selber islamische Geistliche auszubilden, die die Landessprache sprechen und die hiesigen Verhältnisse bestens kennen. Dies setzt voraus, dass die Lehrkräfte selber an geeigneten Ausbildungsstätten ausgebildet werden können. Die Errichtung eines universitären islamischen Lehrstuhles oder noch besser einer islamischen Fakultät wird deshalb als langfristiges Anliegen genannt.»[56]

4.4 Perspektiven

Der RU wird also – kurz zusammengefasst – von den Religionsgemeinschaften erteilt: von christlichen Kirchen, aber auch von islamischen Organisationen. Daneben gibt es konfessionskundlichen RU. Das Ergänzungsfach Ethik für Schülerinnen und Schüler, die sich vom RU abmelden lassen aufgrund von Art. 15 BV Abs. 4, findet im Unterschied zu Deutschland und Österreich in der Schweiz wenig Verbreitung, da es administrativ zu aufwendig sei, evangelischen, katholischen, christkatholischen, islamischen RU zu organisieren und dazu noch ein Ergänzungsfach für Abgemeldete anzubieten.

Hat der RU der Religionsgemeinschaften, der bisher als konfessioneller RU bezeichnet wurde, eine Zukunft?

Wie auch immer die rasante Schulentwicklung weitergehen wird, religiöse Grundbildung wird in der Schule ein Thema sein, ob als eigenständiges Fach, wie in der Zentralschweiz geplant[57], als Teil des Fachbereichs ‹Mensch und Umwelt› wie in St. Gallen oder als ökumenischer RU wie in Graubünden. Daneben wird es auch RU der Religionsgemeinschaften geben, sofern die Religionsgemeinschaften kompetente Lehrpersonen zur Verfügung stellen können.

Durch die Akademische Ausbildung der Lehrpersonen mit der Einführung der Pädagogischen Hochschulen ist zu befürchten, «dass der Graben zwischen Katecheten(innen) und Lehrpersonen größer wird, da sich in Zukunft die Ausbildungsniveaus noch stärker voneinander unterscheiden werden als heute.»[58] Im ‹Bericht› über die gesamtschweizerische Befragung der katholischen ReligionslehrerInnen auf der Oberstufe› wurde 1993 der Wunsch, «sich mit dem bekenntnisgebundenen RU aus der Schule zurückziehen zu können, festgestellt und als offensichtlicher und statistisch signifikanter Trend bezeichnet.»[59] Im Bericht wird auch geklagt über das schlechte Image der Kirche und des RU in der Schule. Erkennbar wird, «dass sich der Bruch zwischen den Ansprüchen der Kirchenleitung und den Erwartungen der Kirchenbasis auch deutlich auf das Berufsbild und die Person des Katecheten und der Katechetin auswirkt, indem er zu Identifikationsproblemen führt.»[60] Diesem Phänomen wird sich das neue «Religionspädagogische Institut» an der Theologischen Fakultät der Universität Luzern stellen müssen.

In den Bereich konfessionskundlicher RU würden die Religionswissenschaftler gerne stärker einsteigen[61]. Es ist die wichtige Frage zu klären, wer in Zukunft den RU erteilen wird. Schule und Kirchen haben erkannt, dass das frühere Neben- und Miteinander von Staat/Schule und Landeskirchen angesichts der neuen Bevölkerungsstruktur nicht mehr unverändert weiter bestehen kann. In der kleinen Schweiz spielt sich in einem überschaubaren Rahmen etwas ab, was auch im europäischen Raum zu beobachten ist: «verschiedene theoretische Ansätze und Überzeugungen führen je nach Situation zu unterschiedlichen Realisierungen in der Praxis.»[62] Eggenberger sieht zwei Tendenzen für die Zukunft:

– Wo die Verantwortung für den RU bei der Zusammenarbeit mit der Schule ganz bei den Kirchen liegt, wird sich der RU «in Richtung eines gemischtkonfessionellen/ökumenischen RU» entwickeln. «In der Praxis ist dies meist kein Problem, da die allermeisten Themen und Inhalte den verschiedenen Konfessionen gemeinsam sind und Religionspädagogen und Unterrichtende sehr häufig gewohnt sind, über die Konfessionsgrenzen hinweg zusammenzuarbeiten.»[63]
– Wo die Verantwortung für den RU ganz bei der Schule liegt, bzw. wo der Schule in der Zusammenarbeit mit den Kirchen die Hauptverantwortung zukommt, «verändert sich der bisher überkonfessionelle/konfessionell neutrale RU in Richtung eines multikulturell offenen Faches.»[64]

Führt dies «die Kirchen auf längere Sicht aus den Schulen heraus, da der Nutzen eines konfessionellen Unterrichts für das Leben und die Relevanz entsprechender Tradition für die Bewältigung heutiger Probleme nur wenigen einsichtig sind»[65]? Selber bin ich nicht so pessimistisch, sondern plädiere für die verschiedenen Formen des RU in der öffentlichen Schule je nach religionssoziologischen Gegebenheiten.[66]

Mit rechtlichen Erwägungen allein ist aber die Frage nach der Zukunft des RU als Lehrfach an den öffentlichen Schulen letztlich nicht zu beantworten. Die künftige Rechtsform hängt von der inhaltlichen Lebensfähigkeit dieses Unterrichts ab, nicht umgekehrt. Deshalb wird eine Konsolidierung letztlich nur von denjenigen bewirkt werden können, welche den RU inhaltlich zu verantworten haben – von den Kirchen und von den Religionslehrerinnen und Religionspädagogen. Dies beinhaltet den Aufruf zu entsprechender Ausbildung, Weiterbildung und Motivation der Lehrkräfte für ihre nicht ganz einfache Aufgabe. Die Kirchen und Religionsgemeinschaften müssen sich zu ihrem Bildungsauftrag aktiv bekennen und sich für eine angemessene Gestaltung des Religionsunterrichts in die Pflicht nehmen lassen.

Der Religionsunterricht bedarf in Anbetracht seiner rechtlichen und tatsächlichen Rahmenbedingungen der Bereitwilligkeit beider Seiten – des Staates wie der Kirchen oder Religionsgemeinschaften – zur Zusammenarbeit.

1　Ausführlicher dazu: Loretan, Adrian; Kohler-Spiegel, Helga: Religionsunterricht an der öffentlichen Schule : Orientierungen und Entscheidungshilfen zum Religionsunterricht. Zürich: NZN Buchverlag, 2000.

2　Der Begriff Religionsunterricht wird im Folgenden abgekürzt mit RU.

3　Pahud de Mortanges, René: Die Religionszugehörigkeit als Erhebungsmerkmal der Volkszählung. In: Mieth, Dietmar; Pahud de Mortanges, René (Hrsg.): Recht – Ethik – Religion : Der Spannungsbogen für aktuelle Fragen, historische Vorgaben und bleibende Probleme. FS Giusep Nay. Luzern: Edition Exodus, 2002, S. 95–105, S. 99.

4　Vgl. Rawls, John: Gerechtigkeit als Fairness, politisch und nicht metaphysisch. In: ders.: Die Idee des politischen Liberalismus. Frankfurt a. Main: Suhrkamp, 1992, S. 255–292, S. 258.

5　Vgl. Verhülsdonk, Andreas: RU – Grundlage von Religionsfreiheit. In: StdZ 222 (2003), S. 329–337, S. 336.

6　BVerfG: Bd. 41, 19, 65 und 88.

7　Vgl. Mette, Norbert: Thesen zum Religionsunterricht : Zu seiner bildungstheoretischen und religionspädagogischen Verantwortung. In: Orientierung 66 (2002) II, S. 99–100, S. 100.

8　Das Grundgesetz der BRD hat in Art. 7 in teilweise wörtlicher Übereinstimmung die Bestimmungen des Art. 149 der Weimarer Reichsverfassung übernommen.

9　Zur Verfassungsgarantie staatlichen RUs vgl. Kästner, Karl-Hermann: Religiöse Bildung und Erziehung in der öffentlichen Schule – Grundlagen und Tragweite der Verfassungsgarantie staatlichen Religionsunterrichts. In: Essener Gespräche (Bd. 32): Der Beitrag der Kirchen zur Erfüllung des staatlichen Erziehungsauftrages. Münster: Aschendorff, 1998, S. 61–96.

10　Der Streit um das Brandenburgische Schulgesetz im Fach LER (Lebensgestaltung – Ethik – Religionskunde) ist u. a. auch eine Interpretationsfrage der Bremer Klausel. Im Zuge der deutschen Wiedervereinigung wurde u. a. das Land Brandenburg gebildet. Dieses ist in beträchtlichem Umfang, aber nicht vollständig, räumlich identisch mit dem historischen Land Brandenburg. Die Einführung des Grundgesetzes mit Wirksamwerden des Beitritts der DDR zur Bundesrepublik Deutschland bezog sich auch auf Art. 7 und Art. 141 GG. Abweichende Regelungen wurden im Einigungsvertrag nicht getroffen, obwohl das Problem des Religionsunterrichts während der Wiedervereinigung als Problem gesehen worden war. Im Unterschied zu den neuen Bundesländern Mecklenburg-Vorpommern, Sachsen, Sachsen-Anhalt und Thüringen, wo der RU als ordentliches Lehrfach eingerichtet wurde, hat das Land Brandenburg in seinem Schulgesetz zur LER davon abgesehen. Gegen das brandenburgische Schulgesetz, insbesondere §§ 11, 141, und 9 wurden Verfassungsbeschwerden von der Evangelischen Kirche, mehreren Bistümern sowie Eltern und Schülern beider Konfessionen eingebracht. Mitglieder der CDU/CSU Fraktion im Bundestag haben eine Normenkontrollklage angestrengt. Das GG garantiere konfessionellen RU. Dem widerspreche das brandenburgische Schulgesetz, weil RU danach nicht ordentliches Lehrfach sei. Das Fach LER, das an seine Stelle trete, sei kein

RU im Sinne des GG. Dem Land Brandenburg komme für seine abweichende Regelung auch nicht Art. 141 GG zugute. Dieser Grundgesetzartikel beziehe sich auf eine räumliche Identität des Landes, in dem 1949 eine von Art. 7 Abs. 3 Satz 1 GG abweichende Regelung gegolten habe. Es setze vielmehr eine ungebrochene Identität als Rechtssubjekt voraus. (Pressemitteilung Nr. 62/2001 vom 11. Juni 2001 des Bundesverfassungsgerichts). Im Dezember 2001 beschloss das angerufene Bundesverfassungsgericht, den Parteien einen Kompromissvorschlag zu unterbreiten: die bestehende Regelung wurde geschützt, daneben soll Religionsunterricht in Lerngruppen erteilt werden, wenn wenigsten 12 Schüler dies wünschen (BVerfG 1BVF 1/96 vom 11. Dezember 2001). Das Land Brandenburg hat ein diesbezügliches Gesetz erlassen, welches am 1. August 2002 in Kraft trat. Danach ist sichergestellt, dass kein Kind mehr gegen den eigenen Willen an LER teilnehmen muss. Das Bundesverfassungsgericht wies die wenigen nicht zurückgezogenen Beschwerden als nicht mehr zulässig zurück (Beschlüsse vom 23. April 2002, 1 BvR 1412/97. 1 BvQ 14/02 und vom 31. Oktober 2002, 1 BvF 1/96). Bereits ist die neue Regelung wieder angefochten worden. Vgl. Rees, Wilhelm: Religionsunterricht in der Schule : Rechtliche Grundlagen und neuere Fragestellungen aus katholischer Sicht. In: Kirche und Recht (KuR) 1996, S. 15–30, S. 21–23.

11 Hollerbach, Alexander: Der Religionsunterricht als ordentliches Lehrfach an den öffentlichen und freien Schulen in der Bundesrepublik. In: Biesinger, Albert; Hänle, Joachim: Gott – mehr als Ethik : Der Streit um LER und Religionsunterricht. Freiburg i. Br.: Herder, 1997, S. 133–146, S. 138 (Quaestiones disputatae Nr. 167)

12 Vgl. z. B. für die «Gesamt- und teilkirchlichen Vorgaben für den schulischen RU». In: Rees, Wilhelm: Religionsunterricht in der Schule. aaO., S. 99–114, S. 101–103. Vgl. für Österreich: Huber, Gerhard: Der Religionslehrer im Spannungsfeld zwischen kirchlichem und staatlichem Recht. Linz: Universitätsverlag Rudolf Trauner, 1995.

13 Rees, Wilhelm: Der RU und die Katechetische Unterweisung in der kirchlichen und staatlichen Rechtsordnung. Regensburg: Pustet, 1986 (Standardwerk). Leimgruber, Stephan; Müller, Ludger: RU zwischen Norm und Wirklichkeit. Paderborn, 2000 (Interview).

14 BVerGE 74, 235 f., abgedruckt in: KirchE 25, S. 39–43; AfkKR 156 (1987), S. 200–208.

15 Fischer, A. u.a.: Hauptergebnisse. In: Deutsche Shell (Hrsg.): Jugend 2000. Bd. 1, Opladen: Leske + Budrich, 2000, S. 11–21.

16 Farin, Klaus: Die (un?)politische Jugend : Pragmatik und Emotion bestimmen das Engagement von Jugendlichen. In: NZZ 224 (2003), Nr. 165 (19./20. Juli), S. 65. Vgl. Ders. Jugendkulturen heute. München: 2001. Vgl. www.jugendkulturen.de.

17 Mette, Norbert: Thesen zum Religionsunterricht : Zu seiner bildungstheoretischen und religionspädagogischen Verantwortung. In: Orientierung 66 (2002) I, S. 86–89, S. 88.

18 Die Differenz zwischen gelebter und gelehrter Religion hat in erhellender Weise die Befragung der evangelischen Religionslehrer und Religionslehrerinnen in Niedersachsen zutage gefördert. Vgl. Feige, A; u.a.: «Religion» bei ReligionslehrerInnen. Religionspädagogische Zielvorstellungen und religiöses Selbstverständnis in empirisch-soziologischen Zugängen. Münster: Lit, 2000.

19 Mette, Norbert: Thesen zum Religionsunterricht : Zu seiner bildungstheoretischen und religionspädagogischen Verantwortung. In: Orientierung 66 (2002) II, S. 99–100, S. 99.

20 Vaticanum II, Pastoralkonstitution Gaudium et Spes, Nr. 17.

21 Diesen Ansatz hat auch das folgende Kirchenlied aufgegriffen: «Wir wollen Freiheit, um uns selbst zu finden, Freiheit, die Leben zu gestalten weiss. Nicht leeren Raum, doch Raum für unsre Träume, Erde, wo Baum und Blume Wurzel schlägt.» (Katholisches Gesangbuch, Zug 1998, Nr. 596, 2. Strophe).

22 Mette, Norbert: Thesen zum Religionsunterricht : Zu seiner bildungstheoretischen und religionspädagogischen Verantwortung. In: Orientierung 66 (2002) II, S. 100.

23 RU in der Schule : Ein Plädoyer des Deutschen Katecheten-Vereins. In: KatBl 117 (1992), H. 7, S. 619 f.

24 Identität und Verständigung : Standort und Perspektiven des RU in der Pluralität. Eine Denkschrift der Evangelischen Kirche in Deutschland. Kammer für Bildung und Erziehung der Evangelischen Kirche in Deutschland (Hrsg.). Hannover, 1994, S. 43.

25 Rees, Wilhelm: Religionsunterricht in der Schule. aaO., S. 99–114, S. 109.

26 Art. 62 Abs. 2 BV. Vgl. Art. 27 Abs. 3: «Die öffentlichen Schulen sollen von den Angehörigen aller Bekenntnisse ohne Beeinträchtigung ihrer Glaubens- und Gewissensfreiheit besucht werden können.» Vgl. Bräm, Werner: Religionsunterricht als Rechtsproblem im Rahmen der Ordnung von Kirche und Staat : Unter besonderer Berücksichtigung der Schulgesetzgebung in den Kantonen und der Unterrichtsordnungen der evangelisch-reformierten Kirchen in der Schweiz. Zürich: Theologischer Verlag, 1978, S. 39–44.

27 BGE 116 Ia 260f.

28 BGE 117 Ia 317. 123 I 309. Vgl. Forst, Rainer: Toleranz im Konflikt : Geschichte, Gehalt und Gegenwart eines umstrittenen Begriffs. Frankfurt a. M.: Suhrkamp, 2003.

29 Art. 15 BV Abs. 4.

30 Art. 303 Abs. 3 ZG.

31 Eine ausführliche Darstellung der Rechtslage findet sich bei: Hafner, Felix; Loretan, Adrian; Schwank, Alexandra: Gesamtschweizerische Rahmenbedingungen des RU. In: Loretan, Adrian; Kohler-Spiegel, Helga (Hrsg.): RU an der öffentlichen Schule. aaO., S. 55–81.

32 Wegenast, Philipp: Ökumenischer Religionsunterricht in der Schweiz. In: Der Evangelische Erzieher. Zeitschrift für Pädagogik und Theologie (1996), S. 179–191, S. 190.

33 Belliger, Andréa; Glur-Schüpfer, Thomas; Spitzer, Beat (Hrsg.): Staatlicher und kirchlicher Religionsunterricht an den öffentlichen Schulen der deutschschwei-

zer Kantone. Ebikon: ZBS, 1999. Diese Studie ist schon vergriffen. Sie ist neu auf der Homepage der Professur für Kirchenrecht und Staatskirchenrecht aufgeschaltet: www.unilu.ch/tf/kr (unter Material). Hier findet sich auch die von Belliger allein ausgearbeitete neue Studie von 2002. Die letzte Untersuchung zum RU in der Schweiz wurde 1982 von der Interdiözesanen Katechetischen Kommission IKK durchgeführt.

34 Publiziert wurde das Forschungsprojekt 1999.

35 Furer, Karin: Religionsunterricht an der öffentlichen Schule : Betrachtungen aus staatskirchenrechtlicher Perspektive unter besonderer Beachtung der Situation im Kanton Zürich. (Unveröffentlichte Masterarbeit an der Universität Luzern 2003), S. 23.

36 Vgl. Loretan, Adrian; Kohler Spiegel, Helga (Hrsg.): Religionsunterricht an der öffentlichen Schule. Orientierungen und Entscheidungshilfen zum Religionsunterricht. Zürich: NZN Buchverlag, 2000.

37 Aus theologischer Sicht «kommt das Installieren einer überkonfessionellen oder präkonfessionellen Position der Eröffnung einer neuen Konfession gleich, insofern … mit einer solchen überkonfessionellen Position ebenfalls ein Anspruch auf Wahrheit einhergeht.» Grädel, Rosa; Schori, Kurt: Überlegungen zur gegenwärtigen Gestalt des reformierten Religionsunterrichts an öffentlichen Schulen im Kanton Bern. In: Loretan, A.; Kohler-Spiegel, H. (Hrsg.): RU an der öffentlichen Schule. Zürich, aaO., S. 99–112, S. 108. Aus rechtlicher Sicht sei angemerkt, dass die Religionsfreiheit (Art. 15 BV) den Staat und seine Schulen zur religiösen Neutralität verpflichtet.

38 Vgl. Belliger, Andréa; Glur-Schüpfer, Thomas: Tendenzen der kantonalen Umsetzungen in der Deutschschweiz. In: Loretan, A.; Kohler-Spiegel, H.: RU an der öffentlichen Schule. aaO., S. 83–98.

39 Vgl. Becci, Irene: … aus soziologischer Sicht. In: Loretan, A.; Kohler-Spiegel, H.: RU an der öffentlichen Schule. aaO., S. 31–47.

40 Es wäre für die röm.-kath. Kirche hier noch zu untersuchen, ob nicht die staatskirchenrechtlichen Körperschaften gemeint sind, was bei der Dualstruktur dieser Kirche nicht unbedeutend ist.

41 Vgl. Tanner Erwin: Der Sonnentemplerorden : Leben und Sterben. In: SKZ 165 (1997), S. 390–396.

42 Becci, Irene: … aus soziologischer Sicht. In: Loretan, A.; Kohler-Spiegel, H.: RU an der öffentlichen Schule. aaO., S. 31–47, S. 37. Dabei wirft Becci die «Hutmachersche Frage» auf, ob ein solches Wissen an und für sich genüge, um die erhoffte und für einen sozialen, politischen und religiösen Frieden nötige Toleranz und Solidarität zu erreichen. In Genf regte ein parlamentarischer Vorstoß an, in den Genfer Schulen Religionsgeschichte als Schulfach einzuführen. Für Neuenburg gilt: «Dès la rentrée scolaire d'août 2003, les cultures religieuses et humanistes seront enseignées dans les leçons d'histoire». Für die Waadtländischen Gymnasien wird «Religionsgeschichte und Religionswissenschaft» eingeführt.

43 Vgl. Hautle, Philipp: Gegenwärtige Gestalt des RUs im Kanton St. Gallen :

Religion als Teilbereich im Fachbereich Mensch und Umwelt. In: Loretan, A.; Kohler-Spiegel, H.: RU an der öffentlichen Schule. aaO., S. 121–127. Eggenberger, Hans: RU in der Schweiz – unterwegs zu einem Paradigmenwechsel. In: Schreiner, Peter; Spinder, Hans (Hrsg.): Identitätsbildung im pluralen Europa : Perspektiven für Schule und RU. Münster: Waxmann, 1997, S. 191–202.

44 Weibel, Rolf: Unterschiedliche Zuordnungen. RU in der Schweiz. In: HerKorr 55 (2001), S. 96–99, S. 98.

45 Vgl. Sahlfeld, Konrad: Aspekte der Religionsfreiheit : im Lichte der Rechtssprechung der EMRK-Organe, des UNO-Menschenrechtsausschusses und nationaler Gerichte. Zürich: Schulthess, 2004, S. 331–341.

46 Vgl. Kipa-Meldung. In: SKZ 172 (2004), S. 185.

47 Im Kanton Obwalden wurde kürzlich bei einer Revision des Erziehungsgesetzes, das den RU herunterstufte, ebenfalls Widerstand angemeldet, so dass dem RU eine bessere Stellung eingeräumt werden musste.

48 Annex, Die Beilage zur Reformierten Presse Nr. 33/2002, Schule auf der Suche nach Sinn, S. 11–12, S. 11.

49 Vgl. Glur, Thomas; Glur-Schüpfer, Brigitte: Religiöse Grundbildung in der Primarschule im Kanton Luzern. In: Loretan, A.; Kohler-Spiegel, H.: RU in der öffentlichen Schule. aaO., S. 213–221.

50 Bühlmann, Benno: Notwendige Orientierungshilfe im Dschungel religiöser Welterfahrungen. Religionskundlicher Unterricht in der Mittelschule : das Luzerner Modell. In: Loretan, A.; Kohler-Spiegel, H.: RU in der öffentlichen Schule. aaO., S. 231–236.

51 Vgl. Steiner Amri, Regine: Ein Erfahrungsbericht aus Ebikon und Kriens: «Immer wieder dieselben Klischees und Vorurteile gegenüber dem Islam». In: Religion in der Schule (Tangram 14), Bulletin der Eidgenössischen Kommission gegen Rassismus (Oktober 2003), S. 46–48. Scherl-Hüsler, Mailin: Islamischer RU in Luzern : ‹Koranschule› oder seriöser RU?. In: aaO. S. 40–45.

52 Gesetz über die Volksschulbildung vom 22. März 1999 des Kantons Luzern, § 5.

53 Pahud de Mortanges, René: Rechtsfragen zum islamischen RU. In: Religion in der Schule (Tangram 14), Bulletin der Eidgenössischen Kommission gegen Rassismus (Oktober 2003), S. 19–29. Ders.: Islamischer Religionsunterricht – eine Forderung und viele Fragen. In: Ders.; Tanner, Erwin (Hrsg.): Muslime und schweizerische Rechtsordnung. Freiburg: Universitätsverlag, 2002, S. 167–187. Vgl. zum ganzen Themenbereich: Loretan, Adrian; Sahlfeld, Konrad: L'islam pone nuove sfide alla Svizzera. La Corte europea dei Diritti umani in due casi contro la Svizzera. In: Diritto e Politica Ecclesiastica Nr. 3 (2002), S. 825–846.

54 Islamischer RU, Kanton Luzern: «Das ist keine Koranschule». In: Neue Luzerner Zeitung vom 14. Januar 2003, S. 31.

55 Transkulturelle Pflege : Ein Beitrag zur Integration. In: Neue Luzerner Zeitung vom 18. Juli 2003, S. 18. Gemäss den alle zehn Jahre durchgeführten Volkszählungen bekannten sich 1990 152 000 Personen zum Islam, im Jahr 2000 waren dies rund 310 000 Menschen.

56 Cattacin, Sandro; Famos, Cla Reto; Duttwiler, Michael; Mahnig, Hans: Staat

und Religion in der Schweiz : Anerkennungskämpfe, Anerkennungsformen. Eine Studie des Schweizerischen Forums für Migrations- und Bevölkerungsstudien (SFM) im Auftrag der Eidgenössischen Kommission gegen Rassismus (EKR). Bern, September 2003, S. 41–42. Vgl. Afshar, Farhad: Die Bedeutung einer islamischen Diaspora-Theologie. In: Pahud de Mortanges, René; Tanner, Erwin (Hrsg.): Muslime und schweizerische Rechtsordnung, aaO., S. 189–197.

57 Glur, Thomas; Glur-Schüpfer, Brigitte: Religiöse Grundbildung in der Primarschule im Kanton Luzern. In: Loretan, A.; Kohler-Spiegel, H.: RU an der öffentlichen Schule. aaO., S. 213–221.

58 Schroeter-Reinhard, Alexander: Der RU in Deutschfreiburg – Versuch einer Momentaufnahme. In: Loretan, A.; Kohler-Spiegel, H.: RU in der öffentlichen Schule. aaO., S. 147–155, S. 153. Hier müsste eigentlich von Hilfskatechetinnen und Hilfskatecheten gesprochen werden, denn die eigentlichen Katecheten und Katechetinnen, die eine dreieinhalbjährige höhere Fachausbildung am Religionspädagogischen Institut der Theologischen Fakultät der Universität Luzern absolvieren, sind nicht das Problem, wohl aber die überwiegende Zahl von Hilfskräften, die keine mit den Lehrern vergleichbare Ausbildung haben.

59 Weibel, Rolf: Religiöse Bildung und Begleitung der Jugendlichen. In: SKZ 168 (2000), S. 677–678, S. 677. Vgl. auch Sieber, Nick: Vom RU zur Jugendpastoral. In: SKZ (2000), S.678–680. Beeler, Marie-Theres: Jugendpastoral – wie weiter? In: SKZ (2000), S. 681–683.

60 Weibel, Rolf: Der RU auf der Oberstufe. In: SKZ (2000), S. 680–681, S. 680.

61 Vgl. Friedli, Richard: Religionswissenschaft im Übergang. In: SKZ (2003), S. 473–476, 473. Welscher, Claude: Religionsgeschichte und -wissenschaft an waadtländischen Gymnasien. In: Annex. Die Beilage zur Reformierten Presse Nr. 33, 2002, S. 11–12. RL, Zeitschrift für Religionsunterricht und Lebenskunde Nr. 1 1994. Krieger, David; Jäggi, Christian: Dialogische Religionskunde – ein neues Modell für den Religionsunterricht?. In: SKZ (1993), S. 341–342.

62 Eggenberger, Hans: RU in der Schweiz – unterwegs zu einem Paradigmenwechsel. In: Schreiner, Peter; Spinder, Hans (Hrsg.): Identitätsbildung im pluralen Europa. Perspektiven für Schule und RU. Münster: Waxmann, 1997, S. 191–202, S. 199.

63 Ebd.

64 Ebd.

65 Wegenast, Philipp: Ökumenischer Religionsunterricht in der Schweiz. In: Der Evangelische Erzieher. Zeitschrift für Pädagogik und Theologie 48 (1996), H. 2, S. 179–191, S. 190.

66 Vgl. Loretan, Adrian: Plädoyer für eine Zukunft des RU an der öffentlichen Schule. In: Ders.; Kohler-Spiegel, H.: RU an der öffentlichen Schule. aaO., S. 247–259. Neuestens zum Thema: Kunz Ralph; Pfeiffer, Matthias; Frank-Spörri, Katharina; Fuisz, Jozsef (Hrsg.): Religion und Kultur – Ein Schulfach für alle? Zürich: TVZ, 2005.

Claude Schwab

Antithesen über den Verfall der historischen Kirchen in der Romandie

Die Frage des Religionsunterrichts stellt sich in der Westschweiz wie ein Muster der Debatte in Europa: Die Verschiedenheit der kantonalen Situationen ist ernst zu nehmen, wenn man einen gemeinsamen Weg in die Zukunft vorzeichnen will. Trotz dieser Vielfältigkeit werden gemeinsame Problemstellungen sichtbar, da die Komplexität der Beziehungen zwischen den Kirchen, dem Staat und der Gesellschaft alle gleichermaßen betrifft.

Dieser Beitrag beschränkt sich auf ein Problem, das nicht genug öffentlich diskutiert wird: Die historischen Volkskirchen haben größte Mühe, die Gegenwart zu sehen und die Zukunft vorzubereiten. Was heißt es, eine Minderheit zu werden? Und was bedeutet es für die Beziehungen zwischen Staat und Kirchen? Im Folgenden werden zuerst Tatsachen konstatiert, dann folgen einige persönliche, negativ formulierte Thesen, die zur Auseinandersetzung aufrufen wollen.

1 Entwicklung der religiösen Landschaft in der Romandie

Innerhalb von fünfzig Jahren hat die soziale, demzufolge auch die religiöse Landschaft in mehreren Punkten einen tief greifenden Wandel durchlebt:

– Die Demografie ist beeinflusst durch die interkantonale und internationale Immigration, die in einer ersten Phase die katholische Bevölkerung anwachsen ließ, besonders in den traditionell protestantischen Kantonen. Sie ist im Weiteren beeinflusst durch die Alterung der einheimischen Bevölkerung und die rasante Zunahme der gemischten Ehen.

– Das Zweite Vatikanische Konzil hat eine Zeit des konfessionellen Friedens oder zumindest des Zusammenlebens im gegenseitigen Miteinander eingeläutet (Integration der konfessionellen Schulen in die staatlich-neutralen Schulen, Ende des Proselytismus und systematischer Konversionen, gegenseitige Anerkennung der Taufen und Eheschließungen, Erfahrungen der eucharistischen Gastfreundschaft).

– Die evangelikale Bewegung ist nach außen sichtbarer geworden: Gruppen sind zu Kirchen geworden, angelsächsische Einflüsse haben zugenommen, die evangelikale Bewegung ist innerhalb der reformierten Kirchen angewachsen, es gibt gegenseitige Konversionen.

– Der Islam ist zahlenmäßig zur drittgrößten Religionsgemeinschaft geworden, wobei sich verschiedene Probleme stellen: das Verhältnis von Immigranten und schweizerischen Muslimen, die Frage ausländischer Imame, das Problem der öffentlichen Vertretung angesichts der Aufsplitterung in unterschiedliche Richtungen innerhalb des Islam.

– Der Dialog mit dem Judentum hat sich entwickelt; das zeigen z. B. der Lehrstuhl Judaismus an der Universität Lausanne, die verfassungsmäßige Anerkennung durch den Kanton Waadt, die Besinnung auf die Tatsache der jüdischen Herkunft Jesu.

– Die religiöse Landschaft verändert sich auch durch das Phänomen der neuen religiösen Bewegungen, die Anziehungskraft der fernöstlichen Religionen und das Wiederaufleben archaischer Religiosität, die sich mit den etablierten Religionen vermischt.

– In den städtischen Milieus gibt es ein klares Anwachsen der Zahl jener Personen, die sich als «keiner Religion zugehörig» bezeichnen. Der praktische Atheismus gewinnt einen großen Teil jener Bevölkerung, die einer historischen Kirche angehört.

Um das Phänomen des Monopolverlusts der traditionellen Religionen und der Zerbröckelung des Religiösen zu illustrieren, genügt eine Zahl: In Genf, das dem gängigen Klischee gemäß als das «protestantische Rom» bezeichnet wird, machen die Reformierten im Jahr 2000 nur noch 16,1 % der Bevölkerung aus.[1]

2 Verhältnis von Kirche und Staat auf Verfassungsebene

Jeder Kanton hat ein eigenes System. Trotzdem kann man die Kantone der Romandie in drei Gruppen aufteilen, wenn man die Beziehungen zwischen Kirche und Staat in ihnen betrachtet.

– Die Kantone mit einer Trennung von Kirche und Staat: Genf, aber auch Neuenburg, obwohl die neue Kantonsverfassung Neuenburgs ein partnerschaftliches Verhältnis mit den Kirchen vorsieht.
– Die «Erbkantone des bernischen Systems»: Waadt, Bern, Jura, mit der Anerkennung der reformierten Kirche, der römisch-katholischen Kirche und sogar der christkatholischen Kirche und/oder der israelitischen Gemeinde.
– Die traditionell katholischen Kantone: Freiburg und Wallis, die beide ebenfalls einen Status für die reformierte Kirche kennen.

3 Institutionelle Fragen

Die historischen Religionsgemeinschaften sind oft unabhängig voneinander mit den gleichen Herausforderungen konfrontiert:

– *Zahlenmäßige Veränderungen:* Die Landeskirchen werden zu Minderheiten. Man findet zwar das Phänomen in ganz Europa, aber es hat zum Beispiel in Genf sehr große Ausmaße angenommen. Diese Entwicklung trifft auf den Widerstand der Kirchen und ihrer Gemeinden, die Gewohnheiten zu ändern.
– *Restrukturierung:* Um den gesellschaftlichen Veränderungen und auch den finanziellen Schwierigkeiten die Stirn zu bieten, hat sich die Mehrheit der Kirchen daran gemacht, Restrukturierungen vorzunehmen. So versuchen sie die Nähe[2], die sie verloren haben, zurückzuerlangen. Diese Veränderungen werden oft von denen, die an die Kirchen gewöhnt sind, als negativ empfunden, von Kernmitgliedern ebenso wie von Fernstehenden.
– *Finanzen:* Wie alle öffentlichen und halböffentlichen Institutionen müssen sich die Kirchen großen finanziellen Problemen stellen, die einen beträchtlichen Platz auf Kosten der vorrangigen Mission der Kirche einnehmen und die zu drastischen Personalentlassungen führen.
– *Implosionsrisiken:* Die traditionellen Glaubensgemeinschaften

werden älter, nicht nur aus demografischen Gründen, sondern wegen ihrer großen Schwierigkeiten, lebendige Kräfte auszubilden, die Verpflichtungen und Verantwortung auf sich nehmen.

– *Konkurrenz:* Der Monopolverlust bringt neue Spielregeln mit sich, die anzunehmen sich die historischen Kirchen sträuben. Entweder sind sie einfach nicht dafür vorbereitet, oder sie weigern sich grundsätzlich, auf ein System von Werbung und Öffentlichkeitsarbeit einzugehen, das in ihren Augen dem freien Angebotscharakter des Evangeliums widerspricht.

4 Negative Thesen als Einladung zur Reflexion

These 1: Es gibt kein reines Christentum

Diese erste These kann theologisch und historisch belegt werden. Vom theologischen Standpunkt aus reicht es, die Parabel der Spreu und des guten Korns heranzuziehen. Die Kirche ist ein *Corpus mixtum*, und es ist nicht am Menschen, sie zu läutern. Jedes Ausschließungsverfahren ist verfrüht; denn es nimmt das Letzte Gericht vorweg, welches Gott allein vorbehalten ist.

Historisch gesehen werden alle Religionen aus einem Gemisch von Elementen aus bestehenden Traditionen und aus neuen Impulsen geboren. Das Christentum beispielsweise ist unter dem Einfluss von Jesus und Paulus dem Judentum entsprungen, hat sich aber schon sehr früh mit den griechisch-römischen Traditionen und Denkweisen verbinden müssen. Seine Ausdehnung, seine weltweite Mission gab es nur zu diesem Preis (oder zu dieser Chance…). In der Folge hat sich das Christentum durch ununterbrochene Inkulturation in allen Bereichen, die es auf der *Oikumene* berührt hat, weiterentwickelt.

Der Anspruch, zu einem «reinen» Christentum zurückzukehren, sei es ursprünglich gedacht, einem Konzil entsprungen oder mittelalterlichen Vorstellungen folgend, entspricht einer verfälschenden Idealisierung der Geschichte und theologisch einer Verkennung der Wirklichkeit der Menschwerdung.

These 2: Es gibt keine (konfessionelle) Identität ohne ein Gegenüber

Was für eine einzelne Person gilt – meine Identität kann nur in der

Begegnung mit anderen ausgebildet werden, durch Gleichmachung gleichermaßen wie durch Konfrontation –, gilt ebenso für die konfessionellen Identitäten, außer wenn man sich im Autismus einschließen würde. Eine Identität verändert sich nur mit Bezug auf ihr Umfeld.

So unterscheidet sich zum Beispiel der waadtländische Katholizismus von jenem des Wallis. Ersterer, welcher lange Zeit eine Minderheit darstellte und aus interkantonaler und internationaler Immigration zusammengesetzt war, ist sowohl durch die Auseinandersetzung mit einem autochtonen Protestantismus, der traditionell eine Mehrheit darstellt, als auch durch seine verschiedenen kulturellen Wurzeln (Wallis, Freiburg, Zentralschweiz, Italien, Spanien, Portugal) geprägt. Der zweite ist mit einigen Mühen daran, aus seiner Monopolsituation herauszutreten, indem er die christliche Identität der «walliserischen Erde» thematisiert, wie die heftige Diskussion über die Einführung des Bibelunterrichts und interreligiösen Unterrichts in der Romandie (Enseignement Biblique et Interreligieux Romand «Enbiro») in der staatlichen Schule 2003 gezeigt hat.

These 3: Es gibt keine eine und universelle Kirche

Diese These zielt darauf ab, die Verwechslung von *einer* Glaubenskonfession mit der soziologischen Wirklichkeit anzuprangern. Indem man die beiden zur Deckung bringen will, nährt man eine Utopie, die den Dialog und das Zusammenleben verhindert. Die Tatsachen sind von einer fast banalen Offensichtlichkeit: Es existieren nicht nur zahlreiche Kirchen, Gruppierungen und Einzelpersonen, die sich auf Jesus berufen, sondern auch die Institutionen, die sich aus dem gleichen sozialen Grund bilden, lassen bedeutsame lokale und individuelle Unterschiede entstehen. Es ist immer merkwürdig, wenn ich als Reformierter spüre, dass einer meiner katholischen Freunde mir in Denken und Wirken näher steht als dem Papst...

Oft wird Etikettenschwindel betrieben. Indem man die Tatsachen systematisch mit einem dogmatischen Kleid umgibt, führt dies unvermeidlich zu Ausschließungspraktiken. Verlangt man, dass es in der Realität nur eine einzige, universelle Kirche gibt, kann das nur die eigene sein, und man beansprucht die alte Formel für sich: «Außerhalb *meiner* Kirche kein Heil».

These 4: Es gibt keinen konfessionsneutralen Staat

Staaten können wohl versuchen, die religiöse oder konfessionelle Neutralität zu fördern, Gerechtigkeit oder wenigsten eine unparteiische Haltung in Fragen der Religion walten zu lassen. Ob sie dies erreichen, ist aber eine andere Frage.

Aus der Geschichte lässt sich schließen, dass kein einziges politisches System auf «religiöser Jungfräulichkeit» aufgebaut wird. In diesem Bereich, vielleicht mehr noch als in anderen, ist es unmöglich, *Tabula rasa* zu machen. Zum Beispiel ist der Anspruch laizistischer Staaten, die Religion als eine gänzlich private Angelegenheit zu betrachten, bereits ein Postulat, das theologisch nicht neutral und praktisch nicht haltbar ist. Denn eine absolute Neutralität bestünde darin, sich nie in religiöse Fragen einzumischen. In Wirklichkeit ist der Staat gezwungen, ob er es will oder nicht, Fragen zu behandeln, die mit Religion zu tun haben, um die öffentliche Ordnung aufrechtzuerhalten, um Missbräuchen zuvorzukommen oder sie zu sanktionieren, um die Beziehungen zwischen den einzelnen religiösen Institutionen zu regeln.

Verfassungsmäßige Aussagen wie «die Schule ist politisch und konfessionell neutral» stellen schon in sich selbst Positionen dar, die von einem bestimmten Religionsverständnis vorgegeben worden sind. Der französische laizistische Staat hat einen Rat ins Leben rufen müssen, in dem französische Muslime vertreten sind.[3]

These 5: Es gibt keine neutrale wirtschaftliche Unterstützung

Die Debatte über die öffentliche Finanzierung der religiösen Institutionen in den europäischen Ländern und in allen Kantonen der Schweiz ist offen und transparent. Dies ist nicht der Fall bei einer privaten Finanzierung. Sicherlich könnte man einen Milliardär nicht daran hindern, einer religiösen Gemeinschaft gegenüber großzügig zu sein, man müsste sich aber etwas mehr für die Herkunft der Gelder und die Absichten, die unvermeidlich damit verbunden sind, interessieren.

Die Fragen, die man sich bezüglich der Finanzierung von gewissen religiösen Institutionen, zum Beispiel der islamischen Zentren, der rumänisch-orthodoxen Kirchen in den 1980er Jahren, der «Kirche» der Scientologen stellen kann, sind berechtigt. Man sollte auch ein bisschen mehr Aufmerksamkeit zeigen und Nachforschungen über gewisse evangelikale Bewegungen im Protestantismus und gewisse Bewegungen mit integralistischer katholischer Tendenz anstellen. Und sogar in den traditionellen Kirchen muss man gegenüber der Herkunft finanzieller Unterstützung wachsam sein.

Die Regierungen versuchen zwar, Gesetze zu erlassen, um die finanzielle Transparenz religiöser Institutionen sicherzustellen. Aber es bleibt noch viel zu tun. Was die christlichen Kirchen anbelangt, so geht es letztes Endes um die Freiheit in der Verkündigung des Evangeliums. Aber das Problem ist nicht neu: Schon in Korinth war der Apostel Paulus mit dem Druck von mächtigen «Sponsoren» konfrontiert...

5 Und dann?

Solche Antithesen sind nur Prolegomena, die man diskutieren muss, bevor man die Herausforderung des Religionsunterrichts annehmen will. Wenn die Theologie die Menschwerdung ernst nimmt, muss sie bereit sein, sich durch die Wirklichkeit prüfen zu lassen. Von einem christlichen Standpunkt aus gibt es keine Engeltheologie, die ihre Wünsche für Realität halten würde, sondern nur eine Realtheologie, die die Vieldeutigkeit unser «condition humaine» auf sich nimmt.

1 Für eine hervorragende und klare Darstellung der Ergebnisse der Volkszählung 2000 siehe: Appartenance religieuse: définition et données statistiques : Evolution du paysage helvétique. In: Basset-Jean Claude et al.: Panorama des religions : Traditions, convictions et pratiques en Suisse romande. Lausanne: Enbiro, 2004.

2 Man muss beachten, dass das Konzept der Nähe in dem Maße aktuell geworden ist, wie die Realität der Nähe problematisch geworden ist.

3 Siehe Leuenberger, Moritz: Die Wiederkehr des Religiösen in die Politik. In: Bulletin ET 15 (2004), S. 164–174.

Maria Brun

Minimalia christlicher Bildung
in einem konfessionsneutralen Staat

Die Europäische Gemeinschaft darf sich einer positiven Bilanz erfreuen. Nicht jedes Unternehmen kann sich eines solchen Resultats rühmen. Aber das stete Dranbleiben, der Durchhaltewille mit dem klaren Ziel vor Augen belohnen mit dem erhofften Erfolg. Natürlich spreche ich hier nicht von Finanzen, sondern von Menschen. Seit dem 1. Mai 2004 ist die EU um zehn Länder[1] reicher geworden.

Zehn Länder, d. h. zehn Sprachen, zehn Kulturen, zehn verschiedene nationale Identitäten, mehrheitlich Christen aus den vier Hauptzweigen – Katholiken, Reformierte, Alt-Katholiken und Orthodoxe –, aber auch Muslime.

In diesem Zusammenhang erlaube ich mir die folgende Frage: Welches ist der Beweggrund für die Länder aus Mitteleuropa, zur EU zu gehören? Wirtschaftlicher Aufschwung? Finanzieller Fortschritt? Soziale Förderung? Politische Absicherung? – Oder etwa kulturelle Bereicherung, religiöser Austausch, zwischenmenschliche Begegnung? Ist dieser Zehnerblock vielleicht sogar von einer interkulturellen Idee beflügelt? Verfolgt er die Vision, zu einer humanistischen Interaktion beitragen zu können? – Bilden diese Länder doch, bis auf Malta und Zypern, die Gürtelzone zwischen West- und Osteuropa. Oder haben es sich Gebiete, die jahrhundertelang als Pufferzonen zwischen östlichem und westlichem Machtstreben herhalten mussten, zur Aufgabe gemacht, eine Vermittlerrolle zu übernehmen?

Es geht hier bei weitem nicht nur um Politik, sondern primär um Mentalitäten, die dem Westeuropäer gar oft den Osteuropäer so fremd erscheinen lassen. Westliches Denken und östliches Denken unterscheiden sich ja fundamental voneinander!

Von dieser Differenziertheit geprägt ist auch die einzig gemeinsame Basis, das geistige Erbe, auf dem Europa basiert, nämlich nicht weniger und nicht mehr als der christliche Glaube. In der Tat geht es allerdings der EU nicht nur um eine Einheit in der Vielheit, die im engen Rahmen innerchristlich gedacht werden darf, sondern sie wird sich eines Tages auch im interreligiösen Bereich finden müssen. Dass hiermit eine Bedingung angesprochen ist, die mit einer dritten Ebene zu tun hat, nämlich einer zur Einheit zusammenwachsenden Vielheit, gekennzeichnet als völkische Einheit der europäischen Staaten, resultiert letztlich aus der Herausforderung, dass das vereinte Europa heute und jetzt seine Seele neu finden muss. In diesem Kontext sei eine weitere Frage erlaubt: Kann diese neu zu findende Seele losgelöst von ihren bisherigen Wurzeln bestehen?

Papst Johannes Paul II. hat am 2. Mai 2004 erneut seine Überzeugung zum Ausdruck gebracht, wonach sich die Identität Europas – die undiskutabel auf Frieden, Dialog zwischen den Kulturen und Religionen sowie Bewahrung der Schöpfung[2] fokussiert sein muss – aus dem christlichen Fundus wird herleiten müssen.

Luftschlösser haben bekanntlich keine lange Lebensdauer, seien diese nun auf einen sinnentleerten Konsumismus gebaut oder – wie es Kardinal Ratzinger formuliert hat – orientieren sie sich ausschließlich an einer bloßen «ökonomischen Arithmetik»[3], oder aber sind sie geschichtlich gesehen in einen luftleeren Raum gepflanzt. In einem solchen Klima werden sich keine Wurzeln entwickeln lassen. Dies hat auch ein kürzlich im Vatikan erfolgter Kongress festgestellt: «Wer die Welt und die Kirche verantwortungsbewusst mitgestalten will, muss ihre Vergangenheit kennen»[4]. Im Klartext heißt dies doch: Wer die christlichen Wurzeln Europas leugnet, begibt sich auf den Holzweg. Denn was anderes eint uns in Ost und West als die Berufung «auf gemeinsame menschliche und christliche Werte»[5]? Wenn derzeit nach einer – übrigens dringend notwendigen – neuen Werteordnung verlangt wird, so ist es bis auf den heutigen Tag noch keinem gelungen, eine solche – in verbindlicher Weise – außerhalb des religiösen

Kontextes anzusiedeln. Diese Herausforderung harrt also nach wie vor einer überzeugenden Antwort.

Nach diesen einleitenden Gedanken sollen die folgenden Überlegungen anhand von drei Thesen zum kritischen Überdenken vorgelegt werden:[6] (1) Religion ist ein unverzichtbarer Teil des Lebens. – (2) In einer multikulturellen Gesellschaft gibt es Religion. – (3) In einem konfessionsneutralen Staat muss die (christliche) Religion mit anderen religiösen Hintergründen vernetzt werden.

1   Religion als unverzichtbarer Teil des Lebens

– *Religion, die nicht in den Alltag der Menschen integriert ist, bleibt abstrakt.* Allein schon die Definition von Religion besagt, dass sich der Mensch – in seinem Leben hier und heute – an etwas zurückbinden kann, das ihm Halt gibt. Diese «Rückenstärkung», wie man es mit einem anderen Ausdruck benennen könnte, findet man letztlich bei Gott – als wer oder was auch immer er gedacht oder verstanden wird.

– *Religion, die nichts mit dem Leben der Menschen zu tun hat, ist steril.* Religion kann als Synthese von Glauben und Erfahrung betrachtet werden oder aber – daraus resultierend – als «Leitfaden» für das Leben der Menschen gelten.

Versteigt sich die Religion in abstrakte Gedankengebäude, so besteht die Gefahr, dass sie sich vom Lebensalltag der Menschen entfernt und unbrauchbar, steril, ein Museumsstück wird.

– *Die Verantwortlichen für Religion – Träger des Lehramtes in Kirche, Schule und Elternhaus – sind in der heutigen Zeit aufgerufen, einen neuen Zugang zum Verständnis von Religion zu schaffen.* Damit Religion nicht zu einer Reliquie vergangener Zeiten verkommt, muss sie sich – unbedingt – am Zeitgeist orientieren und in die jeweilige Zeitepoche hineinsprechen. Sie muss sozusagen «das Gewand der jeweiligen Zeit anlegen» – ohne dabei das Wesentliche ihres Glaubensgehaltes zu verraten.[7]

Dieser Herausforderung können sich nur alle Träger des – um es in einer theologischen Sprache zu benennen – «gemeinsamen Priestertums» *zusammen* stellen, die ja «einander zugeordnet»[8] sind.

– *Die Signalisation besonders der jungen Generation «Wir verstehen die Sprache der Kirche nicht mehr» bezieht sich nicht allein auf den verbalen Ausdruck.*
Diese Bemerkung, die mir seitens der Jugendlichen oft wie eine Klage im Ohr klingt, wird seitens der offiziellen Amtsträger viel zu wenig ernst genommen. Mit dieser Bemerkung, die auch eine Kritik beinhaltet, wird letztlich das mangelnde Zusammenspiel der oben erwähnten Glaubensträger festgestellt.

– *Das Nicht-Verstehen geht auf ein Unverständnis im weitesten Sinn zurück, das letztlich auf einer Entfremdung von Leben und Religion basiert.*
Was nicht verstanden wird, bleibt jedem fremd, weil es nicht nachvollzogen werden kann. Mit anderen Worten spielt es letzten Endes keine Rolle, ob z. B. Jugendliche Religion praktizieren oder nicht, solange der Glaubensgehalt für sie nicht mehr ermittelbar ist, d. h. nicht mehr bis zu ihnen durchkommt. Und umgekehrt muss man sagen: Wer sich im Leben von Religion nicht angesprochen fühlt, schafft es oft nicht, ihren Sinngehalt zu durchdringen.
Fazit: In diesem Zusammenhang kann «Bildungspraxis» mit «Lebenspraxis» identisch gesetzt werden.

2 Vernetzung von (christlicher) Religion mit anderen religiösen Hintergründen

– *Die christliche Religion, die die freie Gewissensentscheidung kennt, erleidet keinen Abbruch, wenn sie sich um das Verstehen anderer Religionen bemüht.*
In kirchlichen Kreisen war es früher verboten, und heute ist es teilweise noch unerwünscht – trotz der vielfältigen ökumenischen Aktivitäten –, dass man sich zu sehr mit «anderen» als den angestammten religiösen Kreisen beschäftigt. Wovor hat man Angst?

– *Wenn der eigene religiöse Hintergrund in einen größeren religiösen Zusammenhang gestellt wird, wird sein Eigenwert erst recht evident.*
Diese These habe ich im Zusammenhang mit meinen eigenen Erfahrungen formuliert. Erst im Dialog mit anderen christlichen Kirchen habe ich den Glaubensgehalt meiner eigenen römisch-katholischen Tradition richtig verstanden. Erst die interkulturellen Treffen mit dem Islam haben mich den vollen Wert des Christentums erkennen lassen. Ehrliche Begegnungen sind immer bereichernd.

– *Wer sich aus Angst vor fremdem Einfluss anderen Religionen gegenüber verschließt, beweist nicht nur Unsicherheit, sondern deckt auf, dass er/sie letztlich von seiner Religion nicht überzeugt ist.*
Diese These mag provokativ erscheinen, besonders wenn man an die unzähligen Glaubens- und Religionsgemeinschaften denkt, die – in sektiererischer Weise – ihren Anhängern und Anhängerinnen jeglichen Kontakt mit Andersgläubigen verbieten.
Fazit: Sich verbindlich mit anderen Religionen auseinander setzen kann nur, wer seine eigene Religion kennt.

3 Religion in einer multikulturellen Gesellschaft

– *In einer multikulturellen Gesellschaft gibt es nicht nur «meine Religion».*
Die neue, stetig wachsende Völkergemeinschaft Europas umfasst auch Religionsgemeinschaften, die nichts oder wenig mit dem gemeinsamen geistigen Erbe Europas zu tun haben.
Jeder Bürger und jede Bürgerin dieses neuen Staatengefüges, das sich zunehmend zu einer multikulturellen Gesellschaft entwickelt, muss akzeptieren, dass es nicht nur «ihre Religion» gibt. Dies gilt für die angestammte wie auch für die zugezogene Bevölkerung.
– *Auch in einer multikulturellen Gesellschaft soll Religion ihren Platz haben können.* Es wäre ein Irrweg anzunehmen, interreligiöse Problemstellungen würden sich dadurch am besten lösen, dass Religion an den Rand gedrängt, in den so genannten Privatbereich abgeschoben, ja sogar negiert wird. Die bewusste Zuweisung der Religion in den – wenn auch persönlichen – Untergrund unterscheidet sich dann kaum mehr von Situationen in totalitären Staatsregimes. Verdrängung hat noch nie zur Problemlösung geführt.
– *Wenn sich eine Gesellschaft dann als multikulturell bezeichnet, wenn sie alle kulturellen und – damit wesentlich verbunden – religiösen Werte eingeebnet hat, verkommt sie zu einer kulturlosen Gesellschaft.*
Vor gut zehn Jahren bemühte man sich auf EU-Ebene, die menschlichen Lebensbereiche in einige wenige Ressorts aufzuteilen. Dabei wurde die Religion dem Bereich Kultur zugeteilt. Die Schweizer Bischöfe haben damals schnell reagiert und ihre Bedenken dazu geäußert, dass mit dieser Katalogisierung die Religion – auf offizieller europäischer Ebene – zum Verschwin-

71

den gebracht wird, weil sie sozusagen zur «quantité négligeable» degradiert wird.

Dass Religion kein Unterkapitel der Kultur ist, hat auch im Kleinen die UNO – bereits vor Jahren – einsehen müssen. Sie war nämlich von der falschen Annahme ausgegangen, dass sich alle Probleme lösen würden, wenn das Thema Religion ausgeschlossen wird. – Mindestens mit islamischen Staaten ist dies eine Fehlrechnung.

– *Eine mulitkulturelle Gesellschaft verlangt Toleranz.* Toleranz ist nicht Ignoranz. Toleranz ist auch nicht Gleichgültigkeit. Toleranz heißt ganz bestimmt auch nicht Abschieben fremder Religionen und Glaubenspraktiken in einen reservierten Kultraum. Isolierung in einen sterilen Lebensraum schürt die Gärung, die eines Tages wie eine eiternde Wunde aufplatzen wird. Missachtung provoziert Fundamentalismus.

– *Religiöse Toleranz kommt nur dann zum Tragen, wenn die Religion der Mitmenschen geachtet wird, d. h. wenn man sie zu verstehen sucht und sich mit ihr auseinander setzt.* Gefordert ist damit das echte Interesse am Glauben anderer Menschen. Dieses Interesse basiert auf dem Wissen, dass viele Wege zu Gott führen.

Den anderen Menschen in seinem Glauben ernst nehmen, hat mit Zuerkennung von Menschenwürde zu tun.

Fazit: Toleranz darf nicht beim Dulden stehen bleiben; Toleranz muss zur Anerkennung führen. Dulden heißt beleidigen (nach Johann Wolfgang von Goethe).[9]

Zusammenfassend und abschließend sei hier festgehalten: Damit Religion – und dies beinhaltet verschiedene Formen von Religion – in einer multikulturellen Gesellschaft, auch und gerade in einem konfessionsneutralen Staat, im Frieden und Respekt voreinander gelebt werden kann, bedarf es der zur gegenseitigen Anerkennung führenden Toleranz. Unvoreingenommen – und in diesem Sinne «neutral» – kann allerdings nur diejenige Person anderen Glaubensgemeinschaften begegnen, die ihre eigene Religion kennt und praktiziert. Unter diesem Aspekt wird jegliche Bildungspraxis sich auf die Lebenspraxis ausrichten müssen, denn Religion ist ein unverzichtbarer Teil des Lebens.

1 Die Tschechische Republik, die Slowakei, Ungarn, Slowenien, Malta, Zypern, Polen, Estland, Lettland und Litauen.

2 Vgl. Johannes Paul II.: Ein Europa, das seine christlichen Wurzeln neu entdeckt, wird die Herausforderungen des dritten Jahrtausends bewältigen/Ansprache von Johannes Paul II. vor dem Regina Caeli am 2. Mai 2004, Weltgebetstag für Geistliche Berufungen. In: OR D 34 (2004), Nr. 19, S. 1.

3 Benedikt XVI./Ratzinger, Joseph: Wendezeit für Europa? Diagnosen und Prognosen zur Lage von Kirche und Welt. Freiburg, Einsiedeln: Johannes Verlag, 1991, S. 84.

4 OR D 34 (2004), Nr. 19, S. 9.

5 Johannes Paul II.: Europa. aaO.

6 Da die nachfolgenden Thesen weitgehend auf der persönlichen Erfahrung im Zusammenhang mit meinen theologischen Aktivitäten beruhen, erlaube ich mir, diese als solche durch die Wiedergabe in der ersten Person Singular zu charakterisieren.

7 Vgl. Papandreou, Damaskinos: Form als Norm : Geschichtlichkeit und Verbindlichkeit. In: US 49 (1994), S. 7–18, hier 7.

8 Lumen Gentium 2,10.

9 Dieses Goethe-Zitat ist einer der Grundsätze des ökumenischen Wirkens des orthodoxen Theologen Damaskinos Papandreou und in vielen seiner theologischen Äußerungen anzutreffen, z. B. in: Le dialogue de l'Eglise orthodoxe avec le Judaïsme et l'Islam : Expériences de conflit, de réconciliation et de coexistence. In : Eucharisteria. FS D. Papandreou (hg. von Maria Brun und Wilhelm Schneemelcher). Athen: Ekdotike Athenon, 1996, S. 343–356, hier 353. – Vgl. dazu auch die neuste Studie von Kuschel, Karl-Josef: «Jud, Christ und Muselmann vereinigt?» Lessings «Nathan der Weise». Düsseldorf: Patmos-Verlag, 2004.

Rolf Weibel

Bekenntnisnotstand innerhalb der Kirchen angesichts der Multireligiosität aus phänomenologischer Sicht

Mit diesem Thema ist mir aufgegeben, dem Zusammenhang zwischen «Bekenntnisnotstand innerhalb der Kirchen» und der «Multireligiosität» nachzugehen, und zwar mit Blick auf die damit bezeichneten Phänomene, mit Blick also auf das, was sich zeigt, was in Erscheinung tritt.

1 Multireligiosität

Beginnen möchte ich mit der Multireligiosität, mit dem Sachverhalt also, dass bei uns viele Religionen in Erscheinung treten. Bei näherer Betrachtung ist indes vor allem in quantitativer Hinsicht zu relativieren. Setzen wir die Größenverhältnisse der vielen Religionen zueinander in Beziehung, zeigt sich ein großes Ungleichgewicht, eine große Asymmetrie.

In der eidgenössischen Volkszählung 2000[1] bezeichnen sich 41,8 % der Bevölkerung als römisch-katholisch, 33,0 % als evangelisch-reformiert, 2,2 % gehören evangelischen Freikirchen und protestantischen Gemeinschaften, 2 % anderen kleinen christlichen Kirchen und Gemeinschaften und 0,2 % der christkatholischen Kirche an. Rund vier Fünftel der Bevölkerung sind also Mitglieder einer christlichen Glaubensgemeinschaft. Mit gutem Grund wird die Schweiz deshalb als ein multikonfessionelles Land bezeichnet.

Das verbleibende Fünftel verteilt sich aber nicht einfach auf nicht-christliche Glaubensgemeinschaften, denn gut die Hälfte der nicht-christlichen Bevölkerung bezeichnet sich als keiner bestimmten

Kirche oder Religionsgemeinschaft mehr zugehörig. Dieses Bevölkerungssegment hat in den letzten dreißig Jahren am stärksten zugenommen: 1970 machte es erst 1,1 % aus, 1980 3,8 %, 1990 7,4 % und 2000 11,1 %.

Zwischen den Kantonen und Regionen bestehen allerdings große Unterschiede. Im städtischen Gebiet ist der Anteil der Konfessionslosen doppelt so hoch wie in den ländlichen Regionen, und in der französischen Schweiz ist er deutlich höher als in der deutschen und italienischen Schweiz. Ein Bogen der starken Säkularisierung zieht sich von Genf hinauf über die Waadt, Neuenburg, die Region Solothurn, Basel, den Aargau, die Stadt Zürich bis nach Schaffhausen.

Zahlenmäßig gleich schwach wie die christkatholische Kirche ist nach wie vor die jüdische Glaubensgemeinschaft (0,2 %).

Neuerdings fallen zahlenmäßig jene Gemeinschaften ins Gewicht, welche das Bundesamt für Statistik «neue Religionsgruppen» nennt, das heißt, «die Ostkirchen, die übrigen Christen, die Muslime und die übrigen Religionsgemeinschaften». Nach den Konfessionslosen hat dieses Bevölkerungssegment in den letzten dreißig Jahren am stärksten zugenommen: 1970 machte es erst 0,7 % aus, 1990 bereits 3,7 % und 2000 7,1 %.

Den größten Anteil dieser «neuen Religionsgruppen», die in der Schweiz in der Vergangenheit nicht oder nur schwach vertreten waren, stellen mit 4,3 % die Angehörigen islamischer Glaubensgemeinschaften sowie jene christlich-orthodoxer Kirchen mit 1,8 %. Es folgen mit 0,4 % die Hindus und mit 0,3 % die Buddhisten. Die Statistiker des Bundes merken zudem an: «Immer mehr Menschen fühlen sich auch synkretistischen Religionen verbunden, die christliche Glaubensvorstellungen mit solchen aus anderen Religionen verbinden.»

Von den Befragten mit Schweizerischer Staatsangehörigkeit geben nur 1,6 % eine der «neuen Religionsgruppen» an; bei den Ausländerinnen und Ausländern sind es 28,1 %. Die zahlenmäßig stärksten Gruppen von Immigrantinnen und Immigranten sind zum einen die Angehörigen der römisch-katholischen Kirche (44,4 %) und zum andern die neue Religionsgruppe «islamische Gemeinschaften» (18,3 %).

So erlauben die Fakten wohl, von einer Pluralisierung der schweizerischen Religionslandschaft zu sprechen; von einer Multireligiosität hingegen kann nur bedingt die Rede sein. Diese Pluralisierung ist nämlich in erster Linie eine Folge von Immigration: Im Falle der katholischen Einwanderer und Einwanderinnen hat sich zum einen das Größenverhältnis der Konfessionen verändert und ist zum andern die römisch-katholische Kirche um eine Frömmigkeitskultur bereichert worden. Im Falle der muslimischen Einwanderer und Einwanderinnen handelt es sich um eine in der Schweiz neue Religion wie und vor allem um eine neue und daher – zumindest noch – fremde Kultur.

Deshalb möchte ich den Titelbegriff «angesichts der Multireligiosität» durch den Begriff «angesichts der Fremdheitserfahrung» ersetzen.

2 Das Fremde als Risiko

Unter dieser Rücksicht scheint die Formulierung «Bekenntnisnotstand innerhalb der Kirchen angesichts der Multireligiosität» nach einer Gefährdung des Eigenen durch das Fremde fragen zu wollen. In der Tat ist das Fremde ein Risiko; das heißt aber: Gefahr und Chance zugleich.

Die Sozialphilosophie[2] macht darauf aufmerksam, dass das Fremde nicht einfach das Andere ist, sich nicht einfach jenseits einer Grenze auf einem Kontinuum befindet. Der Ort des Fremden liegt vielmehr jenseits aller Kontinuitäten. Das Fremde liegt jenseits einer konstruierten Grenze, während und damit es diesseits dieser Grenze das Eigene gibt. Das Fremde braucht es also, um das Eigene konstruieren zu können. Auf eine Konstruktion von Fremdheit können wir nicht verzichten, wenn uns nicht das Bewusstsein verloren gehen soll, was unsere Eigentümlichkeit, unsere Eigenheit ausmacht.

Die Fremden können unter politischem Vorzeichen als Feinde behandelt werden, sie können aber auch unter kulturellem Vorzeichen als aufregende, faszinierende, verführerische Fremde betrachtet werden. Weil eine solche Begegnung mit dem Fremden ein Abenteuer ist, kann sie eine überraschende Bereicherung unseres Eigenen wie eine Bedrohung und Gefährdung sein. Der Fremde erfüllt damit alle Merkmale des Begriffs eines Risikos: Er ist Chance und Gefahr zugleich. Die Chance ist, dass sich zum einen mit einer Entwicklung des Fremdheitsbewusstseins auch das Eigenheitsbewusstsein entwickelt und dass zum andern die Begegnung mit dem Fremden eine einzigartige Lernchance ist. Die Gefahr ist, dass ich mich so in das Fremde verliebe, dass ich das Eigene aufgebe, dass mir das Eigene fremd wird, weil ich mir das Fremde aneigne.

Je mehr Fremdheitserfahrungen gemacht werden können, desto mehr Profil müsste die Eigenheit bewusstseinsmäßig gewinnen können. Mit der Formulierung «Bekenntnisnotstand innerhalb der Kirchen angesichts der Multireligiosität» scheint dies angezweifelt zu werden. Deshalb wende ich mich der Frage nach einem Bekenntnisnotstand zu.

3   Bekenntnisnotstand

Einen «Bekenntnisnotstand innerhalb der Kirchen» kann es unter drei Rücksichten geben: 1. In einer Kirche gibt es keine verbindliche Sprachgestalt des Glaubensbekenntnisses. Dies gilt für die evangelisch-reformierten Kirchen in der Schweiz seit dem 19. Jahrhundert; die reformierte Eigenheit wird dennoch symbolisiert, allerdings anders. 2. In einer Kirche gibt es eine verbindliche Sprachgestalt des Glaubensbekenntnisses, nur wissen die Gläubigen nicht viel davon. Das scheint für die römisch-katholische Kirche, nicht nur in der Schweiz, zuzutreffen. 3. In einer Kirche gibt es eine verbindliche Sprachgestalt oder andere Symbolisierungen des Bekenntnisses, die Gläubigen vertreten indes auch abweichende Überzeugungen, ohne dass ein solcher Dissens zu einem Bruch mit der Glaubensgemeinschaft geführt hat oder führen muss. Dies scheint für die Mehrheit des christlichen Bevölkerungsteils in der Schweiz zuzutreffen.

Das scheinen jedenfalls die Studien des Instituts für Sozialethik des Schweizerischen Evangelischen Kirchenbundes (ISE) in Lausanne und des Schweizerischen Pastoralsoziologischen Instituts in St. Gallen (SPI) zu belegen. Die 1992 veröffentlichte Studie «Jede(r) ein Sonderfall?» hatte das erste präzise und umfassende Bild der religiösen Situation in der Schweiz vorgelegt. Zehn Jahre später

führte das ISE eine zweite, wiederum vom Schweizerischen Na-
tionalfonds zur Förderung der wissenschaftlichen Forschung unter-
stützte Umfrage mit weitgehend den gleichen Fragestellungen
durch. Ein Vergleich der Ergebnisse der beiden Umfragen erlaubt
deshalb Aussagen über die Entwicklung der religiösen Überzeugungen im letzten Jahrzehnt.[3]

Die Entwicklung, die aus dem Vergleich erkennbar ist, lässt sich
allgemein als ein Rückgang der christlichen Semantik beschreiben.
In beiden Umfragen wurde mit Statements aus fünf religiösen und
philosophischen Traditionen nach der Einstellung zur Transzendenz, zur Bedeutung des Todes und zur Zukunft der Menschheit gefragt. Die Faktorenanalyse der Antworten lässt ein Drei-
faches erkennen: Die Zahl der Personen, die christliche Überzeugungen bejahen, hat abgenommen; die Glaubensaussagen über
den Tod sind insgesamt stabil geblieben, Aussagen mit nichtchristlichem Hintergrund haben aber zugenommen; die Zukunft wird
optimistischer eingeschätzt, zugenommen hat insbesondere der
Glaube an die Wissenschaft.

Dabei ist nicht nur die Zustimmung zu nicht-traditionellen Formu-
lierungen zur Transzendenz, zum Tod und zur Zukunft breiter
geworden; signifikant zugenommen hat auch die zum Ausdruck
gebrachte Verträglichkeit unterschiedlicher Semantiken. Ein
Drittel der Befragten spricht über Gott sowohl in christlichen als
auch in theistischen, synkretistischen und humanistischen Begriffen. Allerdings ist diese Einschließlichkeit («inclusion») nicht
unbegrenzt. Von jenen, die an die Auferstehung glauben, stimmt
mehr als ein Drittel auch der Reinkarnation zu, zwei Drittel lehnen
sie aber ab. Hingegen weist nur 1 % der Befragten sämtliche nicht-
christlichen Aussagen zur Transzendenz zurück, während doch 10 %
sämtliche christlichen Aussagen zur Transzendenz, zum Tod oder
zur Zukunft zurückweisen.

4   Plausibilitätsverluste der großen Traditionen

«Aussagen mit nichtchristlichem Hintergrund» wurden in der religionssoziologischen Auswertung ausgemacht. Wie die Ökumenische Basler Kirchenstudie[4] zeigt, wäre es aber ein Fehlschluss, des-

halb zu behaupten: Christen und Christinnen hätten sich in Fremd-
religionen verliebt.

Die bedeutendste Fremdreligion in der Schweiz ist der Islam.
Wie aber die Zürcher Abstimmung über die Kirchenvorlagen von
Ende November 2003 gezeigt hat, wirkt der Islam auf die
Schweizer und Schweizerinnen alles andere als anziehend.

Mehr Anziehungskraft scheint von östlichen Religionen auszugehen, die im Westen geschönt als gewaltlos gelten. Die Basler
Kirchenstudie hat nun aber ergeben, dass östliche bzw. hinduisti-
sche oder buddhistische Vorstellungen westliche bzw. christliche
nicht einfach ersetzen. Zunächst muss auch diese Studie eine beträcht-
liche Zustimmung zur Reinkarnationsvorstellung durch die Kirchenmitglieder feststellen. Sie wollte aber auch in Erfahrung bringen,
wie die Zusammenhänge zwischen einerseits der Selbstbezeichnung als Christ bzw. Christin und anderseits den drei vorgegebenen Aussagen («Items») zu Nachtodesvorstellungen sind: «Nach
dem Tod ist alles aus», «Die Auferstehung von Jesus Christus gibt
meinem Tod einen Sinn» und «Es gibt eine Wiedergeburt (Reinkarnation) der Seele in einem anderen Leben».

Diese Zusammenhänge wurden als Pearson-Korrelationen gerech-
net und haben Folgendes ergeben: Zwischen der Selbstbe-
zeichnung als Christ bzw. Christin und der Aussage «Nach dem
Tod ist alles aus» gibt es eine negative Korrelation ($r = -0{,}06$), was
weiter nicht erstaunlich ist. Zwischen der Selbstbezeichnung als
Christ bzw. Christin und der Aussage «Die Auferstehung von Jesus
Christus gibt meinem Tod einen Sinn» gibt es eine hohe positive
Korrelation ($r = 0{,}47$). Zwischen der Selbstbezeichnung als Christ
bzw. Christin und der Aussage «Es gibt eine Wiedergeburt
(Reinkarnation) der Seele in einem anderen Leben» gibt es eine un-
erhebliche positive Korrelation ($r = 0{,}05$), das heißt: Die Reinkarnationsvorstellung ist unabhängig vom Selbstverständnis als Christ
bzw. Christin. Zwischen der Aussage «Die Auferstehung von Jesus
Christus gibt meinem Tod einen Sinn» und «Es gibt eine Wiedergeburt (Reinkarnation) der Seele in einem anderen Leben» gibt es
eine hoch signifikante Korrelation ($r = 0{,}23$). Anderseits gibt es
zwischen der Aussage «Nach dem Tod ist alles aus» und den beiden Aussagen «Die Auferstehung von Jesus Christus gibt meinem

Tod einen Sinn» und «Es gibt eine Wiedergeburt (Reinkarnation) der Seele in einem anderen Leben» eine hoch negative Korrelation. Die Scheidelinie verläuft also nicht zwischen christlicher und fremd-religiöser Nachtodesvorstellung, sondern zwischen einer Trans-zendenz- und einer Immanenzorientierung.

Transzendenzorientierte scheinen in der Lage zu sein, ihre Über-zeugung problemlos mit Symbolen unterschiedlichster Herkunft ausdrücken zu können. Dabei ist allerdings zu vermuten, dass Sym-bolisierungen östlicher Religionen weniger unmittelbar als viel-mehr über die so genannte neue Religiosität übernommen werden. Das mag systematisch Denkenden als Synkretismus erscheinen. Wenn wir davon ausgehen, dass diese so genannt synkretistisch Denkenden ein subjektiv kohärentes und authentisches Weltbild vertreten, müssen wir zum Schluss kommen, dass die großen Tra-ditionen an Plausibilität verloren haben.

Dafür gibt es religionssoziologisch erhobene Anhaltspunkte. Das SPI hat die «Sonderfall»-Studie mit zwei späteren Erhebungen nachgeschrieben: dem Mikrozensus «Familie» des Bundesamtes für Statistik aus dem Jahre 1994/95 und dem Schweizer Datensatz des International Social Survey Programme (ISSP) aus dem Jahr 1999.[5] Die von Michael Krüggeler vorgenommenen Analysen der religiösen Orientierungen in der ISSP-Umfrage ergeben, dass nur etwa ein Viertel der Bevölkerung Glaubenssätze der christlichen Kirchen in wörtlicher Form vorbehaltlos bejaht, dass sich in der Typologie zum Lebenssinn eine konfessionelle und kirchliche Dif-ferenzierung bemerkbar macht und dass parareligiöse Praktiken als Bestandteil der Volksreligiosität wie als Alternative zum kirch-lichen Christentum vorkommen. Dieses Ergebnis interpretiert er als «Deinstitutionalisierung der Kirchenreligion».[6]

Einen Schritt weiter geht Peter Voll, der empirisch aufzeigt, dass «ein Dissens über Werte entlang religiöser Grenzen sich als eine Differenz von Lebensstilen interpretieren lässt, die sich nicht nur in unterschiedlichen Wertsemantiken, sondern auch in Unterschie-den der Ästhetik und der Freizeitgestaltung äußern»[7]. So kann er auch unterschiedliche religiöse Milieus ausmachen, die mit einem Bevölkerungsanteil von insgesamt 22,5 % indes minoritäre Grup-pen sind. Denn zur säkularen Mehrheit zählt er 77,5 % der Bevölkerung, also auch jene Kirchenglieder, die sich als christlich bezeichnen, aber nichtchristliche Semantiken vertreten. Religiöse Milieus bilden so die regelmäßig Praktizierenden und die Konfessionslosen als ihr «Gegensatz». So gruppiert Peter Voll das katholische Milieu, reformierte und evangelikale Milieus, die Apokryphen (worunter er Angehörige von christlichen Sondergemeinschaften wie Neuapostolische Kirche und Jehovas Zeugen versteht) und die Konfessionslosen.

Abgesehen von den systematisch denkenden Christinnen und Christen scheint damit die Alternative anzustehen: entweder fundamentalistisch oder synkretistisch zu bekennen. Und auch die systematisch Denkenden haben heute ihre Not mit der Metaphysik. Das alles ist in der Tat ein Notstand und also sehr wohl ein Bekenntnisnotstand.

5 Umrisse des Zukünftigen

Einen ähnlichen Notstand hat es, von vielen unbemerkt, schon im 20. Jahrhundert gegeben. Vor sechzig Jahren machte sich Dietrich Bonhoeffer anlässlich des Tauftages seines Neffen Dietrich Wilhelm Rüdiger Bethge dazu zukunftsweisende Gedanken. In seinem Text aus dem Gefängnis sagte er zu seinem Neffen, dass an ihm in der Taufe vollzogen würde, was er nicht begreife. Und er fährt fort:

«Aber auch wir selbst sind wieder ganz auf die Anfänge des Verstehens zurückgeworfen. Was Versöhnung und Erlösung, was Wiedergeburt und Heiliger Geist, was Feindesliebe, Kreuz und Auferstehung, was Leben in Christus und Nachfolge Christi heißt, das alles ist so schwer und fern, dass wir es kaum mehr wagen, davon zu sprechen. In den überlieferten Worten und Handlungen ahnen wir etwas ganz Neues und Umwälzendes, ohne es noch fassen und aussprechen zu können.»

Daran sei die Kirche selber schuldig, weil sie nur um ihre Selbsterhaltung gekämpft habe.

«Darum müssen die früheren Worte kraftlos werden und verstummen, und unser Christsein wird heute nur in zweierlei bestehen: im Beten und im Tun des Gerechten unter den Menschen. Alles Denken, Reden und Organisieren in den Dingen des Christentums muss neugeboren werden aus diesem Beten und diesem Tun.»

Dietrich Bonhoeffer ist zuversichtlich, dass der Tag kommen wird, an dem wieder Menschen berufen werden, das Wort Gottes so auszusprechen, dass sich die Welt darunter verändert und erneuert.

«Es wird eine neue Sprache sein, vielleicht ganz unreligiös, aber befreiend und erlösend, wie die Sprache Jesu, dass sich die Menschen über sie entsetzen und doch von ihrer Gewalt überwunden werden, die Sprache einer neuen Gerechtigkeit und Wahrheit, die Sprache, die den Frieden Gottes mit den Menschen und das Nahen seines Reiches verkündigt.»[8]

Damit habe ich die phänomenologische Sicht des Themas «Bekenntnisnotstand innerhalb der Kirchen angesichts der Multireligiosität» endgültig verlassen, um einen kulturalistischen Standpunkt einnehmen zu können. Der Kulturalistischen Wende[9] geht es um ein anderes Verständnis von Wirklichkeit: Entscheidend ist das gemeinsame Handeln, das in der Schematisierung zur Praxis und in der Tradierung zur Kultur wird. Das Gelingen gemeinsamer Praxis determiniert die objektive Wirklichkeit, und über das Gelingen entscheidet die Handlungsgemeinschaft. Insofern kommt der Kirche eine wichtige Rolle zu, und es ist deshalb nicht unerheblich, wie sie Verdienst und Verschulden zuschreibt. Viel wichtiger aber ist die Praxis: die lebendige Beziehung zum Gott des Evangeliums und der Einsatz für diesem Evangelium entsprechende Beziehungen unter den Menschen. Säkular gesprochen: Mehr Religionskultur und weniger Kirchenpolitik.

1   Bundesamt für Statistik (Hrsg): Eidgenössische Volkszählung 2000, Bevölke-
     rungsstruktur, Hauptsprache und Religion. Neuenburg, November 2003.

2   Vgl. Röttgers, Kurt: Der Verlust des Fremden. In: Röttgers, Kurt; Koslowski,
     Peter (Hrsg.): Transkulturelle Wertekonflikte : Theorie und wirtschaftsethi-
     sche Praxis. Heidelberg: Physica-Verlag, 2002, S. 1–26. (Ethische Ökonomie.
     Beiträge zur Wirtschaftsethik und Wirtschaftskultur, Band 7).

3   Vgl. Dubach, Alfred; Campiche, Roland J. (Hrsg.): Jede(r) ein Sonderfall?
     Religion in der Schweiz : Ergebnisse einer Repräsentativbefragung. 2. Aufl.,
     Zürich: NZN-Buchverlag, 1993; Campiche, Roland J.: La religion: un défi
     pour les Églises? Lausanne: Institut d´éthique sociale de la Fédération des Égli-
     ses protestantes de Suisse, 2001; deutsch: Religion: Herausforderung für die
     Kirchen? Bern: Institut für Sozialethik des SEK, 2001. Neuerdings: ders.: Die
     zwei Gesichter der Religion. Faszination und Entzauberung. Unter Mitarbeit
     von Raphael Broquet, Alfred Dubach und Jörg Stolz. Zürich: TVZ, 2004;
     Dubach, Alfred; Fuchs, Brigitte: Ein neues Modell von Religion. Zweite
     Schweizer Sonderfallstudie – Herausforderung für die Kirchen. Zürich: TVZ,
     2005.

4   Bruhn, Manfred (Hrsg.): Ökumenische Basler Kirchenstudie. Ergebnisse der
     Bevölkerungs- und Mitarbeitendenbefragung. Basel, 1999; Bruhn, Manfred;
     Grözinger, Albrecht (Hrsg.): Kirche und Marktorientierung. Impulse aus der
     Ökumenischen Basler Kirchenstudie. Freiburg: Universitätsverlag, 2000.

5   Schweizerisches Pastoralsoziologisches Institut (Hrsg.): Lebenswerte : Reli-
     gion und Lebensführung in der Schweiz. Mit Beiträgen von A. Dubach u.a.
     Zürich: NZN-Buchverlag, 2001.

6   Vgl. Krüggeler, Michael: Deinstitutionalisierung der Kirchenreligion. Religiöse
     Orientierungen in der Schweiz. In: Schweizerisches Pastoralsoziologisches
     Institut (Hrsg.): Lebenswerte, aaO., S. 19–52.

7   Voll, Peter: Böse Menschen singen keine Lieder – oder: hält Religion die
     Gesellschaft zusammen? In: Schweizerisches Pastoralsoziologisches Institut
     (Hrsg.): Lebenswerte, aaO., S. 221–256, S. 222.

8   Bonhoeffer, Dietrich: Widerstand und Ergebung. Briefe und Aufzeichnungen aus
     der Haft. Herausgegeben von Christian Gremmels, Eberhard Bethge und Renate
     Bethge in Zusammenarbeit mit Ilse Tädt. Gütersloh: Kaiser/Gütersloher
     Verlagshaus, 1998, S. 435f.

9   Hartmann, Dirk; Janich, Peter (Hrsg.): Die Kulturalistische Wende. Zur
     Orientierung des philosophischen Selbstverständnisses. Frankfurt am Main:
     Suhrkamp, 1998.

Bruno Santini-Amgarten

Bildungspolitik aus christlicher Sicht. Status quo und Anliegen

«‹Nennen Sie einen Bildungspolitiker im Parlament! – Sie kennen keinen? – Na ja, keine Ahnung von Politik…›. Wie schön, hätte dieser fiktive Angesprochene für einmal tatsächlich keine Ahnung von Politik – so gäbe es wenigstens Bildungspolitiker oder Bildungspolitikerinnen. Doch sie existieren gar nicht. Bis auf eine Ausnahme: Hans Zbinden, SP-Nationalrat aus dem Aargau. Früher war es auch nicht besser. Immer wenn wieder einer von ihnen das Parlament verließ oder starb, war in der Zeitung zu lesen, einer der ganz wenigen Bildungspolitiker sei abgetreten. Das war gelogen, denn die Ausgeschiedenen waren jeweils die einzigen ihrer Art: der Luzerner CVP-Nationalrat Alfons Müller-Marzohl in den 70er Jahren, der Zuger FDP-Ständerat Andreas Iten in den 80er und 90er Jahren oder bis vor kurzem SP-Ständerat Thomas Onken (inzwischen gestorben). Übrig bleibt also Hans Zbinden. Doch ohne ihm nahe zu treten: Ein Bildungspolitiker macht noch keine Bildungspolitik. Noch weniger existiert eine Bildungslobby im Parlament. Alle haben zwar in Bern ihre Lobby: Die Schützen, die Jäger, die Hanfpflanzer, die Sportler, die Walliser, die Autofahrer… Nur die Bildungsfachleute gehen leer aus.»

So beschreibt der Journalist Peter Bertschi im Jahr 2000 die Situation im Parlament – und schreibt dann weiter:

«Doch heute, sagte mir unlängst ein Kollege, sei man sogar froh, wenn von Bildung gar nicht die Rede sei. Denn komme sie aufs Tapet, gehe es ums Sparen».

Heute dürfte man weitere Namen nennen: die SP-Nationalrätin Vreni Müller-Hemmi, die freisinnige Ständerätin Christiane Langenberger, die CVP-Nationalrätinnen Chiara Simoneschi-Cortesi und Rosmarie Zapfl-Helbling. Sie alle treten zwar immer wieder bildungspolitisch hervor, aber würden sich wahrscheinlich nicht als vorrangig bildungspolitisch bezeichnen.

Dieser ernüchternde Tatbestand, den ich nicht anders erlebt habe, lässt darauf schließen, dass es auch keine ausformulierte Bildungspolitik aus christlicher Optik gibt. Es legt sich darum umso mehr nahe, den Ansätzen einer solchen Politik nachzugehen. Dieser Beitrag verfolgt deshalb drei verschiedene *Zielsetzungen*:

– die gegenwärtige Situation christlicher Bildungspolitik herausarbeiten
– den klärungsbedürftigen Zustand der bildungspolitischen Diskussion aus christlicher Optik bewusst machen
– Thesen und Fragen zu einer christlich inspirierten Bildungspolitik zur Diskussion stellen.

1 Bildungspolitik aus christlicher Sicht: ein weites Feld

Die Sozialdemokratische Partei der Schweiz SPS hat in ihrem Bildungskompass (2001) eine aufschlussreiche Darstellung der bildungsbedeutsamen Politikbereiche entwickelt. Sie zeigt eindrücklich, in wie viele Bereiche hinein die Bildungspolitik wirkt bzw. von wie vielen Bereichen sie beeinflusst wird.

Wir werden uns bei unseren Ausführungen auf die verschiedenen Schulpolitiken («Institutionen») beschränken.

Abbildung 1. Darstellung der für Bildungsprozesse maßgeblichen Politikbereiche. Quelle: Bildungskompass 2001, S. 7. Leicht ergänzt.

Bildungsbereiche im engeren Sinne und im weiteren Sinne	Politikbereiche
Institutionen	Kinder- und Jugendpolitik
	Volksschulpolitik
	Mittelschulpolitik
	Berufsbildungspolitik
	Universitätspolitik
	Weiterbildungspolitik
Sozialkontext	Familienpolitik
	Sozialpolitik
	Ausländerpolitik
	Wohnpolitik
	Medienpolitik
	Freizeit- /Sportpolitik
Zugänge	Wissenschaftspolitik
	Stipendienpolitik
	Verkehrspolitik
Ökonomie	Beschäftigungspolitik
	Arbeitsmarktpolitik
	Steuerpolitik
	Technologiepolitik

2 Welche christliche Bildung?

Das neuste mir bekannte Dokument ist die Denkschrift der Evangelischen Kirche in Deutschland «Maße des Menschlichen» (2003), verfasst unter dem Vorsitz des Tübinger Theologen Karl-Ernst Nipkow. Sie fasst ihr Bildungsverständnis folgendermaßen zusammen:

«–Bildung ist aus evangelischer Sicht räumlich auf dieser Erde auszurichten auf Erziehung zum Frieden, Achtung der freiheitlichen Rechtsordnung, Förderung sozialer Gerechtigkeit, Fürsorge für das versehrbare Leben und Verständigung mit Menschen anderer Kulturen und Religionen.

– Bildung hat zeitlich die individuelle Entwicklung und Lebensgeschichte jedes Kindes, Jugendlichen und Erwachsenen zu berücksichtigen, das verständnisvolle Verhältnis zwischen den Generationen zu unterstützen und selbstkritisch aus geschichtlicher Erinnerung und Überlieferung zu schöpfen.

– Bildung bezieht sich auf alle Menschen in allen Lebens- und Bildungsbereichen. Dies muss die Kirche stets zuerst für sich selbst beherzigen. In dem schon einleitend begründeten umfassenden Sinn entfaltet sich die Bildungsverantwortung der Kirche zum einen in Gottesdienst, Gemeindearbeit, Arbeit mit Kindern, Jugendlichen, Erwachsenen und Senioren in den Kirchengemeinden, zum anderen als kirchliche Bildungsmitverantwortung in der Kinder- und Jugendhilfe sowie in der Arbeit in Kindergärten, Schulen, Betrieben, Universitäten und anderen Einrichtungen. Wie der ganze Mensch ist Bildung in ihrem menschlich verpflichtenden Sinn unteilbar.»[1]

Unter dem Titel «Zur Bildung gehören Transzendenz und Gottesfrage» wird dann m. E. das Wesentliche ausgesagt:

«Die Frage nach Transzendenz und ihrer Bedeutung für zukunftsfähige Bildung wird weithin vergessen oder verdrängt. Für die meisten Experten und Stellungnahmen zum Bildungsverständnis heute scheint es kaum ein Thema zu geben, das ferner liegt als das von Glaube, Religion und Transzendenz. Religion wird vor allem mit Tradition assoziiert – und damit mit einer Vergangenheit, an die man bei der Suche nach zukünftiger Bildung nicht zu denken brauche. Insofern folgt der Bildungsdiskurs implizit einem naiven Modernisierungsdenken.»[2]

Dieses Modernisierungsdenken sei vielfach noch mit der Annahme eines nicht umkehrbaren Säkularisierungsprozesses verbunden. Gerade in weiten Teilen Europas werde an einem solchen Säkularisierungsverständnis festgehalten, entgegen dem internationalen religionssoziologischen Diskussionsstand. Religionssoziologen wie Peter L. Berger würden inzwischen mit Nachdruck von einer «Entsäkularisierung» sprechen.[3]

3   Wer betreibt christliche Bildungspolitik?

Es gibt schlussendlich keine gesellschaftliche Kategorie, in der nicht Gruppierungen christliche Bildungspolitik betreiben bzw. betreiben könnten.

Ein *Klassifikationsbeispiel aus Obwalden:* Die Auswertung zur Vernehmlassung des Bildungsgesetzes teilt die Vernehmlasser in folgende Kategorien ein:

1. Gemeinden, Kommissionen
2. Politische Parteien (u. a. CSP, CVP)
3. Kirchliche Organisationen (Dekanat, Kirchgemeinden, Pfarreirat, Verband der evangelisch-reformierten und der römisch-katholischen Kirchgemeinden)
4. Interessenverbände
5. Lehrpersonenorganisationen, Schulleitungsvereinigungen, Elternorganisationen
6. Schulen (u. a. Privatschulen wie Stiftsschule Engelberg)
7. Departemente und Amtsstellen
8. Kantonsexterne Stellen
9. Verschiedene (u. a. ABSK, Katholischer Landfrauenverband).

Wir haben uns für unsere Zwecke auf folgende Kategorien beschränkt: Parteien, Kirchliche Organisationen (inkl. Weltkirche: Konzil, vatikanische Kongregation des katholischen Erziehungswesens), Interessenverbände und Fachstellen. Dabei haben wir die einschlägigen Dokumente und Quellen nach Textstellen durchsucht, in denen eindeutig ein Bezug auf das *Christentum als Legitimationsgrund-lage des bildungspolitischen Handelns oder als erstrebenswertes (partielles) Gesell-schaftsmodell* thematisiert wird. Es werden also im Folgenden nicht nur Stellungnahmen in Vernehmlassungsverfahren, sondern auch Quellen-dokumente, Positionspapiere, Deklarationen herangezogen.

3.1 Grundlagen christlicher Bildungspolitik bei traditionellen Parteien

Etwas zugespitzt können die Aussagen der verschiedenen Partei-en folgendermaßen charakterisiert werden. Die Christlich-demo-kratische Volkspartei CVP der Schweiz beruft sich deklamatorisch auf die christlichen Grundwerte; die Evangelische Volkspartei EVP (der Schweiz) stützt sich am überzeugendsten, ausdrücklich und aus-führlich auf christliche Grundwerte und den christlichen Glauben ab; bei der Schweizerischen Volkspartei SVP wird das «christlich» noch «mitgeführt». Die (unabhängige) Christlich-soziale Partei CSP Schweiz argumentiert ethisch. Die Sozialdemokratische Par-tei SP der Schweiz sowie die Freisinnig-demokratische Partei FDP stellen keinen Bezug zum Christentum her. Im Einzelnen äußern sich Parteien mit Bezug auf christliche Werte folgendermaßen:

CVP:

«Die CVP unterstützt eine ganzheitliche Schulentwicklung, welche die Jugendlichen zu motivierten, verantwortungsbewussten und lebenstüchtigen Persönlichkeiten ausbildet.
Der rasche Wandel in Gesellschaft und Wirtschaft verlangt eine kontinuierliche Anpassung des Bildungswesens an die neuen Be-dürfnisse auf der Grundlage gemeinsamer Werte wie Demokra-tie und Toleranz sowie gleichzeitig die Pflege des historischen Erbes christlicher Tradition. Bewahren und Erneuern sind so zu verbinden, dass alle Jugendlichen eine möglichst hohe Lebens-tüchtigkeit erreichen.»[4]

EVP:

«4. Kirche und Familie
4.1. Zu den wichtigsten Aufgaben der Kirche gegenüber der Fa-milie gehört die Unterstützung in der religiösen Erziehung der

Kinder. Diese Unterstützung beginnt bereits im Vorschulalter.
4.2. Kirchen und kirchliche Gemeinschaften sind besonders geeignet, Familien mit Kindern Halt und Geborgenheit in einer größeren Lebensgemeinschaft zu bieten. Diese Lebensgemeinschaft ist mit Blick auf die Familie besonders zu pflegen.
4.3. Die Kinder haben Anspruch auf einen biblisch fundierten Religionsunterricht in der Schule. Dieser ist konfessionsübergreifend zu gestalten. Er soll den Schülern das Verständnis für die christlich-abendländische Kultur und für die allgemein gültigen ethischen Maßstäbe wecken.
5. Schule und Familie
5.1. Schule und Eltern müssen eng zusammenarbeiten, da der Bildungsauftrag der Schule eng mit dem Erziehungsauftrag der Eltern verbunden ist»[5].

CSP:
«Für die CSP sind die christliche Soziallehre und die christliche Sozialethik wegleitend. Sie stehen für ein bestimmtes Menschen- und Weltbild. Der Mensch ist als Einzelwesen mitverantwortlich für Gemeinschaften. Das Prinzip des Allgemeinwohls muss auf alle lebenden Personen, auf die kommenden Generationen und auf die ganze Schöpfung ausgeweitet werden. Menschliche Werte kommen vor Sachwerten.»[6]
«Ein weiterer Raubbau an der Natur kann nicht verantwortet werden, weshalb Bildung, Erziehung und Forschung bewusst vom Streben nach Besitz und Expansion wegführen und die Menschen vermehrt auf ethisch und kulturell wertvolle Werte lenken sollen.»[7]

SVP:
«Für die Erziehung der Kinder sind in erster Linie die Eltern verantwortlich. Sie soll auf christlichen und humanistischen Grundsätzen basieren und zu einem sinnerfüllten, verantwortungsbewussten Leben führen»[8].

Die EVP positioniert sich also am eindeutigsten als christlich orientierte Partei und rekurriert als einzige auf die Institution der Kirche. Die CSP beruft sich ausdrücklich auf die «christliche Soziallehre und die christliche Sozialethik»; sie nimmt «Bildung, Erziehung und Forschung» in Pflicht gegen das Besitzstreben und für «ethisch und kulturell wertvolle Werte». Das Bildungspapier der CVP lässt es bewenden bei der «Pflege des historischen Erbes christlicher Tradition». Wenn man diese «Pflege» sprachlich analysiert, wird man sich eines sicher ungewollten mehrfachen Pleonasmus bewusst, der wahrscheinlich auch die Unsicherheit ausdrückt, welche Charles Martig anlässlich der Wahl des Dozenten am Luzerner Religionspädagogischen Institut RPI, Markus Arnold, zum Zürcher Kantonalpräsidenten der CVP thematisiert hat. (Ein Erbe ist meist historisch und versetzt es zudem in weite Ferne; mit «Tradition» wird es noch potenziert; und «Pflege» kann bedeuten: mit Respekt hochhalten, aber nicht in sein Leben integrieren.) Bei der SVP finden sich die gängigen Formeln, wie sie in Bildungsgesetzen noch anzutreffen sind. Es ist schwierig, deren Gewichtung einzuschätzen.

3.2 Kirchliche Organisationen

Die kirchlichen Organisationen katholischerseits lassen sich innerhalb der Schweiz auf verschiedenen Ebenen ansiedeln: Pfarreirat, Kirchgemeinderat, Seelsorgerat, Kantonalverband, Bistum, sprachregionale Bischofskonferenzen, Schweizer Bischofskonferenz SBK.

Die kirchlichen Institutionen auf den verschiedenen Ebenen verfügen nicht über ein eigenes bildungspolitisches Leitbild[9]. Bildung ist eines unter mehreren Tätigkeitsfeldern, wenn überhaupt.

Wir müssen weit zurückblicken, wenn wir katholischerseits Bildungsdokumente auf schweizerischer oder zum Mindesten auf Bistumsebene zitieren wollen. 1963 hat sich die Bischofskonferenz zum letzten Mal (und meines Wissens zum ersten Mal) ausführlicher über Bildungsfragen geäußert, und zwar in ihrem Bettagsmandat (Bettagsmandat 1963). Es ging ihr dabei vorrangig um die katholische Schule und den christlichen Charakter staatlicher Schulen. Allerdings hat sich die SBK verschiedentlich bei eidgenössischen Bildungsvorlagen vernehmen lassen: So etwa bei der Vernehmlassung zum neuen Maturitätsanerkennungsreglement, wo sie sich darüber positiv äußert, dass der «Religion»-Maturitäts-

Fächerkanon definitiv figuriere, und wo sie sich für kantonale Regelungen einsetzt[10]. Sie schreibt in ihrer Stellungnahme 1993 Folgendes: «Ohne angemessene religiöse Kenntnisse ist ein Schüler nicht ‹allgemein gebildet›, weder in der christlichen Tradition und Kultur, noch in derjenigen anderer Religionen (die heute nicht mehr nur exotische Phänomene sind).»[11]

In der Aufbruchstimmung der Siebzigerjahre des letzten Jahrhunderts haben die auf Bistumsebene durchgeführten Synoden in ihrer jeweiligen «Fachkommission XII Bildung» das Thema Bildung und Erziehung eigenständig behandelt. Der Duktus des Dokuments ist in allen Bistümern – über die Sprachgrenzen hinweg – gleich; die Gewichtungen sind ähnlich. Einen markanten Platz nimmt die Arbeitsstelle für Bildung der Schweizer Katholiken ABSK im Basler Dokument ein, in welchem die ABSK ihren Standort hat. Bildung wird als vorrangige Aufgabe der Kirche betrachtet; nicht umsonst befasst sich eine der zwölf Sachkommissionen ausschließlich mit Bildung und Freizeit.

> «Ziel der christlichen Bildung ist stets der entfaltete Mensch als Ebenbild Gottes. Christliche Bildung nimmt zwar den Menschen ernst mit allen natürlichen Anlagen und Möglichkeiten, zeigt ihm aber zugleich auf, dass im diesseitigen Leben keine vollkommene und endgültige menschliche Entfaltung möglich ist (vgl. Epheser 4.13) Sie macht ihm andrerseits bewusst, dass es Aufgabe und zugleich Chance des Menschen ist, die unvollendete Schöpfung selbst weiterzugestalten.»[12]

Und auf der Ebene der Weltkirche hat das Zweite Vatikanische Konzil ein Jahrzehnt vorher eine eindrückliche Erklärung über die christliche Erziehung verabschiedet. – Die vatikanische Kongregation für das katholische Bildungswesen ihrerseits gibt regelmäßig Positionspapiere heraus, die in mehrere Sprachen übersetzt werden. Sowohl der Konzilstext wie die Publikationen der Erziehungskongregation ließen sich als bildungspolitische Referenzdokumente verwenden, sind mir jedoch selten außerhalb kirchlich institutioneller Kreise begegnet.

Jahr	Vatikan	Jahr	Schweiz
		1866	Antwort des Hl. Offizium (Vatikan) an die Schweizer Bischöfe aufgrund einer entsprechenden Anfrage: grundsätzlich keine Erlaubnis, die Kinder in gemischte Schulen zu schicken.
1917	*Kirchliches Gesetzbuch* (Can. 1372–1381) «Katholische Kinder dürfen a-katholische, neutrale, gemischte (oder Simultan-) Schulen, die auch Nicht-Katholiken offen stehen, nicht besuchen.» (Can. 1374). Ausnahmen möglich.		
1929	Pius XI: *Divini illius magistri* (Erziehungsenzyklika) Schule ist grundsätzlich katholische Schule; Staatsschule für Katholiken verboten.	1963	Bettagsmandat der Schweizer Bischöfe: *Erziehungs- und Schulfragen in unserer Zeit*
1965	Vatikanum II: *Gravissimum educationis / Erklärung über die christliche Erziehung* Anerkennung des schulischen Pluralismus; katholische Schule als vorrangige Wahl.		Christliche Schule als einzige Schulform, die das christliche Erziehungsideal vollgültig verwirklicht; ökumenische Offenheit; Wohlwollen gegenüber der christlichen Staatsschule
		1975	Synode 72, u.a. der Diözese Basel: *Bildungsfragen und Freizeitgestaltung* Katholische Schulen als Alternative. Verankerung der Arbeitsstelle für Bildung der Schweizer Katholiken ABSK im Basler Dokument
		1975	Arbeitsstelle für Bildung: *Projekt «Zukunft der katholischen Schulen»* Katholische Schulen als «echte Alternative» (Müller/Bünter 1972–1975)
1977	Kongregation für das katholische Bildungswesen: *Die katholische Schule* Katholische Schule als christliche Alternative (Kongregation 1977)		

Jahr	Vatikan	Jahr	Schweiz
1982	Dies.: *Der katholische Lehrer* (Kongregation 1982)		
1983	*Kirchliches Gesetzbuch* (Can. 796– 806) Schulen mit katholischer Erziehung als Gebot, sonst Garantierung der katholischen Erziehung außerhalb der Schule notwendig (Can. 798). (Codex 1983, 363–367)	1984	Dies. (KKSE): *Die Kirche und die katholischen Schulen der Schweiz* Katholische Schulen als Dienst an der Gesellschaft (Kirche und die katholischen Schulen 1984)
1988	Kongregation für das katholische Bildungswesen: *Die religiöse Dimension der Erziehung in der katholischen Schule* Schule als Schulgemeinschaft (Kongregation 1988)	1991	Dies. (KKSE): *Leitbild der katholischen Schulen Schweiz* Katholische Schulen als Alternative mit Öffnung auf die Welt (Leitbild 1991 und ausführlichere Fassung Bugnon/Santini 1989)
1997	Dies.: *Die katholische Schule an der Schwelle zum dritten Jahrtausend* «Das Engagement in der Schule erweist sich als eine unersetzbare Aufgabe, mehr noch: die Investition in Menschen und Mittel in der katholischen Schule wird zu einer prophetischen Wahl» (16) (Kongregation 1997).		
2002	Dies.: *Die geweihten Personen und ihre Mission in der Schule* «Die Anwesenheit von geweihten Personen in der Welt der Erziehung erweist sich als eine prophetische Wahl» (43) (Kongregation 2002).		

Abbildung 2. Historische Übersicht über kirchliche Dokumente des Vatikans und der Schweizer Kirche mit bildungspolitischem Charakter.

Auf kantonaler Ebene gibt es verschiedene Initiativen, die mindestens teilweise bildungspolitischen Charakter beanspruchen können. So heißt es im so genannten Pastoralen Orientierungsrahmen Luzern POL unter Leitsatz 6 (von 8 Leitsätzen) folgendermaßen:

> «Wir wollen Lernorte des Glaubens ermöglichen. In unserer christlichen Botschaft möchten wir Werte vermitteln, die bei Kindern und Jugendlichen eine persönliche und religiöse Identität wachsen lassen, geprägt von Selbstständigkeit, Freiheit und Gemeinsinn.»[13]

Im gleichen Kanton hat eine Spurgruppe ein Positionspapier zum Religionsunterricht entwickelt (Spurgruppe 2004). Im Kanton Zürich ist ein Leitbild für die Mittelschulseelsorge (2003) verfasst worden.

3.3 Interessenverbände und Fachstellen

Wir beschränken uns hier auf den ehemaligen Dachverband Arbeitsgemeinschaft für Evangelische Erwachsenenbildung in der Schweiz AGEB und die Arbeitsstelle für Bildung der Schweizer Katholiken ABSK. Der (katholisch-christliche) Schweizerische Studentenverein StV hat sich zwar immer wieder bildungspolitisch geäußert, aber meines Wissens kein eigenes bildungspolitisches Positionspapier verabschiedet, das in den hiesigen Zusammenhang passt.

AGEB:

> «Es geht um das Ganze der befreienden Botschaft der Bibel, um das Ganze des Menschseins, um das Ganze der Kirche und um das Ganze der Erde; somit handelt der integrale Bildungsbegriff auch vom Ganzen der Bildung und ist demzufolge anzuwenden von der kirchlichen Erwachsenenbildung, in der Zusammenarbeit mit der beruflichen Weiterbildung und der säkularen Erwachsenenbildung».[14]

Ob und wie weit die AGEB sich an Vernehmlassungen hat verlauten lassen, wurde nicht eruiert.

ABSK:

Die ABSK versteht sich in ihrem dreifachen Wirkungsfeld – Geschäftsstellen der katholischen Erwachsenenbildung und Schulen sowie verbandsübergreifender Bereich – seit ihrer Gründung als bildungspolitische Fachstelle. Ein Selbstverständnis, für das sie sich immer wieder neu legitimieren muss. Gemäß dieser Zwecksetzung nimmt sie regelmäßig an eidgenössischen, sprachregionalen oder an kantonalen Vernehmlassungen teil und lässt die «christliche Sicht der Dinge einfließen». Beispiele von Stellungnahmen der letzten Jahre sind etwa Folgende:

– Berufsbildungsgesetz des Bundes (15. Oktober 1999): «Es fehlen uns teilweise wirtschaftsethische Aussagen oder Zielvorstellungen, die auch in einem Berufsbildungsgesetz Eingang finden müssten.»

– Bildungsgesetzgebung Kanton Baselland (30. Juni 2000): «Wir finden es wichtig, dass der christlich-ethische Orientierungsrahmen im Bildungsgesetz ausdrücklich Eingang findet. Interreligiöse und interkulturelle Toleranz soll zwar die eigene gesellschaftliche Identität relativieren, aber nicht aufgeben.»

– Bildungsgesetz Obwalden (30. August 2002): Aufrechterhaltung des Religionsunterrichts u. a.

– Neue Wochenstundentafel für die Primarschule des Kantons Luzern (12. Juni 2001): bevorzugte Behandlung der christlichen Religion in einem allfälligen Fach «Religion und Kultur»: «Es darf mit Fug und Recht erwartet werden, dass Angehörige anderer Religionen in einem seit eineinhalb Jahrtausenden christianisierten Lande mehr über die ‹Landesreligion› erfahren dürfen und sollen, als über andere Weltreligionen, die ihnen ferner stehen.»

– Revision des Bundesgesetzes über Radio und Fernsehen (30. April 2001): Bildungssendungen, Verbot von Sexwerbung u. a.

– Weiterentwicklung des konfessionell-kooperativen Religionsunterrichts an der Oberstufe der Volksschule in das Fach «Religion und Kultur» (30. April 2001).

– Konzept und Aktionsplan «Bildung» im Rahmen der Strategie des Bundesrates für eine Informationsgesellschaft in der Schweiz (14. Oktober 1998): integraler Bildungsbegriff, Grundsatz ökologischer Effizienz bei Informations- und Kommunikations-Technologien – im Sinne der «Bewahrung der Schöpfung».

- Aufruf «Freiheit für christliche Schulen auch in Palästina ein Menschenrecht» (Jahresversammlung Katholische Schulen Schweiz KSS, 8. März 2003).
- Erklärung zur Stellung der Bildung in der katholischen Kirche (Jahresversammlung KSS, 6. März 2004).
- Erklärung zum Kopftuch-Tragen in der Schule (Jahresversammlung KSS, 6. März 2004).
- Stellungnahme zum Bildungsrahmenartikel in der Bundesverfassung (Verein ABSK, 15. September 2004); unter anderem wird folgender Zusatz beantragt: «Die Bildung orientiert sich am Gemein- und Individualwohl heutiger sowie kommender Generationen; sie fördert die Verantwortungsfähigkeit des Individuums.»
- Erklärung «Staatliche Beiträge an Privatschulen als Beitrag an ein freiheitliches Bildungswesen» (Jahresversammlung KSS, 12. März 2005).

Die ABSK versucht systematisch, die christliche Sicht der Dinge einzubringen, ohne einerseits diese Sicht nur vernebelt zur Geltung zu bringen und ohne andererseits den zu diskutierenden Inhalten eine christliche Sicht aufzuoktroyieren, die nicht sachgerecht ist. Dieser Anspruch lässt sich am ehesten in den eigenen Stellungnahmen, zum Beispiel in Erklärungen verwirklichen, die unabhängig von einer Vernehmlassung sind.

4 Fallbeispiele von Stellungnahmen zu christlicher Bildung

An zwei Fallbeispielen soll nun kurz aufgezeigt werden, wie das Christliche in bildungspolitischen Vernehmlassungen zum Tragen kommt. Die detaillierten Auswertungsberichte, die ich erhalten habe, können hier nur summarisch vorgestellt und kommentiert werden. Sie wären allerdings eine eigene (kleinere oder größere) sprachanalytische Untersuchung wert: Wie wird argumentiert? Wer nimmt wie Stellung? Welches Gewicht wird den einzelnen Vernehmlassern beigemessen? Wie verschieben sich die Argumentationen im Verlaufe verschiedener Vernehmlassungen? Wo liegen konfessionelle Unterschiede?

An der Vernehmlassung zur Revision des Bildungsgesetzes im Jahre 2002 in der Form eines Fragebogens mit Ergänzungs- und Erklärungsmöglichkeiten haben 72 Institutionen und 2 Einzelpersonen teilgenommen. Eine der Fragen, die am heißesten diskutiert worden sind, war wohl folgende: «Stimmen Sie der vorgesehenen Regelung zu, dass Religionsunterricht Sache der Kirchgemeinden ist und Art. 8 der Kantonsverfassung gestrichen wird?»

Die Hälfte der Vernehmlassungsteilnehmer spricht sich für die vorgesehene Regelung (davon 4 Gemeinden und die SP sowie der Lehrerverband Obwalden), die andere Hälfte eher oder klar dagegen aus (davon 3 Gemeinden, drei Parteien und alle katholischen Kirchgemeinden). Der konfessionelle Religionsunterricht wurde schließlich belassen!

Repräsentativ für die Antworten ist Seite 48 des internen Auswertungsberichtes (Abbildung 3).

Nur an einem anderen Ort ist in der Revision des Obwaldener Bildungsgesetzes nochmals ausdrücklich von «christlich» die Rede, in Art. 2, Abs. 2 (Bildungsziele). Das «christlich» hat es zwar nochmals geschafft. Doch die Tendenzen sind klar auf Abschaffung.[15]

Nr.	Vernehmlasser	Ja/nein	Kommentar / Begründung
6	SL SAR	Ja	die Anliegen der Andersgläubigen werden durch die bisherige Umsetzung wenig berücksichtigt.
6	STIFTS ENG	Nein	- Kirche und Religion haben eine große Bedeutung für die Gesellschaft. - im Interesse des Staates, das Zusammenleben der Konfessionen zu fördern und dafür zu sorgen, dass die Inhalte desBekenntnisunterrichts und die Art der Vermittlung öffentlich transparent gemacht werden. - Bekenntnisunterricht sollte im Schulhaus stundenplanmäßig gut integriert abgehalten werden können.
7	AVM	Ja	
7	FD	Ja	
8	BD LU	Ja	
8	BPZ	Ja	- Bedingung, dass künftig ein Fach «Ethik und Religion» geführt wird.
9	ABSK	Nein	- notwendig, für die Orientierung in einer immer stärker multikulturellen und multireligiösen Welt. - Ersatz durch «Religion und Ethik» würde eine massive qualitative Veränderung bedeuten. - Überzeugung, dass das Staatswesen für sein Funktionieren auf religiös-ethische Überzeugungen angewiesen ist.

Nr.	Vernehmlasser	Ja/nein	Kommentar / Begründung
9	LANDF	Nein	- Unterstützung des Positionspapiers des Dekanates OW. - Mehrheit der Schulkinder ist immer noch katholisch.
9	PJ (Einzelperson)	Nein	- Religion ist ein Teil unserer Kultur und Geschichte → darf nicht von der Schule getrennt werden. - Personalprobleme oder Probleme der Stundentafel dürfen keine Argumente sein. - es ist nicht gerechtfertigt, dass wegen 10 % oder weniger Angehöriger anderer Religionen der christliche Religionsunterricht im Kanton OW von der Schule getrennt werden soll.
9	RW	Ja	

Abbildung 3. «Stimmen Sie der vorgesehenen Regelung zu, dass Religionsunterricht Sache der Kirchgemeinden ist und Art. 8 der Kantonsverfassung gestrichen wird?» Seite 48 des internen Auswertungsberichts «Bildungsgesetz Obwalden: Tabellarische Zusammenfassung der Vernehmlassungsantworten». Die Nummern bezeichnen die Vernehmlasserkategorien, wie sie ebd. in Abbildung 1 aufgeführt sind.

Vernehmlasser	Artikel: Bildungs- ziele, Art. 2	Bemerkungen
GR SACH	Abs. 1	«… führt zu lebenslangem Lernen» ist stilistisch ungünstig gewählt → Gesetz kann nicht zu lebenslangem Lernen füh- ren, sondern nur das Bewusstsein för- dern. Korrekte Formulierung sollte gefunden werden.
GR SAR	Abs. 1	Textänderung: Grundlegendes Ziel ist dabei, alle SchülerInnen und StudentInnen zu lebenslangem Lernen zu führen.
SACH TÜRLI2	Abs. 2	Worin bestehen denn eigentlich diese Wertvorstellungen?
CVP	Abs. 2	Begriff «christlich» ist grundsätzlich rich- tig gewählt, muss aber noch geklärt wer- den, damit er nicht dem konfessionellen «katholisch» gleichgesetzt wird
WWF/PRO NATURA	Abs. 2	Konsequenterweise sollten hier neben der gesellschaftlichen und wirtschaftli- chen Lebenstüchtigkeit auch die Grundlagen für ein verantwortungsbe- wusstes Verhalten gegenüber der natürli- chen Umwelt erwähnt werden
GR SACH/GR KER/SR SAR/AVM/GR SAR	Abs. 1	Die Sorge zur Natur ergänzen
GR SAR	Abs. 2	Widerspruch zwischen Glaubens- und Gewissensfreiheit (Art. 10 Abs. 1) und der Orientierung an christlichen huma- nistischen Grundwerten
ABSK	Abs. 2	Qualität «christlich» wird in späteren Artikeln zum Religionsunterricht nicht mehr umgesetzt.

Vernehmlasser	Artikel: Bildungs- ziele, Art. 2	Bemerkungen
STIFTS ENG/GR ENG	Abs. 2	«Die Schulen» anstelle von die «öffentli- chen Schulen».
GR ENG/VSL	Abs. 3	Ist die Schule oder das Elternhaus für die Erziehung zuständig?
SP	Abs. 3	«Christlich» ersetzen durch «ethisch». Ergänzung: Verantwortungsvolles Verhalten gegenüber der natürlichen Umwelt.
SR SAR/CVP/GR SAR	Abs. 3	«nach ihren Möglichkeiten» → streichen, da unklar, was gemeint ist.
FDP	Abs. 3	Koordination hat auch mit den Nachbarkantonen zu erfolgen.

Abbildung 4. Bemerkungen zum Artikel 2 «Bildungsziele». Seite 77 des internen Auswertungsberichts «Bildungsgesetz Obwalden: Tabellarische Zusammenfassung der Vernehmlassungsantworten».

4.2 Schule in Diskussion Luzern

Das Bildungsdepartement hat im Jahre 2001 nicht nur eine Vernehmlassung zur Wochenstundentafel für die Primarstufe (WOST 03) durchgeführt, sondern eineinhalb Jahre später auch eine breit angelegte Erhebung unter dem Titel «Schule in Dis- kussion» durchgeführt. Auf diese soll kurz eingegangen werden. Eine der Fragen lautete: «Welche Werte muss die Schule vermit- teln? Ist Ethik- und/oder Religionsunterricht elementar?» Die Aus- wertung dieser Frage ergab 119 Antwortende, die gesamthaft 190 verschiedene, eigenständige Antwortelemente lieferten. Die im Wortlaut wiedergegebene Seite 15 darf als repräsentativ gelten.

122 Eine Stunde pro Woche konfessioneller Religionsunterricht. Der Unterricht ist eine Lebensschule im religiösen und kirchlichen Bereich. Der Religionsunterricht ist ein Dienst der Kirchen an der Gesellschaft und an der Schule.

124 Konfessioneller Religionsunterricht soll während der Schulzeit stattfinden oder integriert werden. Benennungsvorschlag: Religiöse Ethik. Religionsunterricht ist gleichwertig zu anderen Fächern. Das christliche Gedankengut soll gepflegt und erhalten werden. Religiöse Werte sind wichtig für die Gesellschaft und gehören zur elementaren Bildung.

130 Konfessioneller Religionsunterricht als Pflichtfach ist nicht mehr zeitgemäß. Er ist durch das Fach Ethik zu ersetzen.

130 Konfessionell religiöse Erziehung ist vor allem Sache der Eltern und kann von den einzelnen Kirchen außerhalb der Schule angeboten und vermittelt werden.

137 Ethik ist eine Chance, alle Schüler können mit einbezogen werden.

147 Es ist äußerst wichtig, dass unsere Kinder in der Kenntnis der Bibel und der Religion gut und sorgfältig ausgebildet werden. So können sie sich mit Überzeugung entscheiden und dann einsetzen.

148 Religionsunterricht könnte auch als Ethik (kulturübergreifend) angeboten werden, sollte nicht gestrichen werden.

152 Überkonfessionelles Fach ‹Ethische Bildung› einführen: Verständnis für Kulturen, Menschen, Ansichten, auseinander setzen mit den Grundfragen des Daseins. Sozial- und Selbstkompetenz werden dadurch gefördert. Der Glaube kann im konfessionellen Religionsunterricht vertieft werden.

153 Mit ethischer Bildung können Lernende verschieden gefördert werden: diskutieren, argumentieren, fragen, Meinung bilden, akzeptieren. Eine ganzheitliche Persönlichkeit zu entwickeln soll an erster Stelle stehen.

156 Mit ethischer Bildung Kinder auf andere Kulturen und Sitten aufmerksam machen. Ethische Bildung sollte nicht auf eine Lektion beschränkt sein, sondern in mehreren Unterrichtssequenzen auf die Woche verteilt werden.

159 Projekthalbtage für Religionsthemen auf der Sekundarstufe 1 unter Verantwortung der Religionslehrperson. Alle Schüler und Schülerinnen könnten teilnehmen, dies würde zur Integration und Toleranz beitragen.

164	Wechsel vom Fach Bibel zu Ethik, dies könnten auch Lehrpersonen vermitteln, die nichts mit der Bibel anfangen können.
164	Im Religionsunterricht sollte mehr mit der Bibel gearbeitet werden als mit sozialen Themen. Es ist sinnvoller, wenn dies der Klassenlehrer mit den Kindern behandelt, als wenn es eine Lehrperson tut, die nur einmal in der Woche mit den Schülern zusammen ist.
172	Ethik als sinnvolles Zeitgefäß für Lerntraining, für selbstbewusstes und partnerschaftliches Verhalten in der Gemeinschaft. Moral kann nicht doziert werden, sondern muss gelebt und reflektiert werden.
172	Religionskunde gehört nicht ins Fach Ethik. Nur das Wissen von anderen Religionen lässt ein Kind noch lange nicht respektvoll anderen gegenüber handeln.
184	Guten Umgang miteinander einüben, Rücksicht nehmen, miteinander reden können, mit Problemen sinnvoll umgehen können.
184	Auseinandersetzung mit Lebensfragen, Lebensphilosophien, anderen Kulturen
184	«Ethik und Religionskunde» hilft, gemeinsame Werte zu stärken, Vorurteile abzubauen, Toleranz zu fördern

Abbildung 5. «Welche Werte muss die Schule vermitteln? Ist Ethik- und/oder Religionsunterricht elementar?» Antworten aus der Erhebung «Schule in Diskussion», Bildungsdepartement Luzern (2003).

Die Ergebnisse von Obwalden und Luzern (Abbildungen 3 bis 5) zeigen bereits eindrücklich die unterschiedlichen Positionen zum Fach «Konfessioneller Unterricht» und zum Fach «Ethik und Religion(en)». Ist es hier möglich, zu einer größeren Übereinstimmung zu gelangen? Sind unterschiedliche Argumentations- und Legitimationsmuster ausschlaggebend? Sind, da es sich mehrheitlich um katholische Kantone handelt, unterschiedliche Bistumstraditionen ausschlaggebend? Nur eine differenziertere Analyse könnte hier Klarheit schaffen.

5 Thesen und Fragen zu einer christlich inspirierten Bildungspolitik

These 1: Der Inhaltskanon christlicher Bildungspolitik ist diffus und bedarf einer klareren Ausformulierung.
Was beinhaltet christliche Bildungspolitik schlussendlich? Welches Bildungsverständnis, welche Zielvorstellungen liegen ihr zugrunde? Was könnten schweizerische, christlich inspirierte Parteien von ihren Partnerparteien im europäischen Ausland aufnehmen?

These 2: Die Legitimationsgrundlagen christlicher Bildungspolitik bedürfen der Klärung.
Welchen Stellenwert hat dabei die so genannte christliche Soziallehre, die biblische Botschaft, die christliche Tradition, die anthropologische Argumentation (Religion als Dimension des Menschseins), das Elternrecht? Welchen Stellenwert nehmen heute vatikanische Dokumente ein?[16]

These 3: Die Transzendenz als Merkmal der christlichen Religion muss auch in den bildungspolitischen Positionsbezügen aufscheinen.
Wie weit kann die Transzendenz als Merkmal der christlichen Religion über Äußerungen zum Religionsunterricht hinaus einfließen?

These 4: Die Aufgabe und Stellung des Christentums als Leitreligion oder Grundlagenreligion muss neu bestimmt, verhandelt und begründet werden.
Die religionssoziologische und -politische Landkarte Europas ist nicht einheitlich. Nach dem in Madrid lehrenden Staatskirchenrechtler Oscar Celador Angón «lassen sich die Systeme in Europa (EU) in vier große Blöcke einteilen:

– Laizistische Staaten, die eine religiöse Neutralität und die Trennung von Staat und religiösen Konfessionen befürworten (Frankreich);
– laizistische Staaten mit konfessionellem Hintergrund (Spanien, Italien, Portugal, Irland und Holland);
– laizistische Staaten mit einem mehrfachen konfessionellen Hintergrund (Deutschland, Österreich, Luxemburg und Belgien);
– Staatskirchen (Griechenland, England, Dänemark und die nordischen Länder).»[17]

Wo nun lässt sich die Schweiz einordnen in den vier oben genannten «Blöcken» – am ehesten wohl bei der dritten Kategorie? Wie hält es die schweizerische Politik mit dem religiösen Pluralismus?[18] Wie können Grundlagen- oder Leitreligion und gleichzeitig Pluralismus legitimiert werden? Wie weit riskiert religiöser Pluralismus ohne Grundkonsens, wie er sich eben nicht in allen Weltreligionen gleich anbietet, zum Spielball politisch-wirtschaftlicher Machtkämpfe zu werden (siehe Sonntagsarbeit und Ladenöffnungszeiten in der Schweiz)? Wie lässt sich eine christlich-abendländische Optik in verschiedenen Schulfächern oder eine schulische Alternative aus religiösen Gründen rechtfertigen?

These 5: Das Weltethos (Ethos der Weltreligionen), wie von Hans Küng formuliert, kann als erweiterte Grundlage für alle Parteien gelten.
Wie weit kann der von reformierter Seite vorgeschlagene Rat der Religionen hilfreich sein?

These 6: Die Gefahr der Engführung christlicher Bildungspolitik auf Religionsunterricht bedarf der Thematisierung.[19]
Wann und über welche Argumentationslinien kam es zu dieser Engführung? Wie erklärt sich die relative Leichtigkeit, mit welcher auf theologisch begründete Interventionen verzichtet wird?

These 7: Die Haupt-Akteure christlicher Bildungspolitik sind meist nicht ausdrückliche Bildungspolitiker oder Bildungsfachleute, sondern hauptsächlich Theologen, Soziologen, Juristen.
Wie können die unterschiedlichen Sprach-, Erfahrungs- und Einstellungsrepertoires zum Phänomen christlicher Bildung und Bildungspolitik offen gelegt werden?

These 8: Vernehmlasser, die christliche Bildungspolitik vertreten, bedürfen besserer Vernetzung und gegenseitigen Austausches.
Welche Aufgabe fällt dabei katholischerseits der Arbeitsstelle für Bildung der Schweizer Katholiken ABSK zu? Könnte die von der Schweizer Bischofskonferenz geplante Kommission Bildung einen Beitrag zur Vernetzung leisten? Wieweit sind positive (und negative) Erfahrungen der Nachbarländer für unsere Verhältnisse fruchtbar?

1   Maße des Menschlichen : Evangelische Perspektiven zur Bildung in der Wissens-
    und Lerngesellschaft. Eine Denkschrift des Rates der EKD. Hrsg. vom
    Kirchenamt der EKD. 3. Auflage. Gütersloh: Gütersloher Verlagshaus, 2005,
    S. 64–65.

2   Ebd. 85.

3   Vgl. ebd. 85f. Siehe dazu auch Boschki, Reinhold: Brücken zwischen
    Pädagogik und Theologie : mit Karl Ernst Nipkow im Gespräch. Gütersloh:
    Kaiser, Gütersloher Verlagshaus, 2001, S. 26. Nipkow postuliert bezogen auf
    das St. Galler Schulgesetz die «religiöse Beheimatung in der eigenen religiösen
    Tradition und die ökumenische und interreligiöse Begegnung mit anderen, und
    zwar von der Grundschule an».

4   CVP Schweiz: Bildungspolitik für die Zukunft : Strategiepapier der CVP. 1.1
    Förderung von Allgemeinkompetenzen. Luzern, 2003.

5   EVP Schweiz: Leitlinien für eine neue Familienpolitik/1994. In:
    www.evppev.ch/info/familienpolitik.htm

6   Resolution Delegiertenversammlung der CSP Schweiz vom 3. April 2004.
    Ein klares Ja der CSP Schweiz für ein starkes C.

7   CSP Schweiz: Programm der CSP Schweiz für die Legislatur 2003–2007. In:
    www.csp-pcs.ch/Programmakzente

8   SVP Schweiz: Für ein qualitativ hochstehendes und effizientes Bildungssystem :
    Bildungspapier der SVP im August 2001. August, 2001, S. 3. Siehe auch:
    www.svp.ch/Positionen/Positionspapiere

9   Die Schweizer Bischofskonferenz hat kürzlich ein Grundsatzpapier verab-
    schiedet, das aber noch nicht öffentlich ist.

10 Schreiben der SBK, der Präsident, an Bundesrätin Ruth Dreifuss, Vorsteherin
    des EDI, 29. September 1994, 94/1608. Schreiben der SBK, der Präsident, an
    Bundesrat Flavio Cotti, Vorsteher des EDI, vom 21. März 1993, 93/462.

11 Schreiben der SBK, der Präsident, an Bundesrat Flavio Cotti, Vorsteher des
    EDI, vom 21. März 1993, 93/462. Anhang zur allgemeinen Stellungnahme, S. 2.

12 Synode 72 Diözese Basel: XI. Bildungsfragen und Freizeitgestaltung. In:
    Synode 72 : Diözese Basel. Gesamtband. Pastoralstelle des Bistums Basel:
    Solothurn, 1978, S. 2–3.

13 Eine Kirche, die dem Leben dient : Pastoraler Orientierungsrahmen Luzern
    (POL). 8 Leitsätze/Hrsg. von der römisch-katholischen Landeskirche des
    Kantons Luzern. Luzern, 2003, S. 13.

14 AGEB 1997.

15 Das vorgeschlagene Bildungsgesetz ist 2004 von den Stimmbürgerinnen und
    Stimmbürgern aus vorwiegend finanzpolitischen Gründen abgelehnt worden.
    Eine Neubearbeitung ist im Gange.

16 Hier sei auf die bedenkenswerte Publikation des ehemaligen Bildungsdirektors
    Walter Gut verwiesen, der gegenüber nicht religiöser, nicht ethischer
    Grundlegung des Staates im Zusammenhang mit dem Kreuz in öffentlichen
    Räumen Folgendes schreibt: «Wenn nach dem bekannten Diktum E. W.
    Böckenfördes der Staat von geistig-ethischen Voraussetzungen lebt, die er

selbst nicht schaffen und garantieren kann, so möchte der Verweis-Charakter des Kreuzes eben gerade Bezug nehmen auf diesen dem Staat voraus liegenden Gesamtbestand ethischer Grundeinsichten, die ihrerseits einen – das Staatswesen tragenden und letztlich funktionsfähig erhaltenden – ethischen Grundkonsens möglich machen. Unter diesem Aspekt betrachtet, kommt der Präsenz von Kreuzen und Kruzifixen in öffentlichen Räumen eine ähnliche verweisende (wenn auch in der Wirkung zurückhaltendere) Bedeutung zu, die mit jener der Anrufung Gottes in den Präambeln der Schweizerischen Bundesverfassung und des deutschen Grundgesetzes vergleichbar ist» (Gut, Walter: Kreuz und Kruzifixe in öffentlichen Räumen : Eine Auseinandersetzung mit Gerichtsentscheiden über Kreuze und Kruzifixe in kommunalen Schulzimmern. Zürich: NZN Buchverlag, 1997, S. 18; siehe auch Böckenförde 1987 und 1975, zit. in Ebd. 172).

17 Angón, Oscar Celador: Religionsfreiheit in Europa. In: Religionen: öffentlich präsent? Dossier 03/2004, S. 11

18 Angón plädiert dabei für einen entschiedenen Pluralismus und die Wichtigkeit, «jeden unangebrachten Hinweis auf eine bestimmte religiöse Option zu vermeiden». (Ebd. 14; siehe auch www.ksoe.at/mitteinhalt-akt-dos032004.htm) Weniger kategorisch geht allerdings der österreichische Europarechtsexperte Dominik Oriesching vor. Er schreibt gleichenorts: «Moderne Freiheit aber ist nicht denkbar ohne das lange und beständige Werk christlicher Erziehung in Europa und in der westlichen Welt.» Und er billigt dann den drei großen Religionen in Europa eine gewichtige Bedeutung zu: «Die weltanschauliche Parität von Staat und EU hat sich zu erstrecken auf alle Bekenntnisse, seien sie christlich, jüdisch oder muslimisch (oder allenfalls ihnen gleichzustellende) – sofern diese Religionsgemeinschaften sich nur so organisieren, dass sie Gewähr ihrer verlässlichen Treue zum europäischen Verfassungsgebäude bieten können.» (Oriesching, Dominik: Europa, wie hältst du's mit der Religion? In: Religionen: öffentlich präsent? Dossier 3/2004, S. 18.)

19 Siehe dazu etwa Bräm, Werner Kurt: Religionsunterricht als Rechtsproblem im Rahmen der Ordnung von Kirche und Staat : Unter besonderer Berücksichtigung der Schulgesetze in den Kantonen und der Unterrichtsordnungen der evangelisch-reformierten Kirchen in der Schweiz. Zürich: Theologischer Verlag, 1978; Kohler-Spiegel, H.; Loretan, Adrian: Religionsunterricht an der öffentlichen Schule : Orientierungen und Entscheidungshilfen zum Religionsunterricht. Zürich: NZN Buchverlag, 2000. Übrigens hat der Schweizer Religionsdidaktiker Stephan Leimgruber bereits 1989 die heute aktuelle Diskussion über das Fach «Ethik und Religionskunde» vorweggenommen, indem er Ethik- und Religionsunterricht einer gemeinsamen Darstellung unterzog (Leimgruber, Stephan: Ethikunterricht an den katholischen Gymnasien und Lehrerseminarien der Schweiz : Analysen der Religionsbücher seit Mitte des 19. Jahrhunderts. Freiburg: Universitätsverlag, 1989).

Fred Hirner

Minimalia christlicher Bildung für den tertiären Nichthochschulbereich dargestellt am Beispiel einer Höheren Fachschule für Sozialpädagogik

Der nachstehende Beitrag reflektiert verschiedene Spannungsfelder, in denen sich Lehrende und Studierende einer sog. christlichen Ausbildungsstätte für Sozialberufe bewegen. Die Höhere Fachschule für Sozialpädagogik Luzern hat als katholische Gründung konfessionelle Wurzeln und bezeichnet sich gleichzeitig als konfessionell neutral. Sie bekennt sich zu einem christlichen Menschenbild, adressiert ihre Angebote aber auch an nichtchristliche Funktionsträger/innen und Klienten/innen.

Die Soziale Arbeit orientiert sich an einem zweckrationalen Bild von Dienst und Hilfe, das die Verbesserung der «diesseitigen» Lebensverhältnisse intendiert. Dagegen begründen Transzendenzreligionen wie das Christentum eine Berufsethik, die sich zwar mittelbar, aber nicht final durch das Glücken des Lebens, das Heilen des Leidens und die Beseitigung sozialer Ungleichheit motivieren und rechtfertigen lässt.

Es gilt der Versuchung zu widerstehen, die genannten Spannungsfelder durch rechtgläubiges Bewusstsein, eine moralische Mission oder eine totalitäre Metaphysik zu entschärfen. Wenn die missverständliche Rede von christlicher Sozialpädagogik Sinn und Schule machen soll, dann wird sie die erwähnte Spannung aushalten, die Kontingenz aller religiösen Bekenntnisse bedenken und Aufklärung nicht nur zulassen, sondern aktiv betreiben.

1 Der Ort der Sozialen Schulen innerhalb der Bildungssystematik. Eine Vorbemerkung

Mit dem neuen Berufsbildungsgesetz BBG, das am 1. Januar 2004 in Kraft getreten ist, fallen nunmehr auch die Bereiche Gesundheit, Soziales und Kunst in die Zuständigkeit des Bundes. Vor kurzem wurde die Verordnung über Mindestvorschriften für die Anerkennung von Bildungsgängen und Nachdiplomstudien an Höheren Fachschulen HF in die Vernehmlassung geschickt. Im Anhang 6.3 wird festgelegt, dass das Bundesamt für die Bildungsgänge und NDS *Sozialagogik* und *Sozialpädagogik* Rahmenlehrpläne erlässt.

Unter *Sozialagogik* sollen künftig die Berufe Gerontologin, Aktivierungstherapeutin, Arbeitsagogin und Erwachsenenbildnerin subsumiert werden.

Unter *Sozialpädagogik* wird vorgeschlagen, die Berufe Jugendarbeiter, Kindererzieher und Sozialpädagoge im engeren Sinn, d. h. Kinder-, Jugend- und Behindertenarbeit vorwiegend im stationären Bereich, also in Heimen, zusammenzufassen.[1]

In der Erläuterung zum Anhang wird ferner darauf hingewiesen, dass es dem Wunsch der Organisationen der Arbeitswelt entspreche, den Berufstitel Sozialpädagoge sowohl auf Fachhochschulstufe wie auf Stufe Höhere Fachschule zu vergeben. Außerdem findet sich unter 4.6. der Erläuterungen die Bemerkung, dass der Berufstitel *«Sozialdiakonie»* gegenwärtig nicht aufgenommen wird, weil sich das Berufsfeld noch in intensiver Klärungsphase der Ausbildungskonzeption befinde. Es sei aber im Zuge einer späteren Revision des Anhanges durchaus möglich, dass die vom Bund anerkannte Höhere Fachschule für Soziales auch eine Fach- bzw. Studienrichtung «Sozialdiakonie» anbiete.[2]

2 Das Verhandelbare des Übergangs als Chance

Soweit diese bildungspolitische Vorbemerkung. Sie ist im Kontext unserer Themenwahl vor allem deshalb von Belang, weil deutlich wird, dass wir in Bezug auf Rahmenlehrplan und Positionierung respektive Gewichtung von Ausbildungsinhalten einmal mehr an einem vielversprechenden Anfang stehen. Und es wird sehr darauf ankommen, dass wir in der Ausgestaltung der neuen Curricula die Persönlichkeitsbildung entsprechend gewichten, der Berufsethik einen prominenten Platz einräumen und die caritativen bzw. diakonischen Wurzeln der Sozialen Arbeit in säkularem und multikulturellem Umfeld *sichtbar* und für ein neues Selbstbewusstsein einer christlich inspirierten Soziallehre *fruchtbar* machen.

Für die Erarbeitung der Rahmenlehrpläne ziehen die zuständigen Bundesstellen sowohl die Organisationen der Arbeitswelt (ODA) wie die verschiedenen Bildungsanbieter bzw. Schulen zurate. Und eben hier sind wir gefordert, die eröffneten Spielräume zu nutzen.

Bei dieser «Nutzung von Spielräumen» denke ich zunächst einmal an ein engagiertes Eintreten für den Verbleib und die Weiterentwicklung von einschlägigen Modulen im Bildungskanon unserer Schule. Konkret geht es um die angemessene Dotierung dieser Module im Rahmen der neu auszuhandelnden Stundentafel, welche der Bedeutung dieser Lerninhalte für die Berufsvorbereitung und die persönliche Entwicklung der Studierenden gerecht wird.

Die erwähnten Lerninhalte werden zurzeit in folgender Form angeboten:[3]

1. Modul PLK Pädagogische Leitbilder und Konzepte
(Reflexion ethischer Grundhaltungen als pädagogische Handlungskompetenz)
2. Modul WBR Weltbilder und Religionen
(Geschichtliche Hintergründe und aktuelle Themen des interreligiösen Dialogs)
3. Modul ANE Anthropologie und Ethik
(Menschenbilder und Wertewandel; eine christliche Sozialethik auf dem Prüfstand)

3 Arbeitsfeld und Arbeitsauftrag der Sozialpädagogik

Sozialpädagogik befasst sich in ihrer Theorie und Praxis mit schwierigen Lebenssituationen von einzelnen Menschen, welche nicht oder nicht mehr in der Lage sind, ihren Lebensalltag selbstständig zu bewältigen und so Gefahr laufen, aus allen Verbindlichkeiten und Bezügen zu fallen und gesellschaftlich ausgegrenzt zu werden. Die Anlässe sozialpädagogischen Handelns dürfen somit nicht nur als individuelle Problemsituationen interpretiert werden, vielmehr weisen sie auf die gesellschaftliche Integrationsaufgabe von Sozialpädagogik hin. Jedes Gesellschaftssystem steht vor der Aufgabe, eine große Zahl von Individuen neu eingliedern zu müssen (z. B. Kinder und Jugendliche, Immigranten, Flüchtlinge), sie vor dem Herausfallen aus dem sozialen und kommunikativen Netz zu bewahren (z. B. Behinderte, Arbeitslose, alte Menschen) oder sie wieder einzugliedern (z. B. Straffällige, psychisch Kranke oder Drogenabhängige).[4]

Sozialpädagogische Mittel gelangen häufig erst zum Einsatz bei eskalierten und aufwändigen Problemsituationen und erfordern so erhebliche Ressourcen. Deshalb ist die Sozialpädagogik auch Teil des sozialpolitischen Diskurses um die Zuteilung von Ressourcen. Eng damit in Zusammenhang steht ihre präventive Funktion, die Exklusionsrisiken zu vermeiden, d. h. es gar nicht erst dazu kommen zu lassen, dass Einzelne oder Gruppen segregiert und ausgegliedert werden, um sie dann wieder ebenso ressourcenintensiv einzugliedern.[5]

Die Integrationsziele der professionellen Intervention kontrastieren oft genug mit der Emanzipation individueller, schicht- und gruppenspezifischer Lebensentwürfe. Das doppelte Mandat erfordert eine engagierte, aber keine einäugige Parteinahme, welche durch eine sorgfältige Aushandlung des Auftrages die erforderliche Transparenz schafft.

Diese Transparenz kritisiert im Effekt eine systemkonform willfährige und bevormundende Herstellung von Normalität ebenso, wie sie den schwierigen Balanceakt zwischen Akzeptanz und Veränderung, Respekt und Eingriff, Konsolidierung und Neugestaltung bewusst macht.

4   Berufsethische Schlüsselqualifikationen für den helfenden Beruf

Diese kurze Skizze zum Arbeitsfeld und Arbeitsauftrag soll helfen, die berufsethische Dimension zu verdeutlichen, welche im Rahmen der Persönlichkeitsbildung der Studierenden ein zentrales Ausbildungsziel darstellt. Sozialpädagogisches Handeln findet stets im persönlichen Lebensraum der Betroffenen statt. Dies erfordert den achtsamen Umgang mit den in aller Regel marginalisierten Klienten. Respekt gegenüber der Lebensgeschichte, Achtung vor der Privat- und Intimsphäre, Wahrung der persönlichen Rechte und der Selbstbestimmung sind grundlegende Maximen sozialpädagogischen Handelns. Es gilt, allen Klienten in einer Haltung zu begegnen, die sie selbst als «Experten für ihren Alltag» ernst nimmt.

Gleichzeitig bedeutet dieses Mandat keine einseitige Anwaltschaft. Die Sozialpädagogin steht ja nicht nur in der Verantwortung gegenüber ihren Klienten, sondern auch in der Verantwortung gegenüber der Gesellschaft. Die soziale Gerechtigkeit ist weder durch verzeihende Empathie, noch durch die empörte Einmischung, noch durch sozialromantische Integrationsszenarien herstellbar. Es ist deshalb von besonderer Bedeutung, dass die angehenden Berufsträger der sozialen Arbeit ihre persönlichen Motive für den helfenden, früher sagte man dienenden Beruf, klären. Dem demokratischen Gedankengut verpflichtet, orientieren sie sich an den Bedürfnissen der von Devianz und Ausgrenzung bedrohten Menschen und an der Förderung ihrer (verbliebenen) Stärken und Kräfte. Sie wissen sich solidarisch mit all jenen Mitgliedern der Gesellschaft, die über weniger Ressourcen verfügen. Die erwähnte soziale Gerechtigkeit ist eine tragende Motivation: Die Menschenrechte legitimieren letztlich alles Handeln in der sozialen Arbeit.

Dies entspricht der bekannten «aufgeklärten» Position, welche die Sozialpädagogik als eine Menschenrechtsprofession versteht, die sich hinreichend begründen kann und keiner wie immer gearteten religiösen Motivation bedarf. Wir halten dagegen, dass die *religiöse* Dimension im Sinn der Kontingenz, Verwiesenheit und Vorläufigkeit aller humanen Intentionen diesen nicht erst und nach Bedarf additiv hinzugefügt werden kann, sondern dass diese Dimension jeder humanen Geste von Mitsein und Beistehen a priori inhärent ist. Eine spezifische Auslegung und Konkretisierung erfolgt jedoch in einer *christlichen* Leitkultur erst durch die Berufung auf den Glauben an Jesus Christus, durch welchen Glauben jeder Dienst am Menschen und alle Sorge um das Wohl des Nächsten zur Gottesbegegnung wird: «Was ihr dem Geringsten meiner Brüder getan habt, das habt ihr mir getan» (Mt 25,40).

Eine nichtreligiös begründete bzw. laizistische Sozialarbeit hat in Vergangenheit und Gegenwart nicht nur die Lehre vom gottgefälligen Altruismus der christlich motivierten Sozialarbeit, sondern auch ihr Verständnis von menschlicher Autonomie kritisiert.

Eine theonome Ethik übersetzt die religiöse Erfahrung in das mitmenschliche Engagement. Diese Erfahrung spiegelt des Lebens unverfügbare und mehrdeutige Qualität. Wir leben von Voraussetzungen, die wir selbst nicht garantieren können. Wir finden Beziehungs- und Lebensräume vor, die wir nicht uns verdanken. Wir stehen in einer Generation von Liebe und Schuld. Alle Lebensentwürfe greifen maßlos über die Erfüllung hinaus. Alle Hoffnung ist größer als wir. Die Sehnsucht nach Bestand und Rechtfertigung sprengt jede menschliche Vorsorge, Fürsorge und Therapie. Auch eine laizistische Sozialarbeit, die sich standhaft weigert, die profanen Versicherungsrisiken und Heilsversprechen in einen religiösen Glauben zu konvertieren, muss zur Kenntnis nehmen, dass der Wunsch nach Erlösung über soziale Schadensregelung und medizinische Heilung weit hinausreicht. Menschliche Schuld widersteht hartnäckig der Beschwichtigung durch kritische Theorie. Durch Psychologie und Soziologie von Sünde längstens freigesprochen, ist das Übel dennoch nicht von uns gewichen.

So beruft sich eine religiöse Erfahrung auf die Fingerzeige der Transzendenz und beschreitet zwischen Weltflucht und Weltfrömmigkeit einen gar schmalen Pfad. Das Erdenglück ist trügerisch. Der Mensch kann das offenbare Unrecht dieser Welt nur ertragen im Wissen um und im Glauben an eine «andere» Welt. Je wirklicher der Himmel erscheint, umso besser wird der Mensch mit der irdischen «Unwirklichkeit» fertig. Nach Auffassung einer laizistischen Sozialarbeit begünstigt dieses «Fertigwerden» allerdings keine aktive Veränderung von Unrechtsverhältnissen, sondern liefert lediglich ein valables Motiv für das Erdulden von Unausweichlichem. Es braucht die Not und nur die Not braucht Erlösung. Eine Erlösung, die bereits in der Immanenz die subjektive und die objektive Not mindern hülfe, verlöre also nachgerade ihr Objekt.

116

In einer solchen Denkfigur bedroht eine Sozialarbeit, die darauf aus ist, Randständigkeit und Unrechtsverhältnisse zu bekämpfen, den Jenseitsglauben, wie umgekehrt dieser Glaube zur Bedrohung einer Profession wird, die sich anheischig macht, die angebliche «Unwirklichkeit» lebbar zu machen und (bloß) endlich gültigen Sinn zu stiften.

Scheinbar unversöhnlich stehen also eine religiöse und eine innerweltlich humanistische Begründung für die soziale Arbeit nebeneinander:

– Wer sein Leben nicht auf den Himmel ausrichtet, verkürzt das Humane und steht in Leid und Versagen schlussendlich ungetröstet in dieser Welt.

– Wer sein Leben nicht auf den Himmel ausrichtet, wird seine ganze Kraft auf das Gelingen des Irdischen werfen. Das Wissen, das Menschenmögliche getan zu haben, ist Trosts und Heils genug. Am guten Ende also die professionelle Sozialpädagogin, der professionelle Sozialpädagoge als autonomer Mensch, versöhnt mit der Sterblichkeit und glücklich über eine Welt, die nur noch diesseitig strahlt, dies aber umso gewaltiger?

Standortbestimmungen solcher Art sind gewiss nicht das tägliche Brot der sozialen Profession. Gleichwohl vertrete ich die Auffassung, dass eine sozialpädagogische Schule solche Bestimmungen vorzunehmen hat und dass die ideengeschichtliche Reflexion des Formalobjektes sozialer Arbeit zu den auszubildenden Schlüsselkompetenzen der angehenden Berufsträger gehört. Dies mit dem Ziel, «durch Selbstaufklärung den gesunden Menschenverstand einsichtiger und das Gefühl kritischer zu machen» (B. Müller).

5 Formalia christlicher Ausbildungspraxis an einer Schule für Sozialpädagogik

Wenn unsere Schulen heute generell zum sozialen Ort mutieren, an dem das Aushandeln von Werten bedeutsamer zu werden scheint als die bloße Vermittlung von Faktenwissen bzw. das Einüben von Kulturtechniken, dann gilt dies für eine Soziale Berufsschule ganz besonders: Sie kann zwar nicht die Berufsbewährung sicherstellen, aber sie kann und muss einen wesentlichen Beitrag dazu leisten, dass junge Menschen eine berufliche Identität entwickeln. Und eine berufliche Identität ist überall und nicht zuletzt in der Sozialarbeit keine einmal erreichte Kompetenz, sondern ein fortwährender Prozess. In diesem Prozess geht es ständig um eine Auseinandersetzung mit Werten, was wiederum die Bereitschaft voraussetzt, im unvermeidlichen Dissens von Werten die Hoffnung auf eine verbindliche und verbindende Wahrheit nicht aufzugeben.

Und deshalb erweist sich für mich die «Christlichkeit» einer Schule[6] vor jeder materiellen Bestimmung zuerst und zunächst einmal vor allem darin,

- dass ein dialogischer und kommunikativer Prozess bei der persönlichen Sinnsuche, aber auch bei der Suche nach dem Sinn sozialer Arbeit intendiert und durchgehalten wird,
- dass weltanschauliche und religiöse Unterschiede zur Sprache kommen und bearbeitet werden können
- und dass exemplarische Denkweisen und Symbole des Christlichen in einer Weise vermittelt werden, dass das sog. Proprium der christlichen Botschaft im Dialog mit einer pluriformen Multikultur übersetzbar und anschlussfähig bleibt.[7]

Ich denke dabei weniger an niederschwellige Versatzstücke oder Allerweltssätze eines christlichen Humanismus, sondern an engagierte Ichbotschaften von Dozierenden, die eigene religiöse Erfahrung und Beheimatung im christlich-abendländischen Denken zu erkennen geben und preisgeben. Nur was wir selber glauben, glaubt man uns. Und ich denke, ein Dialog lebt hier nicht nur von Empathie und Toleranz, sondern auch und vor allem vom eigenen Standpunkt.

Zu den Minimalia christlicher Bildung an einer sozialen Schule zähle ich daher nicht bloß ein ausgewähltes *Basiswissen* aus biblischen und kirchlichen Quellen, sondern auch eine bestimmte *Spiritualität*, die sichtbar wird in der Art, wie miteinander umgegangen, gelebt und gearbeitet wird. Alles Reden vom Profil einer christlichen Schule bleibt solange bloße Ideologie, wärmende Gemeinschaftsrhetorik und letztlich wirkungslose Erinnerung an die

Liebe Gottes, solange nicht im täglichen Miteinander, in Struktur und Klima, in Führung und Lehre etwas von dieser Liebe Gottes ganz konkret spürbar und erfahrbar wird.

Diese Erfahrung kann und darf bekennend Ungläubige selbstverständlich nicht ausschließen. An unserer Schule gab es vor 45 Jahren nur katholische Schülerinnen und Schüler, heute zeigt sich die Religionszugehörigkeit wie folgt: Von 273 Studierenden gehören mehr als die Hälfte (154) dem katholischen und rund ein Viertel (68) dem reformierten Glauben an. Zehn Studierende bekennen sich zu evangelikalen Gemeinschaften bzw. Freikirchen und Sekten, sechs Studierende sind bekennende Muslime, und 35 Frauen und Männer bezeichnen sich als religionslos bzw. ungläubig.[8]

Es versteht sich von selbst, dass die engagierte Auseinandersetzung mit den Bekenntnissen und Nichtbekenntnissen das Christliche als geübte Praxis etablieren muss, welche ebenso zur Klärung der Verschiedenheit wie zur Begegnung mit dem Gemeinsamen beitragen will. Im Sinne des Letzteren wird sie zur bereichernden und versöhnenden Einladung.

6 Die konfessionsnahe Entwicklungslinie des sozialpädagogischen Berufes

Gestatten Sie an dieser Stelle eine berufshistorische Anmerkung. Es kann sich nur um einen kurzen selektiven Streifzug handeln, und ich setze auch willkürlich genug bei der neuesten Zeit an.[9]

Bekanntlich wurde der Prototyp des Berufspädagogen im vorletzten Jahrhundert mit der Übernahme der Schulhoheit durch den Staat geschaffen. Neben den Staatsanstalten gab es in der sozialpädagogischen Gründerzeit eine Reihe von gemeinnützig humanitären Werken, die als private Waisen- und Armenanstalten, als industrielle Armenschulen oder als sog. Rettungsanstalten geführt wurden. Den gesellschaftlichen Hintergrund dieser Anstaltsgründungen bildete die strukturell bedingte Armennot, der sog. Pauperismus des anbrechenden Industriezeitalters. Von Jeremias Gotthelf kennen wir die literarische Figur dieser politischen und wirtschaftlichen Realität.

Eine Funktionstrennung zwischen Lehrer und Erzieher gab es zunächst noch nicht, hingegen waren die ersten Armenlehrerseminarien bzw. Heimerzieherschulen der Auffassung Pestalozzis verpflichtet, der im Armenerzieher einen Armen sah, der erzieht. Also nicht der soziale Aufstieg war in dieser Konfiguration das Erziehungsziel, sondern das Finden von Erfüllung in der Rolle des Armen als zumutbarer Lebensform. Der Erzieher muss von seiner eigenen Biografie her Zugang zu den Bedürfnissen der Armen finden.[10]

Erste Ausbildungen zur Armenerziehung waren mehrheitlich mit einer Ausbildung in Landwirtschaft und Gartenbau verbunden. Es wurden im Meister-Schüler-Verhältnis Fachkräfte, sog. Gehülfen ausgebildet, die Bauer und Erzieher in einem waren.

Es gab daneben aber auch Armenschullehranstalten, die ursprünglich als Seminare für Diakone und Missionsschullehrer konzipiert und den Ideen des Pietismus verpflichtet waren. In diesen Häusern wurden zunehmend mehr Landlehrer für unterentwickelte Landgemeinden und für Rettungsanstalten, eben Heimerzieher ausgebildet.

Das konservativreligiöse Bildungsziel war Programm: Armut und Verwahrlosung wurden als Symptome einer Entchristlichung der Welt interpretiert. Die Orientierung am Evangelium und an vorindustriellen, eben agrarischen Formen sozialen Zusammenlebens soll die verloren geglaubte soziale Ordnung wieder herstellen. Heimerziehung wurde zur Arbeitserziehung. Eine calvinistische Arbeitsethik versöhnte den Merkantilismus dieser Zeit sozusagen mit einem Jenseitsglauben, welcher den materiellen Erfolg als Ausdruck göttlicher Gnade wertete. Die ökonomische Bedeutung des Arbeitszwanges hat gerade in der Pädagogik der christlichen Kirchen bis in die Gegenwart hinein eine durchaus fragwürdige sittliche Verklärung und Dignität bekommen, welche den Menschen durch die Pflicht zur Arbeit für die Welt brauchbar und für den Himmel retten wollte. Soviel in kühner Kürze zur liberalprotestantischen Tradition der stationären öffentlichen Kinder- und Jugendhilfe in unserem Land.

Im katholischen Raum beginne ich mit einem Hinweis auf die Renaissance des Caritas-Gedankens während der zweiten Hälfte des 19. Jahrhunderts. Es entstehen zahlreiche Neugründungen von Erziehungskongregationen und Erziehungsgesellschaften. Einige von ihnen führten private Heimerzieherschulen, welche staatliche Anerkennung genossen. Die Bildungsziele und -inhalte der katholischen Institute waren ganz selbstverständlich auf die kirchliche Lehrmeinung, insbesondere auf die katholische Soziallehre abgestützt, die Werte einer katholischen Erziehung sozusagen der selbstverständliche Reflex des christlichen Milieus, welches zunehmend mehr in den spannungsreichen Gegensatz zu staatlich organisierter Bildung und Fürsorge geriet.

Ich nehme als Beispiel den von 1932 bis 2002 bestehenden Schweizerischen Katholischen Anstaltenverband. Er war eine Gründung der Caritas und hat vor ca. 45 Jahren mit der Einrichtung eines Heimhelferinnenkurses den Grundstein für die heute bestehende Höhere Fachschule für Sozialpädagogik Luzern gelegt. Diese Heimhelferinnen sollten den Heimen helfen, jene Lücken zu schließen, welche durch den Rückzug der Ordensleute und Priester aus den Heimen entstanden waren. Diese neuen Heimhelferinnen hatten selbstredend eine ganz andere Motivation für den helfenden Beruf als die meist theologisch vorgebildeten Ordensfrauen und Patres. Heinrich Tuggener hat das Problem der Professionalisierung dieser neuen Heimerzieherinnen, später Sozialpädagoginnen treffend beschrieben:

«Von der Seite der Sozialarbeit her dachte man zunächst in den durch die Rezeption amerikanischer Handlungsmethoden bedingten Kategorien. In diesem Denkschema war man geneigt, in der Heimerziehung eine weitere Methode der Sozialarbeit zu erblicken. Von der Seite der kirchlichen Einrichtungen her dachte man eher in den Kategorien einer heilpädagogisch ausgeweiteten Schul- oder Lehrerpädagogik. Diese Seite war letztlich immer noch am Modell der Gehilfenausbildung orientiert und sah in der Heimerziehung einen eigenen spezialisierten Beruf. Die andere Entwicklungslinie konnotierte die Heimerziehung im generalen Berufsfeld der sozialen Arbeit. So rieben sich letzte Restbestände eines die Tradition der schweizerischen Armenlehrerpädagogik prägenden sozialen Patriarchalismus des 19. Jahrhunderts mit dem von der Sozialarbeitsmethodik her geformten Idealbild eines demokratisch partnerschaftlich funktionierenden

Heimes. Dem von Amerika inspirierten Methodenbewusstsein der Sozialarbeit stand das pädagogisch-heilpädagogische in der Schule Hanselmann und Moor geformte Berufsbewusstein der anderen Seite gegenüber».[11]

Ein eigentlicher Paradigmenwechsel kam für den Wertediskurs in der öffentlichen Fremderziehung mit der sog. Heimkampagne in den Sechzigerjahren des letzten Jahrhunderts. Sie war unter anderem eine Kampfansage an die «Totale Institution» (Goffman), die sich immer noch, allerdings mit schwindendem Selbstbewusstsein auf die Errungenschaften einer christlichen Tradition berufen wollte. Der erste Stoß der Heimkampagne zielte auf die kollektive und patriarchalische Versorgung und Erziehung, wie sie mit konfessionellen Erziehungseinrichtungen assoziiert wurde. Ein zweiter Stoß war ganz klar gesellschaftspolitisch motiviert. Die Öffentlichkeit solle endlich erkennen, dass es letztendlich eine behindernde Gesellschaftsordnung ist, welche die strukturellen Voraussetzungen schaffe für das chronische Versagen aller Eingliederungsmaßnahmen, die ja in Tat und Wahrheit Ausgliederungshilfe betrieben.

In den Heimerzieherschulen dieser 68er-Jahre sammelten wir vor allem jene Studierenden ein, welche sich mit der Parole «Holt die Kinder aus den Heimen» mehr oder weniger hellsichtig anschickten, ihre eigene Ausbildung überflüssig zu machen. «Das Christliche» war zum Reizwort geworden und stand unter dem Pauschal- und Ideologieverdacht, eben jene sozialen Probleme mitzuverursachen, die es beklagt. Eine Transzendenzreligion, für die «alles erst drüben anfängt», habe außerdem gar keine echte Motivation, über bloße Symptombekämpfung hinaus tatsächlich etwas an der Misere zu ändern. Schließlich sei diese Misere gerade die Eintrittspforte ins Paradies: Freut euch, die ihr jetzt Hunger habt, Gott wird euch satt machen. Freut euch, die ihr jetzt weint, bald werdet ihr lachen (vgl. Lukas 6,21). Dass sich der Hunger und die Tränen nicht nur auf die sozialen Unrechtsverhältnisse, sondern auf die Conditio humana, die existenzielle Heimatlosigkeit (nicht nur der Sozialfälle!) beziehen, das hat eine Sozialpädagogik dieser Jahre wohl kaum reflektiert.

7 Die spezifisch christliche Sichtweise von Lebensbehinderung und Lebenshilfe

An dieser Stelle sollen zwei Beispiele helfen, so genannte Minimalia christlicher Bildung nach ihren Inhalten zu entfalten. Auf der Suche nach dem christlichen Proprium bzw. nach der «differentia specifica von christlicher und rein humanistischer Sichtweise» beschränke ich mich auf eine anthropologische und eine ethische Anfrage.

Für unsere Studierenden sind nämlich, spätestens nach einem ersten Studienpraktikum, zwei Fragestellungen ganz zentral und aktuell:

1. Wie gehe ich im sozialen Beruf mit der generellen Brüchigkeit, Unverfügbarkeit und Verwiesenheit des Lebens um, mit einer Brüchigkeit, die uns sehr konkret und unvermittelt in einem behinderten, vernachlässigten, kranken oder alten Menschen begegnen kann?

2. Wie motiviere ich mich täglich für einen selbstlosen Dienst, der wenig materielle und soziale Verstärkung bietet, dafür aber die Chance, durch den professionellen Umgang mit Randständigen selber randständig zu werden?

7.1 Die Transzendenz des Lebens ruft nach einer besonderen Einstellung gegenüber Behinderung und Leid

Die symbolträchtigen und lebensvollen Zeugnisse des Neuen Testamentes, welche die Begegnung des Jesus von Nazareth mit kranken, machtlosen, sozial geächteten und vom Leben verletzten Menschen schildern, weisen einer christlichen Sozialpädagogik den Weg. Diese muss an die unveräußerliche Würde eines jeden Menschen glauben und diese anerkennen, auch wenn der Mensch sich wandelt, sich verbraucht, wenn er unbequem wird, schwierig oder krank. Eine christliche Sozialpädagogik orientiert sich deshalb nicht an einer magischen Marke von Normalität. Für sie ist der Normalfall der (auch durch Normen) behinderte Mensch. Es ist die Transzendenz des Lebens, welche nach christlichem Verständnis alle Lebenswerte relativiert und unter einen *eschatologischen Vorbehalt* stellt.

Das heißt: Was auf dieser Welt für Menschen Sinn hat, Leid und Liebe, Angst und Behinderung, das ist zwischen Geburt und Tod nicht definitiv auszumachen. Irdisches Wohlergehen ist ein Symbol, ein Zeichen für ein verdanktes Glück, ein Zeichen für Heil. Aber es ist nicht identisch mit ihm. Denn es gibt auch dort Heil, wo es dem Menschen nach irdischen Maßstäben nicht mehr wohl ergeht, wo er leidet oder fehlt. Ja, in den Minderungen des Lebens kann unter Umständen ganz besonders Heil erfahren werden, am Leid kann ein Mensch wachsen. Umgekehrt können Lebenswerte wie Erfolg, Reichtum oder Gesundheit durchaus sinnlos werden. Lebenswerte weisen also immer schon über sich hinaus. Sie deuten sich gültig erst in der «Fülle der Zeit». Diese ist angebrochen, aber noch nicht da. Wir sagen: Die Geschichte hat ein «endzeitliches Gefälle».

Eine christliche Tugendlehre musste sich immer wieder mit einer missdeuteten Leidenskultur auseinander setzen. Wird das Leid zum Ort privilegierter Gottesbegegnung, dann könnte es Sinn machen, das Leid zu kultivieren, um mehr Gnaden und Verdienste für den Himmel zu erwerben. Einer solchen Haltung ist mit dem Hinweis zu begegnen, dass gerade eine christliche Diakonie glaubwürdige Zeugnisse ablegen konnte für den entschlossenen Kampf gegen jenes Leid, das verhindert und gelindert werden kann. Aber daneben gibt es natürlich ein Leid, das unausweichlich ist und zum Menschsein gehört. Was wollen wir heilen, wenn es medizinisch gesehen nichts mehr zu heilen gibt? Und wer will denen von Hoffnung reden, für die es nach menschlichem Ermessen keine Hoffnung mehr gibt? Wir müssen, denke ich, die Jenseitshoffnung schon hier ansiedeln und beginnen lassen, um nicht apathisch zu werden, unfähig zu leiden und unfähig, Leid mitzutragen – nur mehr eilig tröstend!

Christliche Sozialpädagogik hat also kein naives Verständnis von sozialer oder klinischer Rehabilitation! Sie sieht es als eine ihrer wichtigen Aufgaben an, Ziele und Grenzen von Wiedereingliederung und Wiederherstellung auf dem Hintergrund dessen zu deuten, was für uns Menschen über soziale Brauchbarkeit und Tüchtigkeit hinaus lebenssinnvoll und deshalb heilsam ist. An den Grenzen des Machbaren muss auch noch Sinn sein. Dieser wird durch eine bleibende Hoffnung bestimmt. Alles, was Glaube und Hoffnung für einen Menschen bewirken, liegt im Interesse einer möglichen Sinnerfahrung.

Leid wird in einem bestimmten Sinn also nur auf Hoffnung hin erträglich. Wenn es für uns Menschen tatsächlich eine Zukunft gibt, dann ist wie gesagt das letzte Wort über Sinn oder Unsinn von Versagen und Verzicht, von Krankheit und Behinderung noch nicht gesprochen. Dann ist es anderseits aber auch möglich und notwendig, gegen allen Schicksalsglauben am fortwährenden Sinngeben und Sinnfinden planend und gestaltend mitzuwirken. Nicht die Behinderung entscheidet über Sinn oder Unsinn, sondern die Einstellung zu ihr. Gesund oder sozial angepasst ist ein Mensch nicht im Zustand des absoluten Wohlbefindens, sondern wenn er die Fähigkeit besitzt, sich mit sich selbst, seinen Leiden, Schmerzen und Problemen auseinander zu setzen und sich darin anzunehmen. Und wenn er in der Lage ist, dasselbe auch mit seinen Mitmenschen zu tun.[12]

7.2 Die Transzendenz des Lebens ruft nach einer besonderen Einstellung gegenüber Dienst und Hilfe

Christliche Sozialpädagogik hat nicht bloß einen alternativen Ansatz zu Devianz und Defizit. Sie hat auch einen alternativen Ansatz zum Verständnis von Dienen und Helfen.

Sie kritisiert den Versuch, soziales Engagement bloß mit einer menschlichen Helferideologie zu instrumentieren. Das Christentum glaubt, dass das «Um Gottes willen Gutes tun» nicht auf einen Akt bloß humanitärer Hilfe zu reduzieren ist. Es geht davon aus, dass der Sinn menschlicher Hilfe nicht in der zwischenmenschlichen Beziehung aufgeht und sich in ihr erschöpft. Weil aber ihr Sinn nicht identisch ist mit menschlicher Absicht oder Bereitschaft, deshalb wird diese Hilfe auch nicht grundsätzlich sinnlos, wenn sie nicht ankommt. Meine Liebe einem anderen Menschen zu schenken, kann auch dann noch richtig sein, wenn ich nachträglich feststellen muss, dass sie enttäuscht wurde.[13]

Es ist aus christlicher Sicht verkehrt zu glauben, dass ich für andere Menschen nur so viel Gutes tun kann, wie es meiner eigenen

Sinnfindung entspricht, und dass ich anderen gar nichts mehr bedeuten und geben kann, wenn ich mich selber leer und frustriert fühle.[14]

Wer als Lehrkraft diese Sicht der Dinge teilt, der wird bei den Berufsbewerberinnen nicht die Illusion schüren, dass der helfende Beruf sie bloß entfalte und nie behindere. Sozialpädagogik ist Lohnarbeit der besonderen Art. Erziehungserfolge sind schwer zu quantifizieren. Wenn unsere Arbeit nicht die erhofften Früchte bringt, dann ist sie deswegen nicht gleich vergeblich. Eine solche Behauptung kann auch hier wiederum im Kontext der christlichen Vorstellung von der *Transzendenz des Lebens* gelesen werden: Die Liebe im christlichen Sinn macht sich kein endgültiges Bild vom geliebten Menschen. Sie weiß nicht a priori, wie er zu sein hat. Sie legt ihn nicht fest und formt ihn nicht starr nach eigenem Bild. Sie traut ihm alles zu, hofft noch auf alles. Der Mensch, den man liebt, ist nicht zu fassen. Nur die Liebe erträgt ihn so. Die Liebe hört auf mit der Bereitschaft, auf alle «Verwandlungen» des geliebten Menschen einzugehen. Ähnliches ist von der Verrechnung von Aufwand und Ertrag, aber auch von der Statistik der Erfolge und Misserfolge im Erziehungsgeschäft zu sagen. Eine gültige Wertung bleibt ausgesetzt.

Auch hier gilt es, drohenden Fehlentwicklungen zuvorzukommen. Wenn kein Mensch bewerten kann, was ich leiste, weil sich die Kriterien von Bewertung in lebenslanger Revision befinden, dann wird sich meine Gelassenheit gegenüber sozialem Applaus und öffentlicher Anerkennung möglicherweise auf die Motivation auswirken. Das «Nicht mehr angewiesen sein» auf menschliche Zustimmung und Anerkennung wirft auf ein christliches Verständnis von Partnerschaft leicht ein schräges Licht. In manchen christlichen Häusern hat sich gezeigt, dass das Ideal des rein selbstlosen Dienens leicht zu Überforderungen führt, die das Gewissen des Einzelnen ebenso wie das Klima der Zusammenarbeit belasten können. Der Lohn der Resonanz einer wie immer motivierten Hingabe ist eine psychologische Bedingung. Der Sinn einer Arbeit muss sich auch in arbeits- und gemeinschaftsbezogenen Zeichen von Erfolg und Dankbarkeit vermitteln. Der Lohn des Dienstes besteht nicht nur darin, dass jemand dienen darf, sondern vor allem darin, dass er eine für sich und für andere lohnende Arbeit tut. Das «Schaffen um Gotteslohn», das nicht durch das Glücken von Beziehungen belohnt wird, bereitet Resignation vor. Die aufopfernde Dienstbereitschaft wird gerade bei den religiös motivierten Helfern gern und rasch zur bevorzugten Strategie, eigene Verlust- und Trennungsängste zu ideologisieren. Wenn man für die Liebe nichts verlangt, bindet der Verzicht. Aber diese Form «selbstloser» Liebe versucht tatsächlich vergeblich etwas hinzugeben, was sie noch gar nicht entwickeln konnte: ein eigenes Selbst. Die burn-out-Problematik der helfenden Berufe hat in dieser «Psychologik» eine mögliche Wurzel.

8 Das Eigene und Besondere einer christlichen Sozialpädagogik

Abschließend sollen drei programmatische Thesen formuliert werden, welche versuchen, Haltung und Programm von Lehrenden und Lernenden einer Sozialen Schule mit christlicher Ausrichtung zu artikulieren.

8.1 Der Gegenstand einer christlichen Sozialpädagogik ist der von Gott geschaffene, im Gelingen und Scheitern geprägte, in Gesellschaft geformte und zum Heil berufene Mensch.

Dieser Mensch ist existenziell angewiesen auf Solidarität und Hilfe. Eine christliche Sozialpädagogik versucht diesen Anspruch zu erfüllen. Sie ist aber in der Bestimmung ihres Auftrags und ihrer Methode nicht einer bestimmten pädagogischen oder sozialen Theorie verpflichtet. Sie entwickelt eher Perspektiven für eine bestimmte innere Haltung. Die Theologie kann ihr dabei weder zeitlos gültige Normen noch eine abgeschlossene Anthropologie vorsetzen, aus der konkrete Anweisungen sozialen Handelns abzulesen wären. Christliche Sozialpädagogik formuliert jedoch in Übereinstimmung mit der Offenbarungswahrheit ihr besonderes Ziel und ihre besondere Motivation.

8.2 Das Ziel christlicher Sozialpädagogik ist die Vollendung des Menschen in seiner natürlichen und übernatürlichen Dimension.

Sie glaubt daran, dass menschliches Leben auch mit dem biologischen Tod noch nicht vollendet ist. Deshalb setzt sie pädagogische Ziele wie Integration, Lebenstüchtigkeit und Lebensglück nicht absolut. Lebenswerte bleiben vorläufig, solange sich menschliches Leben noch nicht erfüllt hat. Der Christ versucht deshalb, seine Lebensaufgabe in einer offenen Haltung zu erfüllen, die sich in der Welt nicht definitiv einrichtet, aber auch nicht vor ihr flieht. Noch fesselt die Liebe zum Leben alle Blicke, aber sie sind da, die «Fenster» in eine andere Welt.

8.3 Die Motivation christlicher Sozialpädagogik liegt im christlichen Liebesgebot und zuletzt in der Person Christi selbst.

Christliche Sozialpädagogik ist deshalb auch nicht bloß organisierte Nächstenliebe unter erschwerten, dafür «von oben supervidierten» Bedingungen, sie ist auch nicht «qualifizierte Mängel- und Leidensverwaltung nach irgendeinem religiösen Strickmuster. Sie ist im ursprünglichsten Sinn des Wortes Hilfehandeln Jesu am Menschen, dessen Glaube in der Liebe tätig wird».[15]

---

1   EVD: Vernehmlassungsentwurf zur Verordnung über Mindestvorschriften für die Anerkennung von Bildungsgängen und Nachdiplomstudien an höheren Fachschulen. Bern, 2004, S. 13.
2   EVD: Erläuternder Bericht für die Vernehmlassung zur Verordnung über Mindestvorschriften für die Anerkennung von BG und NDS an HF. Bern, 2004, S. 12.
3   Ausbildungskonzept Luzern 1998; revidierte Stundentafel 2004.
4   Vgl. Gammenthaler, W. E.; Zrotz, T.: Berufsbild und Berufsfeld. In: Schweizerische Zeitschrift für Heilpädagogik 2 (1996), H. 10, S. 27–32. (Hrsg. von der Schweizerischen Zentralstelle für Heilpädagogik SZH).
5   Vgl. ebd.

6   In einem säkularisierten Umfeld ist die attributive Bestimmung «christlich» wieder erklärungsbedürftig. Man wird kaum von einer christlichen Verwaltung oder von einer christlichen Jagd sprechen, um bekanntzugeben, dass ihre Betreiber oder Funktionäre Christen sind. Spricht man hingegen von christlicher Schule oder von christlicher Sozialpädagogik, dann steht das Attribut für die Affinität des Programms, welches die inhaltliche Ausrichtung bestimmt.

7   Nach Kliesch, K.: Die Katholische Fachhochschule. Unveröffentlichtes Manuskript. Luzern/Freiburg: 1993.

8   Schülerstatistik hsl 2003.

9   Vgl. Tuggener, H.: Vom Armenerzieher zum Sozialpädagogen. Unveröffentlichtes Manuskript. Luzern, 1986, S. 1ff.

10 Vgl. ebd. 5.

11 Ebd. 25.

12 Vgl. Leudesdorff, R.: Diakonie in den achtziger Jahren. In: Müller, A. (Hrsg.): Danken und Dienen : Grundsatzgedanken zur Diakonie gestern und heute. Gladbeck: Schriftenmissions-Verlag, 1983, S. 42.

13 Vgl. Rotter, H.: Grundlagen der Moral : Überlegungen zu einer moralisch-theologischen Hermeneutik. Zürich: Benzinger, 1975, S. 27.

14 Vgl. ebd.

15 Degen, J.: Thesen zum Verständnis diakonischen Handelns. In: Müller, A. (Hrsg.): Danken und Dienen. aaO. S. 11. Vgl. Ulrich, H. H.: Glaube, der in der Liebe tätig ist : Zur Frage nach der Identität der Diakonie. In: Schober, Th.; Seibert, H. (Hrsg.): Theologie, Prägung und Deutung der kirchlichen Diakonie : Lehren, Erfahren, Handeln. Stuttgart: Verl.-Werk der Diakonie, 1982, S.168 f.

Werner Frei

«Minimalia christlicher Bildung in einem konfessionsneutralen Staat» im Bereich der Erwachsenenbildung

Nach der Lektüre dieses Textes werden Sie etwas wissen über das Umfeld der kirchlichen Erwachsenenbildung, exemplarisch etwas über Inhalte und formale Anforderungen. Ich gehe ganz konkret von meinen eigenen Erfahrungen als Erwachsenenbildner aus.

1   Das Umfeld der kirchlichen Bildung oder das Zusammenspiel Kirche – Staat: Kooperation, Konkurrenz oder Kampf?

Meine These lautet: Es gibt durchaus noch Kooperationsverhältnisse, aber die Tendenz geht stark in Richtung Kampf. «Insgesamt wird es zu einer immer stärkeren konfessionellen Neutralität aller Staaten kommen» schreibt der Tages-Anzeiger vom 4. 2. 04 im Artikel «Religiöse Symbole sind meist mehrdeutig»[1]. Dabei läuft folgende Entwicklung ab: Die sich verstärkende Vermischung der Bevölkerung in religiöser Hinsicht (z. B. durch zunehmende Migration) stellt eine pluralistische Herausforderung für die Gesellschaft dar. Sollen etwa in Schulräumen, wenn neben christlichen Kindern vermehrt auch muslimische unterrichtet werden, neben dem Kreuz auch muslimische religiöse Attribute (z. B. ein Gebetsteppich) erscheinen? Eine offen ausgetragene Auseinandersetzung könnte zu einem Nebeneinander oder sogar zu einem Miteinander verschiedener religiöser Ausdrucksformen führen. Die Praxis verläuft jedoch umgekehrt – nämlich so, dass bei pluralistischer Herausforderung nicht den neuen Minderheiten neue Rechte zugebilligt werden, sondern das religiös Umstrittene ganz einfach verboten wird. So verbietet das Bundesverfassungsgericht in Deutschland 1995 das Anbringen von Kreuzen in den Schulen. Das Kopftuchverbot in Frankreich geht noch einen Schritt weiter, indem es sogar dem Individuum das Tragen eines religiösen Kleidungsstücks, nämlich des Kopftuchs verbietet, sich also eindeutig gegen die Religionsfreiheit des Individuums (hier einer Frau) wendet. Es geht also hier in Frankreich nicht um die Interpretation von Recht innerhalb eines neutralen Rahmens, sondern um den Kampf der laizistischen Staatsideologie gegen die Religion(en). Diese Tendenz ist auch in der Schweiz spürbar: z. B. bei der Abschaffung des Faches «Biblische Geschichte» als Obligatorium im Lehrplan der Zürcher Volksschule. Im Rahmen des Sparprogramms des Zürcher Regierungsrates hat der Zürcher Bildungsrat im vergangenen Jahr kurzerhand die Abschaffung des Obligatoriums von «Biblischer Geschichte» in der Volksschule beschlossen. Ohne jegliche öffentliche Diskussion – nota bene. Ich freue mich, dass vor etwa vier Wochen wenigstens eine Volksinitiative angelaufen ist gegen diese Entscheidung[2]. Anderseits hat der St. Galler Regierungsrat Hans Ulrich Stöckling noch 2001 die Formulierung «Sie (die Schule, Red.) wird nach christlichen Grundsätzen geführt» in Art. 3 des Volksschulgesetzes eindeutig verteidigt[3].

Es geht also folglich – von Ausnahmen abgesehen – nicht um eine neutrale Auslegung von Grundrechten, sondern es geht ganz klar um einen Machtkampf verschiedener Ideologien. Es geht um einen laizistischen Vormarsch, hoffentlich nicht Durchmarsch! Dies als Bemerkungen zum Umfeld der kirchlichen Bildung.

2 Zwei Schauplätze

Im genannten Umfeld gibt es nun zwei Schauplätze:
– Die Vertreterinnen und Anhänger der christlichen Religion kämpfen im säkularen Staat um ihren Bildungsanteil im öffentlichen Bildungsganzen. Hier führt die Kirche den Kampf eher defensiv. Darüber habe ich jetzt gerade gesprochen anhand des Beispiels aus dem Kanton Zürich. Das gilt für alle Bereiche, wo

sich im Laufe der langen Zeiten der Kooperation zwischen Staat und Kirche gesetzlich festgelegte Gefäße etabliert haben, etwa bei der Volksschule[4], reformierterseits bei der Pfarrerausbildung, usw.

– Auf einem ganz anderen Schauplatz befindet sich die Erwachsenenbildung. Denn hier gibt es keine Vorgaben vom Staat, auch keine Unterstützung, auch keine Privilegien, die abzubauen wären. Die Anhängerinnen und Vertreter der christlichen Religion bauen ihr eigenes Bildungsgut im Wettbewerb der Bildungsgüter aus und nehmen damit am Bildungs-Wettbewerb teil. Allerdings gilt auch hier, dass das Umfeld – nicht nur der Staat – heute sehr religionskritisch, z. T. sogar religionsfeindlich ist. Dies gilt zumindest gegenüber den offiziellen Kirchen. Hier also definiert die Kirche selbst ihre Minimalia. Sie tut das im Spannungsfeld von Marktkonformität (eben in einem nicht sehr freundlichen Markt) und Treue zur eigenen christlichen Grundlage.

3 Minimalia in der kirchlichen Erwachsenenbildung an konkreten Beispielen

Exemplarisch zeige ich nun einige Minimalia christlicher Bildungspraxis konkret auf. Eingrenzend gehe ich von meinem eigenen Erfahrungshorizont aus. Ich war während 15 Jahren zuständig für die kirchliche Erwachsenenbildung der evangelisch-reformierten Kirche des Kantons St. Gallen, 12 Jahre als Leiter der Arbeitsstelle für kirchliche Erwachsenenbildung. Ich wähle nun zwei zentrale Bildungsangebote dieser Arbeitsstelle als Beispiele aus, den Evangelischen Theologiekurs für Erwachsene und den Einführungskurs ins Enneagramm.

3.1 Erstes Beispiel: Ziele und Inhalte des Evangelischen Theologiekurses für Erwachsene[5]

Den Evangelischen Theologiekurs, eine Kooperation der verschiedenen Kantonalkirchen, führen wir in St. Gallen nun schon seit 16 Jahren ununterbrochen durch. Den Theologiekurs als

Beispiel christlicher Erwachsenenbildung auszuwählen ist auch darum sinnvoll, weil neben diesem evangelisch-reformierten Bildungsangebot zwei ganz ähnliche römisch-katholische Angebote existieren (der Glaubenskurs und der Theologiekurs) und damit die nachfolgenden Interpretationen wohl für beide Konfessionen zutreffen.

Das Hauptziel des Kurses ist: Die Absolventin, der Absolvent des Theologiekurses kann theologisch urteilen und argumentieren[6]. Nun, um dieses Ziel zu erreichen, müssen die Teilnehmenden folgende Fähigkeiten aufbauen (dies ist weder abschließend oder vollständig):[7]

Im Ersten oder Alten Testament bekommen die Teilnehmenden in den Geschichtsbüchern des Mose durch die Erzväter Abraham, Isaak u. a. Anschluss an die Väter und Mütter, Schwestern und Brüder des eigenen Glaubens, lernen die Quellen kennen, aus denen sie leben. In der Exodustradition lernen sie den Gott kennen, der den Auszug aus einer festen Ordnung in die Freiheit begleitet. Durch bibelkritische Arbeiten etwa im Rahmen der Schriftpropheten Jesaia, Jeremia, Amos u. a. gewinnen sie den Abstand, der ihnen ermöglicht, eigenständig biblisch zu denken, heute «selber Profetin zu sein», d. h. Auslegerin des göttlichen Willens in der konkreten heutigen gesellschaftlichen Situation.

Die Teilnehmenden lernen in den Psalmen erstens den lobenden und klagenden Umgang mit der Transzendenz. Dann lernen sie ganz verschiedene Gottesbilder und -vorstellungen kennen. Durch das schmerzhafte Verlieren der einen Gottesbilder und das vielleicht erst langsame Hineinfinden in neue erleben sie etwas von der Anfechtung der Glaubenden – und von der Not des Unglaubens.

Indem die Teilnehmenden die Krise des weisheitlichen «Tun-Ergehen-Schemas» im Predigerbuch erleben, werden sie fähig, auch heutige Zusammenbrüche von festen Ordnungen besser zu verkraften und neue Wege zu finden. Ist etwa der Spruch

«(Nach)Lässige Hand bringt Armut,
fleißige Hand schafft Reichtum» (Spr 10,4)
einfach richtig, wie das die Sprüche und heute viele Bürger festhalten, oder ist solches Denken ganz einfach überholt, wie das der

Prediger feststellt, wenn er sagt:

«Wie ist alles so nichtig!
es ist alles umsonst!
Was hat der Mensch für einen Gewinn
von all seiner Mühe,
womit er sich abmüht
unter der Sonne?» (Pred 1,2b–3).

Oder ist die Wirklichkeit doch komplexer, wie das der Prediger dann schließlich erkennt:

«Es gibt nichts Besseres
für den Menschen,
als dass er esse und trinke und sich
gütlich tue bei seiner Mühsal.
Doch auch das, sah ich,
kommt aus Gottes Hand» (Pred 2,24)?

So können die Kursteilnehmenden ein kritisches Weiterdenken anhand der Alltagserfahrungen lernen, welches unser ökonomistisches Denken («alles ist machbar und käuflich») zutiefst in Frage stellt.

Im Zweiten oder Neuen Testament lernen die Teilnehmenden die faszinierende Gestalt des Jesus von Nazareth kennen, seine Botschaft und sein Leben und Wirken; den Tod und die Auferstehung des Christus. In den Legenden um das Weihnachtsgeschehen wird die Zukunft als adventisches Geschehen dargestellt, wo mir Gott, das Geheimnis des Lebens entgegentritt und ganz neue Räume öffnet. Das sprengt unser Zukunftsverständnis, das oft nichts anderes ist als die Weiterführung des Altbekannten. Das ermöglicht den Teilnehmenden, der heutigen Welt des platten Wissenschaftsglaubens und Materialismus eine tiefere und vollere Erfahrung des Lebens, das voller Geheimnisse ist, gegenüber zu stellen.

Die Bergpredigt eröffnet den Kursteilnehmenden eine dem heutigen Trend völlig zuwiderlaufende Art des Umgangs mit Gewalt und Macht. Hier ist Friede nicht mehr mein Werk, sondern das Geschenk meines Feindes: eine wahre Revolution.

In der Glaubenslehre und Konfessionskunde lernen die Teilnehmenden, den christlichen Glauben vor dem Forum der Vernunft darzulegen und zu begründen. Das ist in einer pluralistischen Umgebung, wie wir sie heute in der Schweiz vorfinden, ganz besonders wichtig. Denn nur wer über den eigenen Glauben und die eigenen religiösen Hintergründe Auskunft geben kann, ist zu einem echten interreligiösen Dialog fähig. Dabei müssen wichtige Themen wie Vater, Sohn und Heiliger Geist, Gnade, Sünde, Vergebung der Sünden, Rechtfertigung allein aus Glauben, Liebe u. a. zur Sprache kommen. Wichtig sind auch die heutigen Fragestellungen in Bezug auf Transzendenzverständnis und -erlebnisse, (Feuerbachs Kritik, esoterische Schulen, östliche und westliche Seelenwanderungs- und Rückführungsvorstellungen und -praktiken). In der Konfessionskunde lernen die Teilnehmenden, was neue religiöse Gruppierungen und Sekten sind. Ganz entscheidend ist es natürlich, auch die heutigen Religionen, Pseudoreligionen und Ideologien kennen zu lernen, wie etwa den oben genannten Szientismus und Materialismus und den heute in der Schweiz übermächtigen Konsumismus («shopping» als Kult), und diese in Beziehung zum christlichen Glauben und zu seinen Werten zu sehen.

Bei der Behandlung von Zwinglis Lehre von der menschlichen und göttlichen Gerechtigkeit wird es sozialethisch besonders relevant, wenn Zwingli ein andauerndes Angleichen der staatlichen und gesellschaftlichen, eben der menschlichen Gerechtigkeit an Gottes Gerechtigkeit fordert – vielleicht könnte es die Aufgabe der christlichen Parteien werden, dieses sehr produktive gesellschaftspolitische Modell zum Tragen zu bringen?

Die Grundlagen der Ethik befähigen die Teilnehmenden, ihr persönliches Verhalten in Zusammenhang mit den christlichen Werten zu sehen. Die verschiedenen Wertesysteme in der Ethikgeschichte wie etwa Eudaimonismus, Hedonismus, Pflichtethik usw. helfen ihnen, der heutigen «fun»-Welt nicht völlig naiv ausgeliefert zu bleiben, sondern ihr eine wahrhaft lebenswerte Ausrichtung gegenüber zu stellen. Die ethische Beurteilung gesellschaftlicher, wirtschaftlicher und politischer Probleme steht im Zentrum der Sozialethik. Das ist heute außerordentlich wichtig, denn die ethische Diskussion ist als unabhängige Entscheidungshilfe in den gesellschaftlichen, politischen und wirtschaftlichen Fragestellungen weitgehend verschwunden und das Wort «Ethik» zu einem bloßen Marketingargument verkommen.

Die Religionsgeschichte (Judentum, Buddhismus, Islam) gibt

Einblick in verwandte und entfernte andere Religionen und damit eine Grundlage für den interreligiösen Dialog.

Es gehört zum Theologiekurs, dass neben den analytischen auch Glauben aufbauende Aspekte gepflegt werden: liturgische Elemente (Gebete, Lieder, Meditationen, Betrachtungen, bibliodramatische Gestaltungselemente).[8]

Wir sehen, die Minimalia im Bereich des Theologiekurses sind ganz traditionell und zugleich voller Zündstoff in der heutigen gesellschaftlichen Situation.

3.2 Zweites Beispiel: Ziele und Inhalte des «Einführungskurses in das Enneagramm»

Die «Einführung ins Enneagramm» bieten wir in der St. Galler Kirche bereits seit neun Jahren ununterbrochen an[9]. Der Kurs spricht ganz stark auch Menschen am Rand der Kirchgemeinden an, und er ist auch immer wieder umstritten. Nun, worum geht es?[10] Das Enneagramm ist ein sehr altes Hilfsmittel zur geistlichen Bildung und geht wahrscheinlich auf die Wüstenväter zurück. Das Enneagramm unterscheidet neun (griechisch: «ennea») Charaktertypen und beschreibt die jedem Typen eigene Fixierung, die sog. Wurzelsünde, welche ihn abtrennt vom Leben, von Gott und vom Mitmenschen. Diese Wurzelsünde ist für Typ 2 der Stolz, für Typ 9 die Trägheit, für Typ 3 die Lüge usw. Erkennen die Teilnehmenden, zu welchem Typ sie gehören, so gewinnen sie durch das Enneagramm ein sehr exaktes Verständnis ihrer inneren Welt. Und sie erleben, dass Sünde nicht nur eine moralische und damit einfach zu korrigierende Verfehlung ist, sondern eine existenzielle Grundsteuerung, die ihr Leben mindert und zerstört, dass sie ihr weitgehend ausgeliefert sind und dass Befreiung aus dieser Fixierung ihr Leben wirklich erweitert, ganz macht und erfüllt. Die Arbeit am Enneagramm zeigt, dass geistliche Erfahrung und psychologische Arbeit sich weder ausschließen noch dasselbe sind, sondern sich ergänzen. So höre ich häufig bei Absolventen das Feedback: «Ich bin freier geworden, kann mich und meine Mitmenschen besser verstehen und akzeptieren.» Die Teilnehmenden wachsen geistlich, das Enneagramm stößt auf großes Interesse –

auch heute. Eine Mitleiterin aus unserem Team erzählte einer Fernsehmoderatorin, welche sie privat kennt, von diesen faszinierenden Erfahrungen. Die Fernsehfrau interessierte sich sehr und sagte: «Wollen wir etwas miteinander anreißen in dieser Sache?» Die Mitleiterin willigte ein, erklärte dass sie die Sache weiterverfolgen möchte, auch mit mir zusammen, dem Hauptleiter, der Theologe sei. Die Fernsehmoderatorin fiel gleichsam in sich zusammen: «Ja, macht ihr das im Rahmen der Kirche? Muss das sein?» Hier wird deutlich, dass kirchliche Bildung faszinieren kann, aber dass unser Umfeld sehr schwierig ist, dass wir – die Kirchen – tatsächlich ein Imageproblem haben.

4 Formale Kriterien für die Minimalia

Ich ergänze nun diese *konkreten inhaltlichen Minimalia* durch die *formalen Anforderungen* an kirchliche Bildung, welche wir an unserer Arbeitsstelle für kirchliche Erwachsenenbildung der St. Galler Kirche für Subventionsgesuche definierten[11].
– Beschreiben Sie den Bezug Ihrer Veranstaltung zum christlichen Menschenbild und Werthorizont und zu christlicher Lebensgestaltung. Zeigen Sie auf, wie Sie die Auseinandersetzung mit diesen Grundlagen christlicher Existenz ermöglichen.
– Beschreiben Sie die in der Veranstaltung geplante methodische Vorgehensweise.
– Ist diese Veranstaltung eine Ergänzung zu den marktgängigen Angeboten bezüglich Produkt und/oder Zielgruppe?
Es wird deutlich, dass jede kirchliche Bildungsveranstaltung also einerseits inhaltlich dem christlichen Menschenbild entspricht, dieses thematisiert und den christlichen Werthorizont einbezieht. Es hat aber auch Konsequenzen auf die Methoden, z. B. muss der Benachteiligte in der Lerngruppe gestützt werden, u.a.

5 Ergänzungen zu den Minimalia in der kirchlichen Erwachsenenbildung

Schließlich ergänze ich noch zwei Punkte, die mir wichtig sind:

5.1 Kirchliche oder christliche Bildung ist spirituelle Bildung

Das war wohl immer so. Und doch ist es heute viel wichtiger geworden. Während früher diese ganzheitliche, spirituelle Bildung ganz selbstverständlich in Gemeinde und Familie durch Nachahmung, Einübung und in alltäglicher Praxis erlernt wurde, muss diese Bildung heute ganz gezielt und methodisch betrieben werden. Elemente sind z. B. Stille, Gebet, Meditation, Lob, Dank, Klage.

5.2 Die Kirche muss Gefäße permanenter spiritueller Bildung bereitstellen

Was mir aber erst seit etwa fünf Jahren immer deutlicher wird, das ist die Forderung nach permanenter Weiterbildung im spirituellen Bereich. Wir müssen heute Gefäße eröffnen, in welchen Menschen ihre Spiritualität permanent ausüben und üben können, wo sie z. B. etwas so Einfaches wie «Stille» üben können. Es ist interessant, dass diese Übungsmöglichkeit zur Stille sehr konstant und mit langsam aber stetig steigender Zahl gefragt ist. Ich erwähne das «Sitzen in der Stille» in der offenen Kirche St. Leonhard in St. Gallen, das jeden Dienstag über Mittag stattfindet. Diese Übungsmöglichkeit wird genutzt, rege benutzt, mitten im Arbeitstag. Und die Teilnehmenden sind sehr froh um dieses Gefäß.

Mit dieser erstaunlichen und sehr erfreulichen Feststellung möchte ich meine Ausführungen abschließen und zusammenfassen.

6   Zusammenfassung

1. Die Minimalia christlicher Bildung sind einerseits immer noch in der Gesellschaft einzufordern, insbesondere beim Staat. Das zeigen die Auseinandersetzungen in Zürich (biblische Geschichte) u. a. Hier befindet sich die Kirche wohl geschichtlich gesehen in einem Abwehrkampf. Sie soll diesen bewusst und entschieden führen.

2. In der *Erwachsenenbildung* hat die Kirche anderseits die Chance und Aufgabe, ihre *selbst definierten Minimalia* mit ganzer Kraft in den gesamtgesellschaftlichen Bildungsmarkt einzubringen. Und die Kirchen haben – das habe ich Ihnen jetzt gezeigt – etwas

ganz Faszinierendes zu bieten. In diesem Markt sind die Minimalia – unser Produkt – immer neu zu entwickeln im Spannungsfeld von ureigenem geistlichem Anliegen und den Bedürfnissen der Menschen, der Gesellschaft, der Zeit. Auf diesem Marktplatz weht uns ein kritischer, häufig ablehnender Wind entgegen.

1   Tages-Anzeiger, 4. Februar 2004, S. 2.

2   Vgl. Kirchenbote für den Kanton Zürich, 2. April 2004, S. 3: «Volksinitiative ‹Biblische Geschichte› lanciert.»

3   Vgl. Anderegg, Johannes (Hrsg.): Schule auf christlicher Grundlage? Zur pädagogischen Verantwortung in der multikulturellen Gesellschaft. 1. Ausgabe. Rorschach: Kantonaler Lehrmittelverlag St. Gallen, 2001, S. 129.

4   Vgl. Volksschule Kanton St. Gallen, Lehrplan: Religion als Teilbereich «Mensch und Umwelt». Sonderdruck Sommer 1996.

5   Vgl. Geschäftsstelle des Evangelischen Theologiekurses für Erwachsene: Evangelischer Theologiekurs für Erwachsene. Differenzierte Gesamtauswertung Mai 1994. Mittellunden/Graubünden, 1994.

6   Vgl. Flyer «Evangelischer Theologiekurs für Erwachsene». Evangelisch-reformierte Kirche der Kantone St. Gallen und beider Appenzell, 1994.

7   Vgl. Evangelischer Theologiekurs : Leitfaden für Kursverantwortliche 2000. Deutschschweizer Projekte Erwachsenenbildung. Eine Dienstleistung der Evangelisch-reformierten Landeskirchen; Vgl. Flyer «Der neue evangelische Theologiekurs» (2003). Arbeitsstelle für kirchliche Erwachsenenbildung AkEB, Oberer Graben 31, 9000 St. Gallen.

8   Vgl. Diverse Kursunterlagen des Evangelischen Theologiekurses wtb : Deutschschweizer Projekte Erwachsenenbildung. Eine Dienstleistung der Evangelisch-reformierten Landeskirchen, 2000.

9   Vgl. Flyer «Das Enneagramm: Ein Weg zur spirituellen Entwicklung». Kirchliche Erwachsenenbildung der evangelisch-reformierten Kirchen St. Gallen/Appenzell, 2004.

10 Vgl. Rohr, Richard; Ebert, Andreas: Das Enneagramm : Die 9 Gesichter der Seele. München: Claudius, 1990.

11 Vgl. Gesuch um Unterstützung selbständiger Anbieterinnen und Anbieter von Erwachsenenbildung (Dachfunktion). Evangelisch-reformierte Kirche des Kantons St. Gallen und Evangelisch-reformierte Landeskirche beider Appenzell.

Wolfgang W. Müller

Minimalia christlichen Glaubens und christlicher Glaubenspraxis

«Denn was ist die Zeit? Wer könnte den Begriff leicht und kurz erklären? Wer könnte ihn auch nur in Gedanken erfassen, um ihn dann in Worten zu entwickeln? Was aber erwähnen wir öfter in unseren Gesprächen, was erscheint uns bekannter und vertrauter als die Zeit? Und wir verstehen in der Tat, wenn wir davon sprechen, den Begriff, wir verstehen ihn auch, wenn wir einen anderen davon sprechen hören. Was also ist Zeit? Wenn mich jemand fragt, so weiß ich es; will ich es aber jemandem auf seine Frage hin erklären, so weiß ich es nicht.» (Augustinus: Conf. 11,14).

Augustinus' Feststellung über die Schwierigkeit, das Phänomen der Zeit begrifflich zu bestimmen, kann analog zu der Frage nach den Minimalia christlichen Glaubens verstanden werden. Es ist einsichtig, dass es grundsätzliche Aussagen gibt; bei der inhaltlichen Bestimmung wird die Sache etwas schwieriger. Was ist christlich? Wie hängen Grundaussagen mit der konfessionellen Identität zusammen? Wie gehen in einer gesuchten Summe christlichen Glaubens dogmatische Aussage und Glaubenspraxis zusammen?

Die Frage nach Minimalia christlichen Glaubens resultiert einerseits aus der heutigen Situation des Glaubens in den modernen Gesellschaften Europas, andererseits ist die Frage nach dem Grund des Glaubens konstitutiv für Glaubenspraxis wie Glaubensreflexion (vgl. 1 Petr 3,15).

Wenn im Folgenden nach Minimalia christlichen Glaubens gefragt wird, sind im Vorfeld einige hermeneutische Fragen zu bedenken, die kurz skizziert werden sollen.

1 Ausgangspunkt einer Bestimmung des Christlichen

Theologie und Glaubenspraxis, die sich als christlich verstehen, nehmen ihren Ausgangspunkt bei der Person, bei Leben und Schicksal Jesu von Nazaret, den die christliche Gemeinschaft als Messias, Christus bekennt. Im Bekenntnis «Jesus ist der Christus» gehen objektive Vorgabe des Glaubens und subjektive Zusage zusammen.

> «Jesus ist in seiner Person, in seinem Sein und in seinem Geschick das Ereignis der Offenbarung selbst. Jesus ist aber nicht nur die definitive Präsenz der Selbstoffenbarung Gottes. Er ist auch vonseiten der Menschheit her die volle Verwirklichung der menschlichen Antwort in Freiheit, Gehorsam und Hingabe. So ist Jesus als Mensch das Sakrament der Offenbarung oder das Zeichen, in dem der Inhalt unmittelbar präsent ist.»[1]

Die Verkündigung des Reiches Gottes in der Person Jesu setzt inhaltliche Kriterien einer Rede von Gott.

Nimmt die Theologie ihren Ausgangspunkt in der Selbstoffenbarung, so versteht sich der Glaubensinhalt weder als Resultat einer philosophischen oder natürlichen Reflexion über Gott noch als Illusion noch Projektion menschlicher Vorstellungen des Transzendenten. Philosophische Reflexion und natürliche Theologie können den menschlichen Geist bis an die Grenze dessen heranführen, wo Gott «in das Denken einfällt» (Emmanuel Levinas).

Der christliche Glaube versteht sich geschichtlich, d. h.: Sowohl der konstitutive Grund – die geschichtliche Person Jesus von Nazaret – als auch die Entfaltung des Christlichen sind geschichtlich zu verstehen. Die Glaubenspraxis vermittelt sich geschichtlich, d. h. sie bezieht sich auf ein historisches Ereignis, das universale und soteriologische Qualität beansprucht, und konkretisiert sich je geschichtlich neu. Diese geschichtliche Konkretion vollzieht sich individuell wie sozial. Die Selbstmitteilung Gottes kommt nur in einer heilsgeschichtlichen Form zu den Menschen. Die Annahme der Offenbarung realisiert sich für die Menschen und die Menschheit ebenfalls geschichtlich.

1.1 Frage der Konfessionalität

Theologie wird aus einer Glaubensgemeinschaft heraus betrieben. Die jeweilige theologische Theorie versteht sich aus einem komplexen Netz, das das Grundsätzliche der biblischen Überlieferung wie die je eigene konfessionelle Tradition mit berücksichtigt. Die konfessionelle Prägung des Christlichen ist in einer geschichtlichen Schau nicht in Abrede zu stellen[2], sondern identitätsstiftende Basis, um in einen ökumenischen oder interreligiösen Dialog zu treten. Die folgenden Gedanken verstehen sich als Beantwortung, die ihren Ansatzpunkt in der katholischen Tradition nimmt. Theologische wie außertheologische Gründe führen dazu, die ökumenische wie interreligiöse Fragestellung für Kirche und Theologie als konstitutiv zu erachten. Die Trennungen, die die christlichen Kirchen kennen, werden im ökumenischen Dialog weniger aus der Differenz der Glaubenslehre betrachtet, sondern durch die historische Genese der Trennung verstanden. Der Gedanke der Ökumene, so Papst Johannes Paul II. in seiner Enzyklika «Ut unum sint», gipfelt im Ziel der «Wiederherstellung der sichtbaren vollen Einheit aller Getauften».[3] Die Erfahrung der Schoah rückt den Dialog mit den jüdischen Wurzeln des christlichen Glaubens in die Mitte der heutigen systematischen Reflexion. Das ökumenische Anliegen ist heute für die theologische Arbeit konstitutiv, d. h. der christliche Glaube lässt sich nur im Kontext der gesamten Christenheit adäquat erfassen. Neben der ökumenischen Frage eröffnet sich für Theologie und Kirche heute eine weitere grundsätzliche Fragestellung: Verschiedene Modernisierungsschübe in den westlichen Gesellschaften sowie Mobilität und Migration bringen das Christentum mit den verschiedenen Religionen in Verbindung. Grundsätzliche Aussagen des christlichen Glaubens erfordern durch die multikulturelle und multireligiöse Situation eine neue Plausibilitätsstruktur des eigenen Standortes. Die gesamte Systematik buchstabiert sich durch das interreligiöse Moment nochmals neu.[4]

143

1.2 Bestimmung des Katholischen

«Katholisch» kann in einer theologischen Aussage unter verschiedenen Aspekten betrachtet werden. «Katholisch» als Wesensattribut der Kirche meint eine von Gott herkommende Eigenschaft, die der Kirche als Aufgabe gegeben ist:

«Sie ist damit jenes opus hominum, das im tripolaren Spannungsfeld zwischen göttlicher Forderung, menschlichem Versagen und göttlicher Versöhnung und Beistandsverheißung je geschichtlich neu zu gewinnen ist.»[5]

Das Wesensattribut des Katholischen fügt sich mit der ökumenischen und interreligiösen Fragestellung in einer Bestimmung der Minimalia christlichen Glaubens zusammen:

«Das Bemühen um die Katholizität kann sich als Ringen um die allseits bejahende Geltung des Wortes Gottes für jeden Menschen nicht anders verwirklichen als im ökumenischen Ringen um die rechte Erkenntnis der Offenbarungswahrheit».[6]

Das II. Vatikanische Konzil beschreibt die wesensmäßige, konfessionsspezifische und sakramentale Sichtweise des Katholischen in der Kirchenkonstitution (vgl. LG 8). Globalisierung und Postmoderne verstehen sich als die Koordinaten einer neuen Bestimmung der Katholizität.[7]

1.3 Das Zusammenspiel von Dogma und Ethik

Die katholische Glaubenspraxis wurde in der Vergangenheit fast ausschließlich von der sakramentalen Praxis her bestimmt. Die identitätsstiftende Kraft des liturgischen Jahres wie die Feiergestalt der Liturgie bestimmte über Jahrhunderte das volkstümliche Bewusstsein der konfessionellen Identität der katholischen Kirche. Vom informationstheoretischen Offenbarungsbegriff war die Bestimmung der Glaubenspraxis stark von Glaubenssätzen her geformt und bestimmt worden. Die Religionssoziologie weist in den letzten Jahrzehnten eine Verschiebung vom dogmatischen Verständnis des Christlichen und Kirchlichen hin zum ethischen Verständnis auf. Es gibt die Differenz zwischen Dogma und Glauben. Das Christliche wird in der säkularisierten Gesellschaft verstärkt durch das ethische Bewusstsein wahrgenommen, während die dogmatischen Aussagen vermehrt in den Hintergrund treten. Eine Bestimmung des Glaubens vom Spirituellen verfolgt eine ähnliche Tendenz, inhaltliche Aussagen nicht zur Norm einer Glaubenspraxis zu erheben.[8]

Frömmigkeitsstile wie gesellschaftstheoretische Fragestellungen gründen jedoch in dogmatischen Aussagen der jeweiligen konfessionellen Ausprägung des Christlichen.[9] Das *agere*, so das klassische schultheologische Axiom, gründet im *esse*. Neuzeitliche theologische Ansätze sprechen vom Primat der politisch-praktischen Vernunft und plädieren für eine Orthopraxie in Fragen der christlichen Lehre. Im interreligiösen Dialog wird die These einer Erstellung einer Weltethik propagiert.

Der Glaube lebt von einem Beziehungsgefüge von Orthodoxie und Orthopraxie; der Glaube lebt von seinem Miteinander von Feiern, Handeln und Bekennen.

2 Die Auslegung des Credo als Bestimmung der Minimalia

Die Auslegung des altkirchlichen Glaubensbekenntnisses ist eine weit verbreitete literarische Gattung bereits in der alten Kirche. Das altkirchliche Credo stellt ab dem 13. Jahrhundert im Westen eine unbestrittene theologische wie liturgische Größe dar.[10] Zur Bestimmung des Glaubensinhaltes legte die Hochscholastik in einer kerygmatischen wie katechetischen Absicht Credo, Dekalog, Sakramente und Vaterunser aus. Thomas spricht sich für die Möglichkeit einer Neufassung des Glaubensbekenntnisses aus, um dem Eindringen von Irrtümern Einhalt zu gewähren. Diese «nova editio» darf jedoch keinen anderen Glauben enthalten als das kirchliche Credo. M. a. W.: Die angezielte «nova editio» muss dem depositum fidei entsprechen.[11]

In der zeitgenössischen Theologie wurden mehrere Neuformulierungen des Glaubensbekenntnisses unternommen. So haben die Bischöfe Belgiens eine Neuformlierung des depositum fidei vorgelegt.[12] Papst Paul VI. verfasste ein Credo des Volkes Gottes, dem jedoch eine gesamtkirchliche Rezeption verwehrt blieb.[13] Joseph Ratzinger unternimmt in seiner «Einführung in das Christentum» eine Bestimmung des christlichen Glaubens, die beim altkirchlichen Glaubensbekenntnis als objektiver Vorgabe ansetzt.[14] Diese inhaltliche Vorgabe wird unter den Bedingungen der Moderne auf die Gottesfrage und die Frage nach Christus fokussiert. Ansatz der Gottesfrage ist für Ratzinger zunächst die Geheimnishaftigkeit Gottes, der die Helligkeit des christlichen Gottesbegriffs, wie sie der Johannesprolog thematisiert, entgegengesetzt wird. Der göttliche Logos als Mittelpunkt christlichen Glaubens weist auf das Dilemma neuzeitlicher Theologie, die oft zwischen Jesus und Christus wählt: «Wenn Gott wahrhaft einen Menschen angenommen hat und so zugleich wahrer Mensch und wahrer Gott in Jesus Christus ist, dann nimmt er als Mensch an der Gegenwart Gottes teil, die alle Zeiten umgreift. Dann, nur dann ist er nicht bloß gestern, sondern anwesend unter uns, unser Zeitgenosse in unserem Heute. Deswegen muss …eine Erneuerung der Christologie den Mut haben, Christus in seiner ganzen Größe zu sehen, wie ihn die vier Evangelien zusammen in ihrer spannungsvollen Einheit sehen.»[15]

Die ökumenische Suche nach einem Grundkonsens findet einen Ansatzpunkt in dem altkirchlichen Glaubensbekenntnis. Der von Hans-Georg Link herausgegebene Sammelband erarbeitet – unter der Annahme eines Grundkonsenses, der davon ausgeht, dass das gemeinsame Glaubensgut größer als die jeweiligen Differenzen ist – eine ökumenische Relecture des altkirchlichen Glaubensbekenntnisses.[16] Die ökumenische Theologie ringt um das Verständnis des apostolischen Glaubens, der von allen Christen und Christinnen gemeinsam bekannt werden kann.

Die reformierten Kirchen kennen neben den altkirchlichen Glaubensbekenntnissen noch eine Sammlung von Bekenntnisschriften des 16. Jahrhunderts, die zum identitätsstiftenden Merkmal der reformatorischen Gemeinschaften gehören. Neben diesen klassischen Textzeugnissen kennen die kirchlichen Gemeinschaften reformatorischer Provenienz auch Aktualisierungen des Bekenntnisses für den jeweiligen geschichtlichen wie politischen Kontext des Glaubens. Als Epoche machend für eine solche

Aktualisierung angesichts der Naziherrschaft in Deutschland kann die Barmer Erklärung gelten, mit der sich bekennende Christen von der Bewegung der Deutschen Kirche, die mit dem NS-Regime sympathisierte, distanzierten.

Die Vielfalt der Bekenntnisse ist eine Eigenart der reformierten Tradition; die Vielfalt lebt von einem intensiven Austausch unter den reformatorischen Gemeinschaften.[17]

Neben diesen grundsätzlichen Erörterungen zu Vorgaben des alt-kirchlichen Glaubensbekenntnisses kennt die neuere Theologie eine große Anzahl von Einführungen oder Erläuterungen des Glaubensbekenntnisses. Diese Einführungen wollen den Glaubensinhalt angesichts der aktuellen pastoralen Situation den Lesenden in seiner Relevanz erschließen (z. B. Henri de Lubac, Hans Urs von Balthasar, Eugen Biser, Hans Küng, Kurt Koch u. v. a. m.).

3   Die Frage nach dem Wesen des Christentums

Die Frage nach dem Wesen des Christentums ist eine neuzeitliche Erscheinung. Humanismus wie Mystik fragen nach dem Wesentlichen des Glaubens. Die Reformatoren der ersten Generationen beschäftigen sich in ihren Theologien mit der Herausarbeitung der Wesenszüge ihres (neuen) Glaubensverständnisses. Aufklärung, Romantik und Spätidealismus forschen in Begriffen wie «Geist», «Idee» oder «Prinzip» nach den Grundzügen des Christlichen.

Die Schrift «Substantia christiani» Martin Bucers (1531) verdankt ihre Abfassung dem Verlangen der neuen Glaubensgemeinschaft, eine eigenständige Begründung der Glaubenszusammenhänge vorzuweisen. Die irenische Begründung der Konfessionsunterschiede zwischen altem und neuem Glauben steht der reformatorischen Theologie Zwinglis nahe und behandelt alle relevanten Fragen der reformatorischen Theologie: Christozentrik, doppelte Gerechtigkeit, Schriftverständnis, Frage der Verhältnisbestimmung von sichtbarer und unsichtbarer Kirche, allgemeines Priestertum aller Gläubigen.

Adolf von Harnacks Schrift «Vom Wesen des Christentums» (1900) entstand aus dem Berliner Vorlesungsbetrieb. Harnack geht in einer Vorlesung, die Studierenden aller Fakultäten offen steht, der Frage nach dem Wesentlichen des christlichen Glaubens nach: Was gehört heute zum Glauben? Was kann getrost beiseite gestellt werden? Der liberale Theologe findet in der Unterscheidung zwischen Universalem und Partikularem eine Grundstruktur zur Bestimmung des Wesens des Christlichen. Dieses Erkenntnisprinzip der Romantik erlaubt eine Aufzählung dessen, was zur Mitte der Verkündigung gehört: Reich Gottes, Gott der Vater, die Menschenseele und ihr unendlicher Wert, die bessere Gerechtigkeit und das Gebot der Liebe. Adolf von Harnacks historische Begründung des Geglaubten, darin einem erkenntnistheoretischen Postulat des 19. Jahrhunderts folgend, gilt als ein Klassiker des neuen Genres, das einen zusammenhängenden Überblick über ein mögliches Glaubensbewusstsein vermitteln will. Der Religionswissenschaftler Franz Heiler unternimmt in seinem Buch «Wesen des Katholizismus» (1920) den Versuch, die katholische Glaubenssynthese aus zwei unterschiedlichen Blickwinkeln zu schreiben. Die Außensicht als Aufgabe der Religionswissenschaft verfährt vergleichend im Sinne einer Konfessionskunde. Die Innensicht postuliert einen Sinnüberschuss, der sich nur aus einer Binnenperspektive ergibt. Die Theologie hat zur Aufgabe, diesen Sinnüberschuss des christlichen Bekenntnisses reflexiv zu bearbeiten und darzustellen.

Die reformierten Kirchen der Eidgenossenschaft kennen in ihren Kirchensatzungen die Bekenntnisfreiheit. Die Frage nach dem Wesentlichen des christlichen Glaubens gehört dann zu den Grundfragen von Kirche und Theologie. Die reformierte Kirche des Kantons Zürich publiziert die Schrift «Suchbilder einer Identität».[18] Der Frage nach der reformierten Identität wird in verschiedenen konzentrischen Kreisen nachgegangen. Als Eigenheiten der Reformierten werden folgende Merkmale angegeben: ideologiekritische Sensibilität, Unterscheidung zwischen Gesetz und Evangelium, Bundesgedanke und Bilderverbot, Verbindungszusammenhang zwischen Gottes- und Selbsterkenntnis, Prädestination, Teilung der Ämter, Nüchternheit als exemplarischer Lebensstil und die Devise der ständigen Erneuerung.

Die Frage nach dem Wesen des Christlichen hat sich in der Neuzeit verschärft. Angesichts der multikulturellen und multireligiösen

Welt stellt sich die systematische Frage nach einem möglichen Strukturprinzip und der Frage nach den Minimalia christlichen Glaubens neu.

Im Folgenden soll in einer systematischen Skizze eine Darlegung der Minimalia christlichen Glaubens vorgelegt werden.

3.1 Die systematische Fragestellung

Von alters her sucht die christliche Theologie nach einem Strukturprinzip bei der Darstellung der wesentlichen Glaubensinhalte. Irenäus von Lyon konzipiert seinen heilsgeschichtlichen Ansatz einer systematischen Darstellung des christlichen Glaubens in anthropologischer Perspektive mit dem Ziel, den lebendigen Menschen als Ehre Gottes zu verstehen.[19] Martin Luther fragt nach der Mitte der Schrift und nennt die Rechtfertigung als denjenigen Glaubensartikel, mit dem alles steht und fällt. Der Weltkirchenrat formuliert in seiner konstituierenden Sitzung 1948 eine Basisformel, die im Jahr 1961 erweitert wird.[20] Auch im interreligiösen Dialog versucht man, eine Basisformel zu finden. In diesem Zusammenhang steht das Projekt Weltethos, das vom Schweizer Theologen Hans Küng initiiert wurde.

Die Schrift «Mysterien des Christentums» des Kölner Systematikers M. J. Scheeben stellt sich die Aufgabe, das Glaubensgut der christlichen Offenbarung angesichts der Infragestellung derselben durch den Rationalismus zu sichern. Der christliche Glaube, so Scheeben, versteht sich in der Welt der Religionen als Mysterium Christi und als Mysterium des Reiches Gottes. Die Lehren des christlichen Glaubens waren unerkannt, unerhört und bleiben unerforschlich. Die Erkenntnis des Göttlichen und Gnadenhaften gelingt dem Menschen durch Staunen, Verwunderung und Bewunderung. Was den Menschen in seinem Streben nach Heil reizt, ist die Enthüllung eines Lichtes, das zuvor verborgen war. Im Mysterium Christi enthüllt sich der ganze Glaube. Christlicher Glaube ist wesentlich Offenbarungsglaube, der sich dem Menschen mitteilt.[21] Mit dem Begriff des Mysteriums gelingt Scheeben eine Vernetzung der einzelnen Heilsgeheimnisse. Als wesentliche Mysterien nennt Scheeben: Inkarnation, Trinität und Gnade.

Der religionswissenschaftliche wie theologische Mysterienbe-
griff leistet in der heutigen interreligiösen Debatte eine heuristi-
sche Funktion, insofern dieser Begriff eine vermittelnde Funktion
zwischen den einzelnen Religionen einnehmen kann. Scheebens
systematische Leistung, die einzelnen Glaubensaussagen von einem inneren Strukturprinzip zu lesen und zu verstehen, bildet eine
wichtige Voraussetzung der Lehre des II. Vatikanischen Konzils,
das in seinem Dekret über die Ökumene die Lehre von der
Hierarchie der Wahrheiten vertritt. Sind nach katholischer Lehre
alle Dogmen verbindlich und alle Glaubenswahrheiten wahr, so
sind sie immer in ihrer inneren Verbindung zur Trinität und zum
Christusereignis zu sehen und folglich unterschiedlich zu gewichten: «Darüber hinaus müssen beim ökumenischen Dialog die
katholischen Theologen, wenn sie in Treue zur Lehre der Kirche
in gemeinsamer Forschungsarbeit mit den getrennten Brüdern die
göttlichen Geheimnisse zu ergründen suchen, mit Wahrheitsliebe
und Demut vorgehen. Beim Vergleich der Lehren miteinander soll
man nicht vergessen, dass es eine Rangordnung oder ‹Hierarchie›
der Wahrheiten innerhalb der katholischen Lehre gibt, je nach der
verschiedenen Art ihres Zusammenhangs mit dem Fundament des
christlichen Glaubens. So wird der Weg bereitet werden, auf dem
alle in diesem brüderlichen Wettbewerb zur tieferen Erkenntnis
und deutlicheren Darstellung der unerforschlichen Reichtümer
Christi angeregt werden» (UR 11).

3.2 Kurzformeln des Glaubens

Die Debatte um Kurzformeln des Glaubens, die in der katholischen
Theologie geführt wird, geht von der Erfahrung des Traditions-
abbruchs christlichen Glaubens aus. Viele getaufte Mitglieder der
Kirche sind de facto «Neuheiden», die den Inhalten des christli-
chen Glaubens fremd und unwissend gegenüberstehen. In dieser
Glaubenssituation sind für Karl Rahner «Kurzformeln des Glau-
bens» geboten, die von der Situation der Hörenden ausgehen.
Rahner entwirft drei Varianten von Kurzformeln, die folgende
Momente zum Inhalt haben:
Die theologische Kurzformel[22] setzt bei der menschlichen Trans-

zendenz im Vollzug des Daseins ein und erstreckt sich auf das unumgreifbare Geheimnis, das Gott heißt.

Die soziologische Kurzformel[23] setzt beim Selbstvollzug des Menschen an, der nur zu sich selbst kommt, wenn er sich radikal an den anderen hinwagt.

Die futurologische Kurzformel[24] benennt den christlichen Glauben als die Offenhaltung der Frage nach der absoluten Zukunft, die in Gott ihr Ziel hat.

In Rahners Entwürfen des Programms einer Kurzformel des Glaubens spiegelt sich sein transzendental-theologischer Ansatz wider, der von der Koexistenz von Welt- und Heilsgeschichte ausgeht. Im geschichtlichen Christusereignis teilt sich die Gnade Gottes irreversibel und eschatologisch mit.

3.3 *Minimalia christlichen Glaubens und christlicher Praxis*

Glaube als personale Antwort auf den ergangenen Anruf Gottes geschieht immer geschichtlich vermittelt. Der Glaube in seiner geschichtlichen Vermittlung ist konfessionell geprägt, insofern er sich auf Lehraussagen, Frömmigkeitsstile und Lebenspraktiken stützt. Die konfessionelle Form des kirchlichen Glaubens schließt keineswegs das ökumenische und interreligiöse Ringen und Suchen nach Wahrheit aus. Dogma und Glaube, Dogma und Frömmigkeit sind nicht gegeneinander auszuspielen. Das Handeln des Menschen gründet in seinem Seinsverständnis, das dem Handeln des Menschen vorausgeht. Die gesellschaftliche Debatte um Werte, die Frage nach der allgemein gültigen Akzeptanz der Menschenrechte zeigen die hier angesprochene Verschränkung beider Bereiche. Glaube und christliche Lebenspraxis bedingen einander.

Die Artikulation des geschichtlich vermittelten wie geschichtlich gelebten Glaubens geschieht durch die Trias von Liturgie, Diakonie und Martyria/Zeugnis. Alle drei Bereiche sind koexistent und können nicht auseinander dividiert werden. Der gefeierte Glaube ohne gelebte Praxis ist hohl, wie die Praxis ohne gefeierten Glaube ohne Anschauung ist. Liturgie und Diakonie gipfeln in der theologischen Figur des Zeugnisses. Im wie immer gelebten Zeugnis des christlichen Glaubens konkretisiert sich der Glaube geschichtlich und personal. Der Glaube lebt von seinem Anspruch auf Wahrheit. Die Wahrheit des Glaubens ist eine vérité à faire, die nochmals die Bedeutung des Zeugen wie Zeugnisses für den Glaubensakt und Glaubensinhalt betont. Das christliche Wahrheitsverständnis lebt aus der Begegnung mit dem Gott Jesu Christi, wie er sich in der Geschichte Israels und der Kirche bezeugt hat und sich im Glauben der christlichen Gemeinschaft realisiert. Die endgültige Wahrheit Gottes, die sich in Jesus Christus offenbart, können wir nur in vorläufiger Gestalt menschlicher Erkenntnis und Aussage zum Ausdruck bringen. Durch dieses Bewusstsein der Vorläufigkeit menschlichen Redens unterscheidet sich die Verkündigung der Wahrheit sowohl vom Fundamentalismus als auch von einer postmodernen Beliebigkeit. Die geglaubte Wahrheit tritt in ihrer geschichtlichen Vermittlung in den Dialog mit anderen Auffassungen, Konzepten und Wahrheiten.

3.4 Die Gottesfrage

Theologie ist wesentlich die reflexiv methodische Frage nach Gott. Die neuzeitliche Frage nach Gott kennt zwei Zugangsweisen, die sich in der Tradition nicht in dieser Radikalität stellten. Einerseits kennt die Neuzeit die radikale Infragestellung Gottes, die bis zur totalen Indifferenz gegenüber der Gottesfrage gehen kann. Andererseits wird die – oft anonyme – Suche nach Gott als Erfahrung des Nichts erlebt und verstanden. Die postmoderne multireligiöse Situation westeuropäischer Gesellschaften thematisiert die Gottesfrage nochmals unter einem besonderen Blickwinkel: Die Erfahrung der Vielfalt des Religiösen hinterfragt den biblischen Gottesbegriff der jüdisch-christlichen Tradition.

Die Realität des geoffenbarten Gottes lässt sich als das liebende und sich selbst mitteilende Geheimnis umschreiben, das auf die Frage nach dem Woher menschlicher Existenz eine Antwort gibt. Die Welt als geschaffene ist in ihrer Kreatürlichkeit eine Gabe Gottes; das impliziert die Anerkennung der Würde des Menschen und die Verpflichtung zur Bewahrung der Schöpfung. Der Mensch ist nach den biblischen Schöpfungsberichten als Mann und Frau Ebenbild Gottes.

3.5 Jesus Christus

Die altkirchlichen Christusdogmen haben ihre Berechtigung, insofern sie die Identität von Sein und totaler Selbstlosigkeit der Person Jesus von Nazaret bezeugen, die sich im biblischen Verständnis der Sohnesbeziehung Jesu zu Gott als seinem Vater ausdrückt. In Leben und Werk Jesu fallen Gott und Mensch zusammen; Jesus Christus ist das Symbol Gottes in und für die Welt. Eine systematische Bestimmung der Heilsbedeutung des Menschen Jesus hat von diesen Grundlagen auszugehen. Die Gottesbeziehung, die Jesus von Nazaret den Menschen eröffnet, ist in personale Kategorien zu fassen und kann mit dem johanneischen Wort des Wechsels von Knechtschaft zu Freundschaft beschrieben werden: «Ich nenne euch nicht mehr Knechte; denn der Knecht weiß nicht, was sein Herr tut. Vielmehr habe ich euch Freunde genannt; denn ich habe euch alles mitgeteilt, was ich von meinem Vater gehört habe» (Joh 15,15).

Der biblische Begriff der Freundschaft eignet sich zur Konzeptualisierung einer existenziellen Christologie, insofern der Begriff sowohl in der Tradition als auch in der heutigen Diskussion als relationaler Begriff ein personales Gott-Mensch-Verhältnis umschreiben kann. In der thomasischen Theologie leistet der Begriff der Freundschaft die Verbindung zwischen Christologie und Gnadenlehre, während moderne christologische Entwürfe das Beziehungsgefüge in die Mitte der Reflexion stellen. Eine Christologie unter genderspezifischen Aspekten arbeitet ebenfalls mit dem Begriff der Freundschaft.

Jesus als der Freund fokussiert die soteriologische Bedeutung des Christusglaubens. Auf die Frage «Kann ich Jesus lieben?» kann im Sinn einer transzendental-theologischen Konzeption der individuelle Weg der Christusbegegnung in den Momenten Glaube, Hoffnung und Liebe, dem Hören auf das Evangelium und dem Handeln nach freiem Gewissen geantwortet werden. Der christliche Umgang mit Tod und Schuld erweist ein Hoffnungspotenzial.[25]

Der Gedanke der Nachfolge verbindet das subjektive (= Glaubensakt) wie objektive (= Christusereignis) Moment in der geschichtlichen

Existenz. Die Nachfolge symbolisiert sich in der Feier der Sakramente und realisiert sich im Zeugnis des Individuums als auch der Gemeinschaft. Christliches Leben ist geistliches Leben. Für Martin Luther gilt die Unterscheidung zwischen Gesetz und Evangelium als identitätsstiftendes Kriterium des Christseins. Der Geist als Person und Kraft, der Leben schenkt und erhält, prüft die Geister. Das pneumatologische Element der christlichen Nachfolge verhindert Resignation, Verfremdung, Stagnation der christlichen Botschaft. Jesus Christus und der Heilige Geist sind – nach einem altkirchlichen Bild – die Füße Gottes in der Welt.

Geglaubte und institutionelle Größe der Kirche verbinden sich in der Rede von der Sakramentalität. Die Kirche als Zeichen und Werkzeug des Heiles Gottes für die Welt und der Menschen untereinander (vgl. LG 1) stellt eine Möglichkeit und Plausibilität des Kirchlichen in der (post-)modernen Gesellschaft dar. Die Sakramentalität verweist auf die Vorläufigkeit der Kirche als Vermittlungsinstanz von Heil. Christlicher Glaube redet vom Ende der Welt als Vollendung. Diese qualitative Aussage meint Gott als das Wohin meiner Existenz und der Welt insgesamt. Die Minimalia christlichen Glaubens leben vom Hoffnungspotenzial, das die biblische Verheißung einer neuen Erde und eines neuen Himmels metaphorisch ausdrückt (vgl. Offb 21). Die christliche Hoffnung ist individual und sozial wie personal und ekklesial.

Durch die innere Rationalität der inhaltlichen Bestimmung christlicher Minimalia sind die Glaubenden, individuell wie kollektiv, zu einem Gespräch mit Nichtglaubenden befähigt. In einem solchen Dialog können menschliche Erfahrungen im Glauben berücksichtigt werden und zu einem kohärenten Lebensentwurf «gerinnen». Die Aussagen des Glaubens können im Rahmen einer Anthropologie den Nichtglaubenden transparent gemacht werden;[26] kerygmatisch formuliert: anthropologische Erfahrungen bilden eine «Andockmöglichkeit» der christlichen Verkündigung.
Minimalia christlichen Glaubens sind in ihrer geschichtlichen und kontextuellen Vernetzung zu sehen. Sie beziehen sich immer wieder auf die Person Jesus von Nazaret, dem der christliche Glaube in seiner Menschlichkeit eine grundlegende Vermittlung zusprich

1 Müller, Gerhard L.: Dogmatik : Studium und Praxis der Theologie. Freiburg i. Br./Basel/Wien: Herder, [2]1996, S. 49.

2 G. Hasenhüttl und H. Häring sprechen vom Ende des Konfessionellen im christlichen Kontext; vgl. etwa: Hasenhüttl, Gotthold: Glaube ohne Mythos. 2 Bde. Mainz: Grünewald Verlag, [2]2001; Häring, Hermann: Glaube ja – Kirche nein? Die Zukunft christlicher Konfessionen. Darmstadt: Wissenschaftliche Buchgesellschaft, 2002.

3 Papst Johannes Paul II. Enzyklika «Ut unum sint» über den Einsatz für die Ökumene, 25. Mai 1995, Nr. 77, hrsg. Sekretariat der Deutschen Bischofskonferenz (= VapS 121).

4 Vgl. dazu etwa den systematischen Entwurf: Barth, Hans-Martin: Dogmatik : Evangelischer Glaube im Kontext der Weltreligionen. Ein Lehrbuch. Gütersloh: Gütersloher Verlagshaus, [2]2002.

6 Miggelbrink, Ralf: Einführung in die Lehre von der Kirche. Darmstadt: Wissenschaftliche Buchgesellschaft, 2003, S. 117.

6 Ebd.

7 Vgl. Schreiter, Robert J.: Globalisierung, Postmoderne und die neue Katholizität. In: Ökumenische Rundschau 53 (2004), S. 139–159.

8 Vgl. für diesen Sachverhalt: Stolz, F.: Soziologische Analyse von Religion und theologischer Wahrnehmung des Glaubens. In: Krüggeler, Michael; Stolz, Fritz (Hrsg.): Ein jedes Herz in seiner Sprache… Religiöse Individualisierung als Herausforderung für die Kirchen. Kommentare zur Studie «Jede(r) ein Sonderfall? Religionen in der Schweiz.» Bd. 1. Zürich: NZN Buchverlag, 1996, S. 37–53.

9 Für die korrespondierende Relation seien zwei Beispiele genannt: a) Klassisch: Die gelebte Praxis eines christlichen Eheverständnisses hängt u.a. vom sakramentalen Verständnis des Eheinstitutes ab. b) Zeitgenössisch: Der Weltkirchenrat nennt die Versuche einer biblischen/systematischen Begründung der Apartheidspolitik ein «ethisches Schisma». Die Glaubensinhalte verbieten eine theologische Legitimierung einer solchen Politik.

10 Vgl. dazu: Lehmann, Karl: Bedarf das Glaubensbekenntnis einer Neufassung? In: Brunner, Peter u.a. (Hrsg.): Veraltetes Glaubensbekenntnis? Regensburg: Pustet, 1968, S. 125–186.

11 STh II-II q. 1 a. 10 c., auch ad 2.

12 Notre foi en Jésus Christ. In: Nouvelle revue théologique 100 (1968), S. 3–29.

13 Der Text findet sich in: Bleistein, Roman (Hrsg.): Kurzformeln des Glaubens. Bd. 2: Texte. Würzburg: Echter Verlag, 1971, S.103–113.

14 Benedikt XVI./Ratzinger, Joseph: Einführung in das Christentum : Vorlesungen über das Apostolische Glaubensbekenntnis (1968). Mit einem neuen einleitenden Essay. München: Kösel, 2000.

15 Ebd. 26.

16 Link, Hans-Georg (Hrsg.): Gemeinsam glauben und bekennen : Handbuch zum Apostolischen Glauben. Paderborn: Bonifatius Verlag, 1987.

17 Vgl. etwa: Vischer, Lukas (Hrsg.): Reformiertes Zeugnis heute : Eine Samm-

lung neuerer Bekenntnistexte aus der reformierten Tradition. Neukirchen-Vluyn: Neukirchener Verlag, 1988.

18 Krieg, Matthias; Zangger-Derron, Gabrielle (Hrsg.): Die Reformierten: Such-bilder einer Identität. Zürich: Theologischer Verlag, 2002.

19 Irenäus von Lyon: Adv. Haer. I, 10, 3: «Die Ehre Gottes ist der lebendige Mensch».

20 «Gemeinschaft von Kirchen, die den Herrn Jesus Christus gemäß der Hl. Schrift als Gott und Heiland bekennen und die gemeinsam zu erfüllen trach-ten, wozu sie gerufen sind, zur Ehre Gottes, des Vaters, des Sohnes und des Heiligen Geistes».

21 «Das christliche Mysterium ist eine durch die christliche Offenbarung uns kundgewordene Wahrheit, die wir mit der bloßen Vernunft nicht erreichen und, nachdem wir sie durch den Glauben erreicht, mit den Begriffen unserer Vernunft nicht ausmessen können» (M. J. Scheeben: Mysterien des Christen-tums. In: ders.: Gesammelte Schriften Bd. 2./Josef Höfer (Hrsg.). Freiburg i. Br./Basel/Wien: Herder, [3]1958, S. 11).

22 «Die menschliche Transzendenz, die ursprünglich im Vollzug des Daseins selbst und also nicht bloß theoretisch und begrifflich vollzogen wird, geht auf das unumgreifbare Geheimnis, das Gott heißt. Dieses aber teilt sich selbst existen-ziell und geschichtlich dem Menschen als dessen eigene Vollendung in verge-bender Liebe mit. Der eschatologische Höhepunkt der geschichtlichen Selbstmitteilung Gottes, indem diese Selbstmitteilung als irreversibel siegreich offenbar wird, heißt Jesus Christus. Die existenzielle Selbstmitteilung Gottes an den Menschen heißt Heiliger Geist, in dem die an Jesus Christus Glauben-den zur Kirche vereinigt sind» (Bleistein, Roman: Kurzformeln des Glaubens. aaO., S. 93).

23 «Der Mensch kommt nur wirklich in echtem Selbstvollzug zu sich, wenn er sich selbst radikal an den anderen wegwagt. Tut er dies, ergreift er, unthema-tisch oder explizit, das, was mit Gott als Horizont, Garant und Radikalität sol-cher Liebe gemeint ist, der sich in existenzieller und geschichtlicher Selbst-mitteilung zum Raum der Möglichkeit solcher Liebe unter den Menschen macht. Die radikale Erscheinung der ewigen Gültigkeit solcher Liebe der Men-schen untereinander in Gott ist geschichtlich gegeben in Jesus, der die Men-schen in Gott und Gott in den Menschen liebte. Diese Liebe zwischen den Menschen in Gott durch Jesus Christus ist intim und geschichtlich gemeint und ist in der radikalen Einheit dieser beiden Momente Grund und Wesen der Kirche» (ebd. 93f).

24 «Das Christentum ist die Offenhaltung der Frage nach der absoluten Zukunft in Durchbrechung aller vergötzenden Ideologien; diese absolute Zukunft, die sich nicht bloß als Grund der Bewegung auf innerweltliche Ziele, sondern in sich selbst durch Selbstmitteilung geben will, heißt Gott. Dieser Wille der Selbstmitteilung der absoluten Zukunft ist in Jesus Christus eschatologisch irreversibel festgemacht und erschienen. Die Gemeinde des tätigen Glaubens an die absolute Zukunft in Hoffnung heißt Kirche, wenn sie den Grund der Verheißung in Jesus Christus erkennt und annimmt» (ebd. 94).

25 Vgl. dazu: Rahner, Karl: Ich glaube an Jesus Christus. Einsiedeln: Benziger
    Verlag, 1968.
26 Vgl. dazu: Kunz, Erhard: Glaubwürdigkeitserkenntnis und Glaube (analysis
    fidei). In: Kern, Walter; Pottmeyer, Hermann J.; Seckler, Max (Hrsg.): HFTh
    Bd. IV. Freiburg i. Br./Basel/Wien: Herder, 1988, S. 414–449, S. 447f.

Walter Weibel

Bildungsziele an staatlichen Schulen
Problematik des Begriffes

Wer auf der Internetsuchmaschine Google nach «Bildungszielen» sucht, findet über 20'400 Seiten. Man könnte meinen: So viele Seiten, so viele Begriffe und Definitionen von Bildungszielen.

Was sind denn Bildungsziele? Sind es diejenigen, die im Lehrplan säuberlich notiert sind? Oder die, welche die Lehrer und Lehrerinnen verzweifelt zu vermitteln versuchen?

Sind Bildungsziele Lernziele, oder sind es Leitideen, oder decken sie sich mit dem heute gängigen Begriff des Bildungsstandards? Es ist für Laien schwierig, hier sich zurechtzufinden. Es ist für Lehrerinnen und Lehrer aller Schulstufen immer schwieriger zu sagen, was denn mit dem Bildungsziel gemeint ist. Auch die klare Definition der Inhalte ist schwierig. Der deutsche Anglist Dietrich Schwanitz hat mit seinem Buch « Bildung. Alles, was man wissen muss»[1] in Deutschland eine riesige Kontroverse ausgelöst, weil er eine Art modernen Bildungskanon festschreiben wollte. Denn nach seiner Meinung ist die Vermittlung von Bildung zur Beliebigkeit verkommen.

Dieses Kontroverse geht weiter. Der deutsche Alt-Bundespräsident Roman Herzog sagte in seiner berühmten Berliner Grundsatzrede vom 26. April 1997, der sog. Ruckrede: «Wissen kann man nur durch Bildung erschließen.»[2] Und der bekannte deutsche Erziehungswissenschaftler Peter Struck meint, dass die Vermittlung von Allgemeinbildung in der Schule reduziert werden müsse, um Zeit für eigenständiges Lernen und Informationsbeschaffung zu gewinnen:

«Der Bildungsbegriff muss sich wandeln, er muss immer mehr erzieherische Funktionen in sich aufnehmen. Künftige schulische Bildung muss von einem kleiner werdenden allgemeinbildenden Fundament ausgehen, damit Zeit gewonnen wird für den notwendigen erzieherischen Rahmen von Bildung, also für das Lernen, wie man sich selbst Informationen besorgt und wie man Orientierung in einer immer unüberschaubarer werdenden Welt gewinnt.»[3]

Es gibt also keine allgemeinverbindliche Aussage, was Bildungsziele sind. Die folgende Definition könnte etwas zur Klärung beitragen:

Bildungsziel ist ein in Bildungs- und Lehrplänen festgeschriebener Inhalt oder Gegenstand des Unterrichts. Bildungsziele sind allgemein gehalten. Innerhalb der Bildungssituation müssen sie gemeinsam mit dem Lernenden in individuelle Lernziele umformuliert werden.

1 Der staatliche Auftrag zur Formulierung von Bildungszielen

Die Kantone, die in der Schweiz für das öffentliche Schulwesen verantwortlich sind, haben in ihren Schul- bzw. Bildungsgesetzen die Bildungsziele formuliert.[4]
Einige Zitate:

Schulgesetz Kanton Glarus (2002):
«Die Schule gewährleistet den Lernenden eine den Eignungen und Fähigkeiten entsprechende Bildung.
Sie fördert zusammen mit den Erziehungsberechtigten die geistig-seelische, die soziale und die körperliche Entwicklung der Lernenden.
Sie weckt das Verständnis für Mitmenschen und Umwelt und bildet die Lernenden, ausgehend von christlichen Grundsätzen, zu selbständigen und verantwortungsbewussten Mitgliedern der Gemeinschaft heran.
Sie fördert die schöpferischen Kräfte wie auch die Bereitschaft zum Lernen und erweitert das Wissen und die Urteilsfähigkeit

der Lernenden im Hinblick auf eine sinnvolle Gestaltung und Bewältigung des Lebens.»[5]

Schulgesetz Kanton Schaffhausen (1981):
«Gute und glückliche Menschen heranzubilden ist das Ziel unserer Erziehung. Die Schule fördert deshalb zusammen mit dem Elternhaus die sittlich-religiösen, verstandesmäßigen und körperlichen Anlagen der Kinder.
In der sittlich-religiösen Erziehung weckt sie die Ehrfurcht vor der Schöpfung, die Verantwortung gegenüber der Natur, die Liebe zu den Mitmenschen, den Sinn für die Gemeinschaft und die Freude am Schönen.
In der geistig-theoretischen Erziehung bildet die Schule den Verstand und das kritische Urteilsvermögen aus. Ferner vermittelt sie Grundlagen für die spätere Berufsausbildung und das Leben in der Familie.
In der praktisch-körperlichen Erziehung fördert sie die Gewandtheit und Gesundheit sowie die handwerklichen Anlagen der Schüler.
Mit der musisch-schöpferischen Erziehung weckt die Schule Interesse und Verständnis für die künstlerischen Werte und Aussagen, fördert und erweitert sie die Kräfte der Fantasie und die individuellen Ausdrucksmöglichkeiten.»[6]

Bildungsgesetz Kanton Obwalden (2004, vom Volk abgelehnt):
«Die öffentlichen Schulen
erziehen zu einem Verhalten, das sich an christlichen, humanistischen und demokratischen Wertvorstellungen orientiert;
fördern die Entwicklung zur selbständigen, verantwortungsbewussten, toleranten und reflexionsfähigen Persönlichkeit;
schaffen die Grundlagen für die Mitgestaltung des gesellschaftlichen, kulturellen und wirtschaftlichen Lebens sowie für verantwortungsvolles Verhalten gegenüber der Umwelt.»[7]

Diese übergeordneten Bildungsziele müssen auf die Leitideen in den Lehrplänen heruntergebrochen werden. Das zeigt gut das Beispiel des Kantons Aargau (2000):
«Die Schule unterstützt die Kinder und Jugendlichen in ihrer

geistigen, emotionalen, sozialen und motorischen Entwicklung und vermittelt ihnen eine breite Allgemeinbildung. Sie leistet einen Beitrag zur Persönlichkeitsbildung und zu einer aktiven und erfüllten Lebensgestaltung der Schülerinnen und Schüler.
Die Primarschule macht die Kinder mit den Anforderungen der Schule und der Gesellschaft vertraut. Sie vermittelt grundlegende Kulturtechniken und gültige Ausdrucksformen für selbständiges Denken und Handeln.
Der Unterricht in der Oberstufe baut auf der Primarschule auf. In der Oberstufe erwerben sich die Schülerinnen und Schüler eine vertiefte Allgemeinbildung, die es ihnen ermöglicht, sich in allen wesentlichen Bereichen der Gesellschaft zurechtzufinden, wichtige Entwicklungen des Zeitgeschehens zu verstehen und aktiv am öffentlichen Leben teilzunehmen.»[8]

Nach den neuesten Entwicklungen seit PISA 2000 verlangen die bildungspolitischen Gremien, namentlich in den deutschsprachigen Ländern Deutschland, Österreich und der Schweiz, die Entwicklung von Bildungsstandards. Diese sollen festlegen, welche Kompetenzen Kinder und Jugendliche bis zu einer bestimmten Jahrgangsstufe mindestens erworben haben sollen. In der Schweiz läuft dieses Projekt der Schweizerischen Konferenz der kantonalen Erziehungsdirektoren (EDK) unter dem Kürzel «harmoS». Dieses Projekt soll in den nächsten Jahren Bildungsstandards für die 2., 6. und 9. Jahrgangsstufe in den sprachlichen und naturwissenschaftlichen Fächern vorlegen.

2   Das Recht des Staates, Bildungsziele zu bestimmen

Bildungs- und Erziehungsziele bestimmt in der Schweiz der Staat, d. h. der jeweilige Kanton, weil er die Schulhoheit gemäß Verfassung ausübt. Das gesamte Schulwesen steht unter der Aufsicht des Staates. Die staatliche Schulaufsicht schließt den Bildungs- und Erziehungsauftrag mit ein. Kurz: Es sind nicht die «gesellschaftlichen Kräfte», es ist der Kanton, der das Bildungsprogramm der Schule letztendlich bestimmt. Denn der Weg der gesellschaftlichen Gruppen in die Schule führt über den Vordereingang des Staates

– vor allem durch das Parlament –, und nicht durch einen Hintereingang.[9] Deshalb werden in allen Kantonen die Bildungsgesetze vom Parlament behandelt und unterliegen der Volksabstimmung. In den meisten Kantonen haben die Lehrpläne Verordnungscharakter und müssen vom Regierungsrat genehmigt werden.

Wenn man die Bildungsziele der einzelnen Kantone analysiert, dann stellt man fest:

dass sie ähnlich lauten, dies trotz des Föderalismus mit 26 selbständigen Kantonen;

dass sie die wesentlichen Aufgaben gleich aufführen, nämlich Kenntnisse und Fertigkeiten vermitteln, Schülerinnen und Schüler zu eigenverantwortlicher schöpferischer Tätigkeit befähigen, Bereitschaft wecken zu sozialem Handeln, zu Toleranz und zu politischer Verantwortung.

Wenn man die Bildungsziele weiter studiert, stellt man auch fest, dass sie inhaltlich und sprachlich zeitanfällig sind. Deshalb darf man natürlich zweifeln, ob das Recht überhaupt geeignet ist, die Erziehungsarbeit der Schule, insbesondere die pädagogische Interaktion zwischen Lehrerinnen und Lehrern und Schülern zu steuern. Ist das Recht in dieser Funktion nicht überfordert?

Professor Hermann Avenarius, wohl der bedeutendste Kenner des internationalen Schulrechts, hält dazu fest:

«Regelungen über Bildungsziele weisen eine besondere Normstruktur auf. Es handelt sich um finale Rechtsnormen. Sie geben das Ziel (finis), das erreicht werden soll, vor und überlassen es dem Normanwender, d. h. der Schule, wie er das Ziel erreichen will.»[10]

Die Unbestimmtheit der Bildungsziele ist der Preis, den der Staat als Schulträger dafür bezahlen muss, dass wir in einer offenen Gesellschaft leben, die geprägt ist durch die Ergebnisse eines tief greifenden Säkularisierungs- und Pluralisierungsprozesses, durch eine Entwicklung, die keine dominanten Weltbilder, keine exklusiven Wertsysteme mehr zulässt – also nicht mehr die Glaubenswahrheiten des Christentums, auch nicht einmal das synkretistische Bildungsideal des Neuhumanismus.[11]

Bei allen Rechtsfragen um die Schule hat der Staat eines zu schützen, nämlich die Glaubensfreiheit, abgeleitet aus der religiös-weltanschaulichen Neutralität des Staates. Weil der Staat in der heutigen Zeit für alle in der Gesellschaft vorhandenen Wertauffassungen offen ist, muss es auch das staatliche Bildungsprogramm sein.

Auf der Ebene dieser übergeordneten Bildungsziele ist es dann die Aufgabe des jeweiligen Kantons, diese Bildungsziele in den Leitideen und in den Lehrplänen zu konkretisieren. Man muss sich indes bewusst sein, dass die Lehrpläne nur einen Ausschnitt aus der Bildungs- und Erziehungsarbeit der Schule sind. Sie sind unterrichtsbezogen. Ihre Bedeutung darf aber nicht überschätzt werden. Daran zu glauben, dass die staatliche Schulaufsicht – wie immer man sie heute nennt – die Einhaltung der Lehrpläne überprüft, ist illusorisch. Praktiker in der Schule sind sich da sicher, dass für den Unterricht die Schulbücher ohnehin weit wichtiger sind als die Lehrpläne.

Und damit ist die Schlussfolgerung klar: Die staatlichen Bildungsziele sind aus der verfassungsmäßigen Aufgabe für den Staat klar gesetzt. Aber es ist die Einzelschule, welche die Bildungsziele konkretisiert und damit für ihr Schulleben bestimmt. Es ist heute unumstritten, dass es das Kennzeichen der geleiteten Schule ist, in eigener Verantwortung zu handeln und damit ihr eigenes Profil in einem Schulleitbild zu fixieren, das in enger Zusammenarbeit mit allen Erziehungsberechtigten entwickelt wird. Denn für eine erfolgreiche Erziehungsarbeit der Schule ist Kohärenz im Verhalten der Lehrerinnen und Lehrer unerlässlich, und die Zusammenarbeit mit den Eltern bildet die Voraussetzung.

1   Schwanitz, Dietrich: Bildung. Alles, was man wissen muss. 12. überarb. Aufl. Frankfurt a. M.: Eichborn, 2002.

2   Herzog, Roman: Aufbruch ins 21. Jahrhundert. Berliner Grundsatzrede vom 26. April 1997. bcsw-hrz.uni-duisberg.de/Ruckrede.doc

3   Struck, Peter: Man muss nicht alles wissen... In: Deutsches Allgemeines Sonn-

tagsblatt 1999, Nr. 47. www.sonntagsblatt.de/artikel/1999/47/47-deb.htm

4   Vgl. Plotke, Herbert: Schweizerisches Schulrecht. Bern: Haupt, 1979.

5   Erziehungsdirektion des Kantons Glarus: Kernlehrplan Glarus. Glarus, 2002.

6   Erziehungsdepartement des Kantons Schaffhausen: Schulgesetz vom 27. April 1981. Schaffhausen, 1981.

7   Bildungs-und Kulturdepartement des Kantons Obwalden: Bildungsgesetz. Abstimmungsvorlage. Sarnen, 2004.

8   Departement Bildung, Kultur und Sport des Kantons Aargau: Lehrplan 2000. Aarau, 2000.

9   Vgl. Kälin, Walter: Grundrechte im Kulturkonflikt. Zürich: NZZ-Verl., 2000.

10 Avenarius, Hermann: Reform der Schulgesetze. In: www.forumbildung.de

11 Vgl. Glotz, Peter: Bildungsziele für die Informationsgesellschaft. www.wissensgesellschaft.org

Alfons Lenherr

Konkrete Bildungsziele privater Schulen: Chancen und Risiken

Entsprechend dem Thema der Vorlesung halte ich mich streng an die Vorgabe: Es soll *konkret* sein und von *privaten* Schulen gesprochen werden.

1 Konkret: Die Freien Katholischen Schulen Zürich – FKSZ

Die FKSZ wurden 1922/3 von engagierten Katholiken, Männern und Frauen, in der «Diaspora» der Stadt Zürich gegründet. Die Lehrschwestern von Menzingen begannen mit einer Mädchensekundarschule, später kamen auch Knaben hinzu, die von Marianistenbrüdern unterrichtet wurden.

Die FKSZ heute: Sie haben drei Schulstandorte in der Stadt Zürich mit ca. 700 Schülerinnen und Schülern und 100 Lehrpersonen. Träger ist der Verein FKSZ. Es steht ihm ein Schulrat vor, ein Schulleiter amtiert als Geschäftsführer der drei autonom geführten Schulen. Das Kerngeschäft ist die Oberstufe, jede Schule hat aber noch ein zweites «Standbein», ein spezifisches Angebot: eine 5./6. Primarstufe, ein freiwilliges 10. Schuljahr bzw. ein Gymnasium.

Die theoretischen Bildungsziele sind formuliert im Leitbild der FKSZ. Leitlinie 1 legt die Grundlage:

«Christlich-humanistische Werte bilden die Grundlage für die Arbeit der Freien Katholischen Schulen Zürich.»

167

An diese Leitlinie lassen sich folgende Thesen anknüpfen, die später entfaltet werden:

- Christlich-humanistische Werte sind anschaulich und anschaubar.
- Die Verwirklichung erfordert formelle und informelle Strukturen.
- Voraussetzung und Grundlage ist ein Lehrerkollegium als Kommunität.
- Christliche Bildungspraxis ist nie Besitz.

2 Konkret: Schule heute in unserer Gesellschaft

Schulen sind Spiegelbilder ihrer Gesellschaft. Oder: Jede Gesellschaft hat die Schule, die sie verdient. Schule und Gesellschaft haben unabdingbar miteinander zu tun.

Deshalb möchte ich von unserer Gegenwart, dem heutigen Tag, dem 9. Juni des Jahres 2004 und seinem zeitgeschichtlichen Umfeld ausgehen.

Heute früh las ich im ersten Absatz des Hauptkommentars der F.A.Z:

«Haben die Europäer, hat die deutsche Gesellschaft das Christentum abgeschrieben? Für die geplante Verfassung der Europäischen Union, die von bekennenden Christen nach den Zerstörungen des Zweiten Weltkriegs als Wirtschaftsgemeinschaft auf den Weg gebracht worden ist, ziert sich die politische Klasse der meisten Mitgliedsländer, die ‹christlichen Wurzeln› des Kontinents ausdrücklich zu würdigen. In Deutschland bestätigt sich allenthalben, dass die Volkskirchen beider Konfessionen sich geleert haben und innerhalb einer Generation aus Gläubigen ‹Gutmenschen› geworden sind, Neu-Heiden mit geringen Bindungen an christliche Institutionen und vagen Erinnerungen daran, dass ihren Werteüberzeugungen und moralischen Maßstäben religiöse Lehren zugrunde liegen. Unionspolitiker, Christliche Demokraten dem Namen nach, sind froh, wenn sie sich nicht den Kopf darüber zerbrechen müssen, was das ‹C› in beider Parteien Abkürzung noch bedeuten könnte. Der Versuch, das christliche Grunderbe in der Politik zur Unterscheidung von anderen Parteien hervorzuheben und mehrheitsfähig darzulegen, wird selbst von bekennenden Christen kaum unternommen; vermutlich würde er in unauflösbarem Streit enden und müsste einer Kommission für den Sankt-Nimmerleins-Tag übertragen werden.»[1]

Die Analogie zu unseren schweizerischen Verhältnissen ist wohl selbstredend.

Im Weiteren stehen exemplarisch für die Gegenwart: Der weltweite Kampf gegen den Terrorismus in vielerlei Gestalt, z. B. Irak, Israel und Palästina, Südwestsudan; die neuen Epidemien AIDS und SARS; unstillbarer Hunger und hohe Kindersterblichkeit in vielen Ländern der sog. Dritten Welt; die Sorge um Arbeit, Arbeitslosigkeit, finanzielle Sicherung in Krankheit und Alter; Integration von ausländischen oder behinderten Menschen in unserem Land; sie ist auch geprägt vom Aufruf und der eindringlichen Bitte des Papstes um Herstellung und Bewahrung des Friedens, um den Weg zur Einheit der Christen, die er am vergangenen Samstag und Sonntag anlässlich seines Besuchs bei der katholischen Jugend der Schweiz in Bern ausgesprochen hat; die Auseinandersetzung um die Bilateralen II; die Streichung des Fachs Biblische Geschichte aus Spargründen in den Volksschulen des Kantons Zürich usw.

Der Realität dieses Lebens tritt mit Macht und Gewalt die vielfältige Welt des Unterhaltungsmilieus und des Cyberspace entgegen. Die Nachhaltigkeit eines politischen Engagements der Jugendlichen nach den Demonstrationen gegen den Irakkrieg gab es nicht, zumindest nicht in Zürich.

Die Realität begegnet mir im Mikrokosmos der Schule frühmorgens, wenn viele Kinder und Jugendliche die Eingangshalle unseres Schulhauses betreten, Kopfhörer über den Ohren, den Blick im Display des Handy spiegelnd, die Flasche unterm Arm oder am Mund, manchmal alles gleichzeitig!

Wenn ich einen Gedanken tiefer schürfe und viele Erfahrungen der letzten Jahre bündle, dann stelle ich makroskopisch fest: Ein grundlegender gesellschaftlicher Wandel hat sich vollzogen, dessen Folgen auch im Bereich unserer Schule immer deutlicher werden: Trotz großer Bemühungen um «Wertediskussionen» vermag die Schule heute die Heranwachsenden immer weniger in den Lebenszusammenhang unserer Gesellschaft einzuführen. Die «Welt», der

Alltag ist auf Zerstreuung und Selbstverwirklichung angelegt. Eine «Unterscheidung der Geister» können die Jugendlichen kaum mehr treffen. Damit alleingelassen, erfahren sie sich wohl weitgehend denselben Zwängen und Bedürfnissen ausgeliefert, denen die Gesellschaft unterworfen ist.

Derzeit ereignen sich auf europäischer Ebene zwei Vorgänge, die im Großen zeigen, wo unser Problem im Kleinen ist. Das eine ist der Versuch einiger christlich gesinnter europäischer Politiker von EU-Staaten, in der Präambel der Europäischen Verfassung den «Gottesbezug», die Anrufung Gottes doch noch festzuschreiben (vgl. die Aussagen im o.g. Kommentar der F.A.Z.). Das andere ist die Auseinandersetzung um die Aufnahme oder Nicht-Aufnahme der Türkei, eines zwar laizistischen, aber doch islamischen Staates in die EU, eine auf dem Boden der christlich-jüdischen Tradition entstandene Staatenwelt.

Beide Vorgänge zeigen, wie schwierig es heute ist, von kultureller und gläubiger Tradition so zu reden, dass die Anliegen einleuchtend wären; sie zeigen außerdem, dass eine bedeutende Mehrheit europäischer Politiker vom Ganzen nicht mehr viel hält.

Vielleicht ist uns noch zu wenig bewusst, wie bedroht diese Werte sind, wie dünn der Firnis der Humanität oder Zivilisation, wenn ihnen der Boden ihres Ursprungs, der jüdisch-christliche Glaube, entzogen wird, auch wenn das Wort des ehemaligen deutschen Verfassungsrichters inzwischen ein geflügeltes ist, dass der *freiheitliche, säkularisierte Staat von Voraussetzungen lebe, die er nicht selbst garantieren könne.*[2]

In diesem Zusammenhang vielleicht ein weniger bekannter Gedanke von Matthias Dobrinski, der im vergangenen Herbst in der SZ zum Gottesbezug in der Präambel der EU-Verfassung schrieb:

> «Gott in der Verfassung stünde dafür, dass Europa ein Gedächtnis hat. Johann Baptist Metz, der Begründer der politischen Theologie, hat die Krise der westlichen Gesellschaften eine ‹Gotteskrise› genannt. Sie habe ihre Ursache in der zunehmenden Gedächtnislosigkeit. Tatsächlich: die Menschen in einer sich immer schneller wandelnden Welt drohen zu erinnerungs- und geschichtslosen Wesen zu werden. Die Erinnerung aber ermöglicht Menschlichkeit.»[3]

3 Entfaltungen

In den vielen Jahren meiner Tätigkeit als Lehrer und Erzieher war ich fortwährend in irgendeiner Form oder Fragestellung mit der Sache «katholische» oder «christliche» Schule beschäftigt. Die Frage war nie einfach zu beantworten, und ebenso wenig ist es einfach, «christliche» Schule konkret Gestalt werden zu lassen. Ich durfte dabei aber viele Erfahrungen machen und möchte diese nun in einer Ausfaltung meiner Thesen darlegen.

3.1 Christlich-humanistische Werte sind anschaulich und anschaubar

Also müssen sie auch anwendbar, konkretisierbar sein:

3.1.1 Die Würde und Achtung des Menschen schützen und bewahren

Dass die Würde des Menschen antastbar ist, zeigt uns der tägliche Blick in die Medien und um uns herum.

Manchmal versuche ich, mit meiner Tätigkeit als Lehrer und Erzieher zurecht zu kommen, indem ich wahrgenommene Wirklichkeiten schriftlich reflektiere; so schrieb ich im Rahmen eines Erzähltextes:

> Ruth ging ihrem alten Beruf in neuer Stellung nach. Das Kollegium war zugewandt, die inneren Nahtlinien noch nicht sichtbar. Auf dem Weg ins Klassenzimmer schlichtete sie schon am zweiten Tag eine Auseinandersetzung, die handgreiflich zu werden drohte. Ein Knabe ihrer Klasse war daran beteiligt. Sie holte ihn später am Tag zu sich und sprach mit ihm. Der Konflikt hatte laut seinen Aussagen damit begonnen, dass ihm sein Mitschüler die Cola-Dose aus den Händen geschlagen hatte mit den Worten, sie gehöre ihm, er hätte sie ihm vorhin, da er sie auf das Gesims gestellt hätte, entwendet. Das aber bestritt ihr Schüler heftigst. Ruth glaubte ihm. Später dachte sie an Pascal, der ihr einmal, als sie über die Usurpation der Macht gesprochen hatten, aphoristisch sagte: «Dieser Hund gehört mir, sagten diese armen Kinder. – Das ist da mein Platz an der Sonne. Darin bestehen der Anfang und das Ebenbild der Usurpation der ganzen Erde» (Blaise Pascal, Pensées 64/295).

Jeder Mensch ist einmalig. Er ist, unabhängig von seiner Hautfarbe, seiner Sprache, seiner Religion, seiner Verwandtschaft, seinem Aussehen ein Geschöpf Gottes, der ihm das Leben gegeben hat und über das wir deshalb nicht verfügen dürfen.

Mit diesem Bewusstsein und Blick aufeinander zugehen zu dürfen, als Lehrer auf die Schüler, als Kollege auf die Kollegen, eröffnet immer wieder einen Ausweg durch einen neu ermöglichten Anfang.

Das heißt für mich als Lehrer und Erzieher: Es gehört zu meiner Aufgabe, dieser Geschichte Gestalt zu geben, angefangen vom Lehren und Lernen der großen geschichtlichen Zusammenhänge, dem Kennenlernen und Bewältigen der eigenen und fremden Sprachen als Mittel des Verstehens, der Auseinandersetzung mit der Entwicklung der modernen Industrie- und Kommunikationsgesellschaft bis zu den Möglichkeiten, einen Ort, einen Platz zu schaffen, wo wir auch außerhalb der unmittelbaren Unterrichtszeit beieinander sind, manchmal sogar miteinander essen und trinken und uns gegenseitig zuhören (lernen). Wenn es in der Schule noch eine Mensa gab, hat das viel geholfen.

3.1.2 Um die Fehlbarkeit und Schwäche des Menschen wissen

D. h. z. B. wissen, dass die *«Bedingungslosigkeit, mit der die Menschenwürde und die Menschenrechte als Werte aufgezeigt werden müssen, … jedweder staatlichen Rechtsordnung vorausgehen».*[4] Die Betrachtung der menschlichen Geschichte lehrt mich das Wissen um die Fehlbarkeit und Schwäche des Menschen: Der Mensch ist nicht «gut», ich bin nicht «gut», nur Gott ist gut. Das Wissen um diesen meinen, unseren schlechten «Ruf» enthebt mich dem fortwährenden Bemühen, anders sein zu wollen, als ich bin. So gebe ich vor dem Schüler zu, wenn ich ihm gegenüber nicht richtig gehandelt habe, und verlange es nicht nur von ihm mir gegenüber. Es macht uns in einer gewissen Weise gleichwertig; keiner hat dem andern etwas voraus; wir sind aufeinander angewiesen, theologisch gesprochen: erlösungsbedürftig.

3.1.3 Gegen den Tod (in vielerlei Gestalt) vorgehen – einander zum Leben verhelfen

Tod begegnet im Ende von Vertrauen, in Gleichgültigkeit, in Unbarmherzigkeit. Es gehört zu meinem Auftrag, den Schüler und die Schülerin in ihren nicht ausgesprochenen Anfragen, Anblicken, bei ihrem geduckten Hinausgehen nach einer Schulstunde, in der Beliebigkeit und Unverbindlichkeit ihrer Beziehungen, in ihrer permanenten, unerreichbaren Handy-Erreichbarkeit nicht verloren zu geben, die Sprache, das Sprechen zurückzugeben z. B. schon allein durch Zuhören. Einander zum Leben verhelfen, auch unter den Erwachsenen – einander Hilfe widerfahren lassen, wenn einer sie braucht, auch ungefragt.

3.1.4 Die Liebe zur Welt lernen

Es heißt in den ersten Sätzen des Alten Testamentes, dass Gott die Welt erschaffen hat – und nicht die Religion. Diese Tatsache ermutigt mich, mich mit den alltäglichsten Dingen meines Lebens und dieser Welt auseinander zu setzen und zu lernen, wie ich mit ihnen verantwortet umgehen kann. Und die Dinge dieser Welt sind zunächst die um mich herum: der Schulweg, der Arbeitsplatz, die Kleider, mein Geld, das Essen, die Gesundheit, das Lehren und Lernen; und immer: auch die Dinge des anderen, der gerade mit mir ist.

Deshalb ging ich zu Beginn von dem aus, was in unserer Welt ist – heute. Es ist wichtig, was ich zu diesen Vorgängen meine. Das sind nicht Nebensächlichkeiten. Es ist entscheidend, ob ich eine Meinung dazu habe und woher ich sie nehme. Und was diese Vorgänge bedeuten. Bedeuten sie überhaupt etwas? – Beschäftigen sich «meine» Kinder und Jugendlichen mit solchen Fragen, und welche Antwort gebe ich ihnen, wenn sie mich überhaupt noch fragen?

Darum gehört zum Alltag alles, was da ist: Das ist z. B. das Bemühen um eine lesbare, gestaltete Schrift, die Hausaufgaben, der Tafeldienst, das Aufräumen des Klassenzimmers, die Sorge um die momentan nicht auffindbare Mütze oder den Riss in der neuen Jacke, das Gespräch über ein bevorstehendes Telefonat mit den Eltern, das Aufmerken, wenn ein Schüler seit drei Tagen fehlt, unabhängig von der diesbezüglichen Pflicht des Klassenlehrers.

Meine Erfahrung ist, dass Denken und Handeln aus diesem Grund und Wissen befriedet, Ruhe schafft, das Bewusstsein stärkt, dass etwas möglich ist.

Das ist ein permanenter, d. h. stündlicher und täglicher Erziehungs- und Bildungsprozess. Er geht auf Unterscheidung aus. Er hat mit Prägungen zu tun, und diese erfordern ein aktives Handeln von denen, die Verantwortung haben.

3.2 Die Verwirklichung erfordert formelle und informelle Gefäße, Strukturen

Formelle Strukturen im Stunden- oder Jahresplan sind: Der Religionsunterricht als ordentliches Schulfach; das Angebot Religionslehre als Ergänzungsfach; das Ergänzungsfach Philosophie; das Freifach Politische Gegenwartskunde; die Aufgabe einer Religionslehrkraft (3 Wochenstunden) für spirituelle Begleitung, Koordination religiöser Tätigkeiten, Anregungen.

Informelle Strukturen im Rhythmus des Jahres, variabel, aber vorgesehen, sind: Orte der Besinnung schaffen, Raum der Stille; die Zeiten des Kirchenjahres – Advent, Fastenzeit, Ostern, Pfingsten – auch als Teil «unserer» Zeit; miteinander Feste feiern – Fasnacht, Hausfest; jährlich ein Gottesdienst, als Eucharistiefeier oder Wortgottesdienst, herausgewachsen aus Arbeit und Gespräch; meine Verantwortung für die Freiheit, die mir der Lehrplan zur Verfügung stellt, wahrnehmen (Jahresplanung meiner Fächer); die Unterstützung der ABSK; die Rückbindung an die katholische Kirche.

Letzteres ist gewiss für viele ein Knackpunkt, wenn nicht ein Stein des Anstoßes, sodass es gerade bei uns in der Schweiz schwierig ist, darüber nicht nur zu sprechen, sondern zu einem Konsens zu kommen. Vor gut einem Jahr hat Abt Martin Werlen an der 54. Jahresversammlung der Katholischen Schulen Schweiz in seinem Grußwort unter dem Motto «Wo Werte zählen...» unter anderem gesagt: «Die katholische Schule hat ihren Sitz im Leben ganz klar in der Kirche.» Für mich ist in all den Jahren klar geworden: Christliche Werte in unserem (Schul-)Leben der Gegenwart zu erhalten, zu retten, zu vertiefen, zu fördern usw. hat ohne Rückbindung an die Kirche, an die katholische Kirche, keinen Halt. Das beinhaltet etwa die persönliche Auseinandersetzung als Nicht-Theologe mit der Geschichte des Glaubens in ihrer vielfältigen Gestalt, darunter die Heils- und Unheilsgeschichte der Kirche.

Aber es ist auch die Geschichte von vielen Männern und Frauen in vielen Jahrhunderten, die einen mutigen, wahrhaftigen Weg gegangen sind, ohne Rücksicht auf ihr eigenes Leben, unsere sogenannten «Heiligen». Das ausgefeilte «technische» Gedächtnis der Mikrochips, der wiedererwachte Traum vom totalen Wissen im digitalen Zeitalter bewahrt uns nicht vor dem Verlust dieses Wissens. Wir müssen festhalten und weitergeben, dass uns aus dieser Geschichte ein Auftrag erwachsen ist, dem wir auch mit unseren Schulen dienen möchten, müssen, dürfen.

Wir brauchen nichts Neues entdecken, nur das, was verschüttet worden ist, wieder holen und es als Person, als Mensch, nicht als Lehrer mit der großen Geste, nicht als Erzieher mit dem moralischen Zeigefinger, leben. Und ich muss wissen, dass ich als Lehrer und Erzieher sehr vieles nicht kann und nicht darf und es deshalb auch nicht tun muss, denn: Viele Prägungen sind bei den Jugendlichen schon lange gesetzt, wenn ich das Kind oder den Jugendlichen erstmals sehe; es gibt das Recht der Eltern auf die Erziehung ihrer Kinder. Ein großer Teil des Lebens spielt sich außerhalb der Schule und des Unterrichts ab; ich habe selber nur begrenzte Kräfte und Möglichkeiten und bin auch dafür – für mich und andere – verantwortlich.

3.3 Voraussetzung und Grundlage ist ein Lehrerkollegium als Kommunität

Über viele Jahrhunderte war die Kloster- oder Domschule für viele junge Menschen der Zugang zu Bildung, Wissen und Kultur. Sie bedeutete die Teilnahme am Leben einer Gemeinschaft, die aus eigener Initiative geistige und kulturelle Zentren aufbaute mit dem Ziel, nicht bloß Wissen zu vermitteln, sondern die Bedingungen für humanes Zusammenleben insgesamt vorzuleben. Die Schule war ein Teil dieses schöpferischen Prozesses: Sie befähigte den Einzelnen, in der Begegnung mit einer solchen Gemeinschaft Orientierung für das eigene Leben zu gewinnen, gleichzeitig ließ sie ihn erfahren, dass er in einem größeren Zusammenhang humaner Tradition beheimatet ist und aufgerufen, sich schöpferisch an ihrer Ausgestaltung und Erhaltung zu beteiligen.

Die Konkretisierung christlicher Bildungspraxis braucht eine «Kommunität», die die Schule trägt. Die «Kommunität» des Lehrerkollegiums besteht aus und in der Anbindung an die grundlegenden Weisheiten der christlich-jüdischen Tradition. Ohne in Communio zu leben, muss es das Bestreben eines Lehrerkollegiums sein, in grundsätzlichen Fragen einen wahrhaftigen, aufrichtigen Konsens anzustreben (Leitlinie 6 unseres Selbstverständnisses). Das kann durch das christliche Element des «Nicht-Natürlichen», das, was jenseits familiärer Verwandtschaft einen verbindlichen gesellschaftlichen Zusammenhang und Zusammenhalt gibt, gefördert werden. Die Praxis ist ein unspektakulärer Weg, miteinander zu christlichen Werten durch Nachahmung zu animieren.

3.4 Christliche Bildungspraxis ist nie Besitz

Diese Struktur und Praxis muss täglich neu erstellt, gelebt und bewahrt werden. Die Ermöglichung einer Konkretisierung christlicher Bildungsziele erfordert ein fortwährendes Gespräch im Lehrerkollegium. Das benötigt Zeit und Gedanken. Das kann immer nur ein Angebot sein und steht und fällt mit denen, die eine Schule gemeinsam verantworten. Unsere Aufgabe ist ein Dienst. Das ist nicht modern.

Es gibt eine Chance für den alten katholischen Grundsatz: «unus christianus, nullus christianus». Wir können dem Trend der Zerstreuung durch das Miteinander, das Sammeln, entgegenwirken. Ich muss und müsste nicht allein sein, kein Einzelkämpfer, wir könn(t)en, dürf(t)en es miteinander tun; das ist eine urchristliche Praxis, ganz jesuanisch, denn miteinander heißt sammeln.

Dem steht das Zerstreuen entgegen: Zerstreuung und Zersplitterung in die Nation, in die Sprache, in die Religion, in die Familie, in die eigene Kultur, in den Clan, in die Sippe; und das Zerstreuen nimmt Formen an, die wir als durchaus positiv empfinden und die unserer menschlichen Natur zu entsprechen scheinen – der menschlichen Natur, aber nicht der christlichen.

Das sind meine Erfahrungen. Sie sind wohl nichts Neues. Aber sie korrigieren ganz sachte den Haupttitel dieser Vorlesungsreihe: Die Minimalia sind dennoch immer Maxima(lia).

1   Frankfurter Allgemeine Zeitung: 09. 06. 2004, S. 1.
2   Frankfurter Allgemeine Zeitung: 14. 09. 1995, S. 41.
3   Süddeutsche Zeitung: 06. 10. 2003, Nr. 229, S. 4.
4   Benedikt XVI./Ratzinger, Joseph: Die Christen sind eine kreative Minderheit,
    die Europa retten kann. Rom, 14. Mai 2004. In: www.zenit.org

Frido Pflüger[1]

Katholische Schule als missionarischer Ort – die besondere Situation in den neuen Bundesländern

Unsere Schulen stehen in der alten Tradition des katholischen Schulwesens und sind geprägt von unserer Spiritualität. Dies ist ja auch unser großes Plus gegenüber den staatlichen Schulen, dass wir eine größere Überschrift haben können und uns nicht nur auf den Minimalkonsens beschränken müssen.

Schulen sind sehr stark strukturiert und haben oft eine von außen, vom Staat, vorgegebene Aufgabe, und wir halten uns da ja oft sehr genau daran, fast zu genau. Damit kann man sich sehr intensiv beschäftigen, kann voll darin aufgehen, aber eine katholische Schule hat man damit noch nicht. Solch eine Schule kann sogar ein sehr gutes Programm oder katholisches Schulprofil haben. Aber erst durch den Lehrer, der weiß, wie man Menschen bekehrt, wird sie ein missionarischer Ort.

Ich möchte Ihnen zunächst ein paar Überlegungen zum Thema Schule in atheistischer Gesellschaft und katholische Schule als missionarischer Ort vortragen, dann einfach einige Elemente vorstellen, wie wir mit den Lehrern unserer Schule an der zentralen Aufgabe arbeiten, an der Persönlichkeitsentwicklung der Schüler. Wenn die Vermittlung von Glaube und Religion in unserer atheistischen Gesellschaft gelingen soll, dann müssen wir langfristig und prozessorientiert mit den Schülern an ihrer Persönlichkeit arbeiten. Vieles von dem, was ich Ihnen vortragen werde, führen Sie an Ihren Schulen auch durch, das eine oder andere wird neu sein oder einen neuen Akzent beinhalten. Ich hoffe, es hilft uns, an der Frage dranzubleiben, was denn unser Profil sei.

1 Schule in atheistischer Gesellschaft

Ich lebe jetzt seit Jahren in einer atheistischen Stadt, in der die Menschen mit einer solchen Selbstverständlichkeit religionslos sind, dass die Rede von der Sehnsucht des Menschen nach einer tieferen Dimension des Lebens fast sinnlos erscheint. Und mit einem bangen Gefühl sind viele in Westeuropa überzeugt, dass dies überall so kommen wird. Also müssen wir uns ganz deutlich machen, was wir mit unseren katholischen Schulen wollen.

Unser Ziel ist einerseits, junge Menschen sehr gut auszubilden, damit sie die Zukunft mit den anstehenden Problemen bewältigen können, andererseits diesen jungen Menschen bei der Entwicklung ihres Charakters und ihrer Persönlichkeit zu helfen, damit sie als aufrechte, unbestechliche und für die Gemeinschaft engagierte Menschen unsere Schule verlassen. Die Begegnung mit dem christlichen Glauben soll ihnen dabei Lebenssicherheit, gesundes Selbstbewusstsein und Wertorientierung geben. Dies ist ganz besonders wichtig in den neuen Bundesländern, in denen ja religiös eine besondere Situation herrscht.

Der ostdeutsche Theologe Eberhard Tiefensee nennt Ostdeutschland ein Missionsland mit stabilem areligiösen Milieu, das hochresistent ist für Missionsbemühungen (auch für die Sekten). Die Dresdner Professorin Hanna-Barbara Gerl-Falkovitz berichtet von einer Umfrage über die Bedeutung von Weihnachten, nach der die Hälfte der Ostdeutschen meint, dass die Weihnachtsgeschichte in Grimms Märchen stehe. Die Sächsische Zeitung berichtete am 24. 12. 2002 in dem Artikel «Der Tag des toten Weihnachtsmanns» von einer Umfrage des Münchner Jugendforschungsinstituts «iconkids and youth», nach der in Ostdeutschland 54 % der Befragten den Grund für das Weihnachtsfest nicht genau kennen, in Westdeutschland 36 %. Im Artikel heißt es weiter: «Und wann soll man nun den Kindern erzählen, dass es den Weihnachtsmann oder das Christkind gar nicht gibt? Ganz einfach: ‹Wenn Kinder fragen, sind sie reif für die Wahrheit›, sagen Psychologen. Meist sei das im Kindergartenalter.»

Nach neueren Untersuchungen[2] sind in den neuen Bundesländern 5 % katholische, 20 % protestantische und 2 % sonstige

Kirchenmitglieder. 73 % sind konfessionslos. Der Pastoraltheologe Prof. Zulehner, der die Untersuchungen leitete, sagt:[3]

«Es ist schon spannend für die Deutschen, dass sie in einem Land leben, wo in einem großen Teil eine atheistische Kultur herrscht. Das wird Deutschland in den nächsten Jahren noch massive kulturpolitische Probleme bescheren.»

In einigen Ländern in Ost-Mittel-Europa gibt es positive religiöse Entwicklungen; nach Zulehners Untersuchungen gibt es diese gerade nicht in Ostdeutschland und Tschechien:

«Leider sind diese beiden Gebiete wieder die Ausnahme. Dort sagen die Leute mehrheitlich, die Religion werde weiter abnehmen. Das ist der Effekt der ‹atheistischen Massenkirche›. Deshalb rate ich der katholischen oder evangelischen Kirche wo ich kann, sie solle nicht zur ‹kleinen Herde› werden, weil die Volkskirche eben auch einen kulturellen Sog erzeugt, der den Kirchen das Arbeiten wesentlich leichter macht.»

In fast allen von Zulehner untersuchten Ländern wird für die kommenden Jahre ein religiöser Aufschwung erwartet. Nur in Ostdeutschland (am stärksten), Polen, Rumänien und Tschechien wird eine Abnahme der Religiosität erwartet[4]. Eine gerade vorgestellte repräsentative Umfrage des Sächsischen Sozialministeriums besagt, dass gerade noch 21 % der 15- bis 27-Jährigen in Sachsen Mitglied einer Kirche sind (18,5 % prot., 2,5 % kath.). Tendenz weiter rückläufig. Unser Bischof berichtete von einer neuen Untersuchung, nach der in Leipzig im Jahr 2000 nur noch 10 % aller Kinder überhaupt getauft werden.

Schlussfolgerung: Wir müssen dem Sog dieser «atheistischen Massenkirche» entgegenwirken. Wir können dies nur tun, wenn wir auch an den entscheidenden Stellen mitarbeiten und unsere Präsenz zeigen. Dazu gehört auch, dass wir natürliche Räume schaffen für die jungen Leute, wo sie in großer Selbstverständlichkeit Christ sein können und sich nicht in einem ständigen Abwehrkampf befinden. Als christliche Schule und damit als Teil der Kirche sind wir auf natürliche Weise im Umfeld der Jugendlichen und damit ihrer gesamten Familie präsent.

Es ist doch eine große Chance für uns, dass das Interesse an Fragen nach Glaube, Gott und Kirche gerade bei den jüngeren Altersgruppen am höchsten ist[5], und dass in allen untersuchten Ländern Osteuropas 81 % der bis-19-Jährigen sich als nicht-atheistisch[6] bezeichnen. Natürlich konstruieren sich die Menschen heute ihre Religion häufig selber, und kirchliche Pauschalangebote sind nicht so beliebt. So ist das Gottesbild auch für Gläubige sehr gesichtslos; nur für 17 % der Nichtatheisten (in Deutschland) ist Gott Ansprechpartner. Sogar unter den regelmäßigen Kirchgängern glaubt nur noch ein Drittel an Gott als persönliches Gegenüber.[7] Und trotz der großen Offenheit für den Glauben meint jeder zweite, dass die Kirche für die entscheidenden Fragen und Probleme des Lebens keine Antwort habe. Andererseits zeigen Umfragen, dass konfessionslose Personen sehr stark religiöse Rituale bei Geburt, Tod, Eheschließung wünschen. Hierher gehört auch, dass in Sachsen etwa 70 % aller Jugendlichen an der Jugendweihe teilnehmen, die ja früher ganz stark mit dem kommunistischen Staat verkoppelt war.

Dies alles ist doch eine tolle Herausforderung für unsere Arbeit in den Schulen. Ich zitiere aus dem Brief einer konfessionslosen Familie an mich:

«Ich erinnere mich noch genau an den Eröffnungsgottesdienst ... . Diese festliche Atmosphäre, aber auch diese Wärme und Herzlichkeit, mit der wir – ich schreibe betont wir ... – in die Schulgemeinschaft aufgenommen wurden. Für uns war vieles neu, da wir zu den Eltern gehören, die von Haus aus keiner Religionsgemeinschaft angehören. Es was vieles neu und wohltuend. ... Wir haben auch diese Schule gewählt, um unserem Sohn die Möglichkeit zu geben, Religion nicht nur als Unterrichtsfach zu erleben (das könnte er ja an jeder Schule), sondern Christentum und -brauch auch zu erleben, zu erleben von Menschen, die hinter dem Glauben stehen, in ihm leben. Erstmals haben wir dadurch bewusst ‹Neues› von unserem Kind erleben und vermittelt bekommen.»

Es ist uns wichtig, dass wir als christliche Schule und damit als Teil der Kirche in diesem Umfeld präsent sind. Wir erleben mit unserer Schule keine antikirchlichen Befindlichkeiten, viel eher eine

Offenheit, ein sich Wundern, dass diese konservative Kirche eine so moderne Schule macht, die einen solchen Zulauf hat, und teilweise erleben wir auch die Suche nach neuen Grundlagen des Lebens. So muss unsere Schule offen sein für die Menschen, die von Kirche und Religion keine Ahnung haben. Unser Bischof betont daher auch immer wieder, dass wir genügend Plätze für konfessionslose SchülerInnen frei halten sollen, um ihnen die Chance des Kennenlernens zu geben.

2 Schule ist Aufgabe der Kirche

Die Kirche ist keine aus dieser Welt herausgenommene Gruppe von Menschen, die nur in den Kategorien des Jenseits denken, sondern die den Auftrag haben, den Glauben und das Heil, die sie erfahren haben, auch den anderen Menschen zu verkünden, und die auch versuchen, aus ihrer Sicht die Welt, in der sie leben, zu gestalten. Dazu gehört ganz wesentlich der Erziehungsbereich, der dann auch aus dieser christlichen Weltsicht heraus zu gestalten ist. Und darin haben die katholischen Schulen, seien es Ordens- oder Bischöfliche Schulen eine sehr lange Tradition.

Gerade in meinem Orden können wir nun schon über einen Zeitraum von über 400 Jahren zurückblicken (vor diesem Hintergrund ist das staatliche Schulwesen ja erst in der Pubertät). Schon acht Jahre nach der Ordensgründung wurde 1548 die erste Jesuitenschule in Messina gegründet, und es folgten sehr schnell viele weitere Gründungen in ganz Europa, Amerika Asien und Afrika. Im Jahre 1599 wurde eine umfassende Ausbildungs- und Studienordnung, die sog. «ratio studiorum», veröffentlicht. Das inhaltliche Programm und die pädagogische Ausrichtung dieser Ordnung wurden für das moderne, neuzeitliche Verständnis von Schule und Bildung wegweisend. Viele der heute selbstverständlichen Standards wie Lehrpläne, Klassensystem, Lernkontrollen haben hier ihre Grundlagen.

Die Anzahl der Ordensschulen wuchs überall sehr schnell, und als 1773 durch den Papst der Orden aufgehoben wurde, zerstörte man ein Geflecht von 845 Schulen in Europa, Amerika, Asien und Afrika. Nur in Russland blieben einige Schulen erhalten.

1814 wurde der Orden wieder zugelassen, und sein Schulwesen begann auch gleich wieder zu florieren, vor allem auf dem amerikanischen Kontinent, in Indien und Ostasien.

Gegenwärtig gibt es mehr als 2000 Institutionen der Jesuiten auf den verschiedensten Ebenen, etwa 10.000 Jesuiten arbeiten mit 100.000 Laien zusammen, um mehr als 1,5 Millionen Jugendliche und Studenten in 56 Ländern zu erziehen.

Das Spektrum der Jesuiteneinrichtungen ist sehr weit: es reicht von Alphabetisierungskampagnen mittels Radio in den Dschungelregionen Mittelamerikas über landwirtschaftliche Trainingszentren in Zimbabwe bis zu den traditionellen Gymnasien und Universitäten in allen Kontinenten. Im Norden Ugandas betreut der Jesuitenflüchtlingsdienst 40.000 Schüler, die Flüchtlinge aus dem Sudan sind; in unserer Partnerschule in den Slums von Cali sind es 10.000 Schüler, und im Rahmen unseres Schüleraustausches mit Bangalore haben wir Kontakt mit einer Jesuitenschule auf dem Land.

Was ist das Ziel, das sich der Orden vorgibt, wenn er so intensiv Schulen betreibt?

Der Auftrag des Jesuitenordens besteht «im Dienst am Glauben, zu dem der Einsatz für die Gerechtigkeit notwendig hinzugehört» (so formulierte es unsere Generalkongregation vor einigen Jahren). Dementsprechend werden schulische Ziele und Möglichkeiten unter besonderer Berücksichtigung der Armen und gesellschaftlich Benachteiligten überprüft. Viele meiner Mitbrüder haben in den vergangenen Jahrzehnten ihr Leben gegeben, weil sie sich ganz eindeutig für diese Option für die Armen entschieden hatten und so gearbeitet haben.

Seit der Gründung der ersten Jesuitenschulen im Jahre 1548 war es immer das Ziel unserer Erziehung, Männer und Frauen heranzubilden, die fähig und bereit sind, verantwortliche Positionen in der Gesellschaft zum Wohl der Gesellschaft zu übernehmen; es geht um die Heranbildung von Multiplikatoren, von «Männern und Frauen für Andere», d. h. Bildung ist nicht nur für mich privat gedacht, sondern hat grundsätzlich eine soziale Verpflichtung. Dieses Ziel umschließt sowohl hervorragende fachliche Kenntnisse wie auch charakterliche Reife, die sowohl Aufrichtigkeit, Unbestechlichkeit, Widerstandsfähigkeit und Empfindsamkeit einschließt als auch Sensibilität und Engagement besonders im Hinblick auf die Not der Schwachen. Es kann daher niemals Ziel jesuitischer oder kirchlicher Erziehung sein, eine sozio-ökonomische Elite heranzubilden, was aber üblicherweise mit dem gängigen Elitebegriff gemeint ist. Der jetzige Generalobere meines Ordens, Pater Kolvenbach SJ, formuliert unsere Aufgabe kurz und prägnant: «To educate persons of competence, conscience and compassion».

Dies ist der Spannungsbogen, unter dem wir Schule zu gestalten versuchen. Dabei ist Leistung, die auch hervorragende Kenntnisse hervorbringt, unabdingbar, aber nicht Leistung um der Leistung willen, sondern weil uns das «Wofür» der Leistung auch klar ist: das Wohl der Menschen und der Gesellschaft.

Wenn es also darum geht, dann muss man sehr kritisch unsere gegenwärtige Schulsituation befragen. Ich zitiere Martin Saulek:

«Potentielle Leistungsträger für die Gesellschaft kündigen sich an der Schule nicht unbedingt durch gute Noten an. Ein Schüler, der mit der Empfehlung aus der Schule entlassen wird, er sei nie durch Stören des Schulbetriebes aufgefallen, man habe sich nie Sorgen um seine Leistungen machen müssen, er habe immer alles gelernt und korrekt reproduziert, ist wahrscheinlich nicht so qualifiziert für den Dienst am Allgemeinwohl wie einer, der gelernt hat zu widersprechen und Fragen zu stellen (Wahrheitsliebe), sich gegen die Autoritäten oder gegen den ‹mainstream› solidarisch für andere einzusetzen (Zivilcourage) ... . Wer potentielle Verantwortungsträger für die Gesellschaft bilden will, muss die spannende pädagogische Frage beantworten, wie eine Schule gestaltet werden soll, in der solche sozialen und formalen Kompetenzen gedeihen können.»[8]

Damit ist der Rahmen, unter dem ich katholische Schule und Erziehung betrachte, abgesteckt.

Natürlich ist ganz klar, dass die christliche Schule im Erziehungswesen zunächst genau dieselben Aufgaben hat wie jede andere Schule – darüber will ich heute nicht reden –, und dass sie diese sehr gut erfüllen muss, weil sie sonst ihren religiösen Auftrag gar nicht glaubhaft erfüllen kann. In der Vermittlung des Wissens, das zur Bewältigung des Lebens heute in der so komplexen modernen

Gesellschaft nötig ist, kann und darf die christliche Schule nicht hinter anderen Schulen zurückstehen. Die katholische Schule ist damit nichts Herausgehobenes, Auffälliges oder gar Exotisches, das es ja im privaten Schulbereich auch gibt; sie ist eine normale Schule wie andere auch, die ihre Aufgabe gut zu erfüllen suchen.

Wenn dies alles wäre, so ist nicht einzusehen, warum die Kirche eigene Schulen unterhält, und jeder ausgegebene Euro wäre verschleudertes Geld.

Was zeichnet also eine katholische Schule aus?

Es ist die Grundausrichtung auf das Evangelium, die eine christliche Schule von anderen unterscheidet. Sie hat also ein inneres Zentrum. Aufgrund ihrer Ausrichtung auf das Evangelium kann sich die katholische Schule dadurch auszeichnen, dass die Weltsicht, das Menschenverständnis, die Lebenseinstellungen, die Wertvorstellungen als größere Einheit den Kindern und Jugendlichen sowohl im Unterricht als auch in anderen schulischen Veranstaltungen vorgelebt werden, und dass dies vor allem in der Art und Weise des Zusammenlebens von Schülern, Lehrern und Eltern zum Ausdruck kommen muss.

Etwas weiter ausgeführt heißt dies, dass die katholische Schule aufgrund der christlichen Weltsicht geprägt sein muss durch ein ganzheitliches Bildungsideal, in dem neben einer gründlichen und soliden intellektuellen Ausbildung auch das Ethische, das Kreative, das Musische, das Emotionale im Menschen gefördert werden. Es geht also um die Entfaltung einer ausgewogenen Persönlichkeit. Jeder einzelne soll sich als Glied der menschlichen Gemeinschaft verstehen, die von Achtung voreinander, Verantwortung füreinander und Hilfsbereitschaft geprägt ist. Die Grundlage für diese Sicht ist nach christlicher Auffassung darin begründet, dass Gott jeden Menschen nach seinem Bild geschaffen hat und ihm dadurch eine absolute und nicht verlierbare Würde gegeben hat.

Wir leben nun in einer Zeit, in der wir immer stärker mit ganz isolierten Teilbereichen des Wissens konfrontiert werden, und somit die Bildung einer fundierten Weltanschauung immer schwieriger wird. Obwohl die Freiheit als ein sehr hohes Gut betrachtet wird, werden immer mehr Menschen vom Sog der Massenkultur mitgerissen. Die sich immer weiter ausbreitende materialistische

Lebenseinstellung geht auf Kosten der wirklich menschlichen Werte; Auflösung der Familie, fehlende Bereitschaft, Verantwortung zu übernehmen, Ausnützen aller Situationen für den persönlichen Vorteil, sofortige Bedürfnisbefriedigung, rücksichtsloser Umgang, Zunahme der Gewaltbereitschaft und Missachtung des Lebens, wie wir es ja gerade am 11. September und in Erfurt so brutal erfahren mussten, und wie wir es ständig erleben, wenn in Diskussion und in Wirklichkeit das Leben vor der Geburt und vor dem Tod zur Disposition freigegeben wird. Das sollen nur einige Stichpunkte sein. Wenn diese Erscheinungen zunehmen, wird es immer schwieriger werden, in einer Gesellschaft menschlich und würdig miteinander zusammenzuleben.

Diese Fragestellungen gehen ja nicht an den jungen Leuten vorbei, sondern sie sind mitten hineinverwickelt in ihr Leben. Dazu kommt die spezielle Situation der Jugendlichen in diesem schulischen Alter, die Suche nach der eigenen Identität: Wer bin ich überhaupt? Was will ich? Was soll ich mit meinem Leben? Soll das, was die Erwachsenen mir vorleben, das sein, was mir bevorsteht? Es ist eine Zeit, in der das moralische Bewusstsein der Jugendlichen eigentlich sehr stark ausgeprägt ist. Es ist die Zeit der beginnenden Partnerschaft mit all den dazugehörenden Verunsicherungen, die Zeit, in der man anfängt, seine Freiheit zu leben und selbst bestimmen zu wollen, und es ist auch die Zeit der ersten Erfahrungen des Scheiterns und damit der Selbstzweifel.

Wenn wir eine christliche Schule betreiben, geht es uns einzig und allein um einen Dienst, den wir jungen Menschen in dieser Situation anbieten wollen. Dabei müssen wir angesteckt sein von einem Geist, der uns nicht ausruhen lässt auf unserem guten Ruf, sondern der uns immer wieder antreibt, den jungen Menschen, mit denen wir es zu tun haben, in Zuneigung, Achtung und Verantwortung gerecht zu werden und ihnen Wege zu erfülltem Leben in guter (Mit-)Menschlichkeit aufzuzeigen. Jeder, der mit Jugendlichen zu tun hat, ist heute mit der auch bedrückenden Frage konfrontiert: «Was kann ich ihnen mitgeben, wie kann ich sie vorbereiten auf ein Leben, das viel unsicherer, vielgestaltiger und gefährdeter sein wird als mein eigenes?»

In einer christlichen Schule kann es nicht darum gehen, Jünger zu rekrutieren. Aber selbstverständlich steht sie auf der Grundlage, dass für den Menschen als Geschöpf Gottes die religiöse Dimension zu seiner sinnvollen Lebensgestaltung gehört.

3 Persönlichkeitsbildung als pädagogische Herausforderung der katholischen Schule

3.1 Schule und Persönlichkeitsbildung

Was unsere Gesellschaft dringend braucht, sind Menschen mit Charakter. Wir müssen die jungen Menschen auf dem Weg zu einer starken Persönlichkeit unterstützen.

Als Schule leben wir nicht auf einer Insel, sondern mitten im Umbruch unserer Gesellschaft. Schule muss Kinder und Jugendliche befähigen, in einer sich ständig wandelnden Umwelt zu bestehen und für sich zu klären, wofür es sich zu leben lohnt. Heute sind einheitliche Meinungs- und Handlungsmuster kaum mehr möglich; unterschiedliche Ansichten, Positionen und Lebensorientierungen stehen nahezu gleichwertig nebeneinander. Der Einzelne muss sich aus einem pluralistischen Sinn- und Werteangebot den für sein Leben relevanten Cocktail an Selbstverständnis, Weltanschauung, Wertorientierung, Gesellschaftsbild selbst zusammenstellen. Der Raum, in dem Jugendliche aufwachsen, ist durch neue Eckpunkte abgesteckt: Globalisierung, Beschleunigung, Flexibilität, Mobilität, Pluralisierung, Individualisierung sind solche Eckpunkte. Die Herausforderungen sind vielfältiger und größer geworden und stellen eine große Belastung für viele Menschen dar; dies beginnt bereits während der Schulzeit. Ein für mich beängstigendes Symptom ist die Zunahme der psychischen Erkrankungen bei SchülerInnen, speziell von Depressionen, und die Zunahme des Drogenkonsums.

Um für die Herausforderungen des Lebens gewappnet zu sein, braucht der Einzelne mehr als einen guten Schulabschluss. Gute Noten stärken nicht zwangsläufig ein gesundes Selbstbewusstsein, sie verleihen nicht aus sich heraus Ich-Stärke und Professionalität. Erst wirkliche Persönlichkeiten sind den Herausforderungen und Unwägbarkeiten des 21. Jahrhunderts gewachsen.

Damit wir diese Aufgabe auch bewältigen können, haben wir seit einigen Jahren die Stelle eines Pädagogischen Leiters geschaffen, der als weiterer Stellvertretender Schulleiter für die Koordination und die Entwicklung der pädagogischen Programme und Ideen zuständig ist. Dies war natürlich anfangs auch mit Problemen verbunden, weil eine neue Struktur eingeführt wurde (und die dann auch noch bezahlt werden musste!). Mittlerweile hat sich diese Stelle hervorragend bewährt und ist nicht mehr aus dem Schulalltag wegzudenken. Wenn man ein pädagogisches Konzept besitzt, dann muss es auch strukturell und kontinuierlich umgesetzt werden. Dies sichert der pädagogische Leiter.

3.2 Persönlichkeit und Wertorientierung

Wenn die Persönlichkeitsbildung im Zentrum unserer Arbeit steht, dann muss gleichzeitig von Wertorientierung gesprochen werden, denn falsch verstandene Stärkung der Persönlichkeit könnte auch zu einer Form des Egoismus führen.

Wir wollen junge Menschen darin fördern, sich nicht einfach der Masse anzupassen, sondern auch in Widerspruch dazu gehen zu können: Erziehung zur Widerspenstigkeit. Aber gerade dann ist die Wertorientierung notwendig. Eine gesunde Persönlichkeit ist gemeinschaftsfähig und kann sich auch als Teil eines Ganzen in die Gemeinschaft einordnen. Sie kann daher auch eigene Bedürfnisse und Interessen zugunsten der gesamten Gruppe zurückstellen.

3.3 Wege der Persönlichkeitsbildung

3.3.1 Im Unterricht

Der Unterricht ist der zunächst ganz natürliche Ort der Persönlichkeitsbildung durch den Lehrer. Täglich ist er im Kontakt mit seinen Schülern, oft über viele Jahre hinweg. Das ist auch das unterscheidende Merkmal zu jeder anderen Form der Jugendarbeit: Die Schüler kommen jahrelang jeden Tag viele Stunden zu uns. Wir müssen ihnen nicht nachlaufen, sie nicht suchen und werben; und wir müssen uns auch kein Thema mit ihnen suchen, denn die Lehrpläne sind uns vorgegeben; vor allem haben wir nicht als Thema unsere Beziehung und uns selber. Dies ist sehr entlastend, weil wir miteinander an einer Sache arbeiten können über lange Zeit hinweg. Und da kann sich vieles zeigen und entwickeln. Zuneigung und gegenseitige Achtung, Respekt voreinander, Verantwortung füreinander, Gerechtigkeit und Solidarität, Verständnis, anständiges Streiten und intellektuelle Redlichkeit, all dies können wir mit den Schülern viele Jahre lang einüben, aber zuerst müssen sie es bei uns, ihren Lehrern, sehen können.

Natürlich muss unser Unterricht geprägt sein durch eine gründliche intellektuelle Ausbildung und durch einen hohen intellektuellen Anspruch, denn nur sehr gut ausgebildete junge Menschen können die bedrängenden Probleme, die auf uns zukommen, in Angriff nehmen – aber dies ist eben nur die eine Hälfte unserer pädagogischen Arbeit. Durch unsere Art des Arbeitens, des Redens, des Wirkens, durch unsere persönliche Beziehung zu ihnen prägen wir die jungen Leute. Das ist uns oft viel zu wenig bewusst, obwohl es so weitreichende Konsequenzen hat. Befähigen wir die jungen Leute durch unser Unterrichten, dass sie aufrichtige Menschen sein können und nicht verlogene, dass sie frei ihre Meinung sagen können, dass sie kritisch mit uns umgehen können, wie wir es ja auch mit ihnen tun dürfen; befähigen wir sie entschieden genug, dass sie die Frage nach der Wahrheit stellen und sich nicht mit Rezepten zufrieden geben? Gehen wir mit ihnen auch die uns bewegenden Fragen an, oder klammern wir sie aus, weil wir ja bei diesen Fragen auch oft nicht weiter sind als unsere Schüler?

Wenn man solche Ziele besitzt, dann hat dies unmittelbare Auswirkungen auf das tägliche Leben in der Schule. Unterricht kann dann nicht primitiv-objektive Vermittlung sein, sondern wird immer mehr zu einem Geschehen zwischen Menschen, die sich gegenseitig ernstnehmen und achten. Der Lehrer muss dabei bereit sein, Stellung zu beziehen, auch dort, wo er seine Fachkompetenz überschreiten muss, weil seine Schüler wissen wollen, wo er bei den wichtigen Fragen des Lebens steht. Es gehört zum guten Fachunterricht dazu, dass ein Lehrer sich mit den ethischen, philosophischen und auch religiösen Fragen beschäftigt, die sich durch sein Fach ergeben können. Dies bedeutet natürlich eine große Herausforderung und Aufgabe für den Lehrer und verlangt ständige Weiterbildung. Er kann sich nicht hinter sein Fach zurückziehen, sondern er muss den einzelnen jungen Menschen als Person sehen, dem er mit seinen Möglichkeiten Hilfestellung und Anleitung zu geben hat. Dies kann natürlich nur geschehen, wenn zwischen beiden auch eine persönliche Beziehung besteht. Der junge Mensch ist gerade bei der Entfaltung seiner geistigen Fähigkeiten abhängig von dem, was ihm aus seiner Umgebung geboten wird. Und dabei ist gerade die gefühlsmäßige Beziehung von großer Bedeutung.

Wesentlich erweitert wird die unterrichtliche Aufgabenstellung noch dadurch, dass angesichts des weltweiten Problems von Armut, Ungerechtigkeit, Unfreiheit und Unwissen eine umfassende Kenntnis dieser menschenunwürdigen Situation der Mehrheit der Menschen und die Bereitschaft zu tätiger Abhilfe für alle unverzichtbar ist. Hier liegt noch ein weites Feld vor uns, das wir noch nicht entschieden genug angegangen haben. Ansatzweise unterstützen wir seit Jahren eine Schule in den Slums von Cali/Kolumbien durch die Einnahmen bei allen Veranstaltungen der Schule (Konzerte, Theater). Auch haben wir nach langer Auseinandersetzung das bekannte Sozial-Projekt *Compassion* eingeführt. Alle Schüler der 10. Klasse machen ein vierzehntägiges Sozialpraktikum, das in den verschiedenen Fächern begleitet wird. *Compassion* ist ein übergeordnetes Unterrichtsprinzip unserer Schule.

Eine Frage, die sich mir nach all den Jahren des eigenen Unterrichtens und nach sehr vielen Unterrichtsbesuchen, die ich ja auch zu machen habe, ganz massiv stellt, ist die Frage nach der Bedeutung unserer Unterrichtsinhalte. Wir unterrichten junge Menschen in einer vollkommen unübersehbaren Zeit, und ich frage mich, was hat unser Unterrichten mit dem Leben dieser jungen Leute zu tun; was hat es überhaupt mit ihnen zu tun? Ich frage mich dies auf dem Hintergrund der Schulabbrecher, der Unlust an der Schule, die gerade in der Oberstufe in den letzten Jahren zunimmt, der Zunahme der psychischen Erkrankungen.

Zurzeit wird ja in Folge der Pisa-Studie sehr viel diskutiert über Bildung und Erziehung. Viel Vernünftiges habe ich bisher noch nicht gehört. Wenn das, was wir bis jetzt im Unterricht gemacht haben, nichts ist, dann braucht man es doch nicht auszubreiten über den ganzen Tag und auch schon mit 5 Jahren anfangen. Schlechter Unterricht sollte eher gekürzt werden.

Ich wiederhole noch einmal die mich bedrängende Frage: Hat das Wissen, das ich vermittle, mit dem Leben der Jungen etwas zu tun? Vermittle ich Daten oder Orientierungswissen, das hilft, das Leben zu meistern?

Hier sehe ich uns Lehrer in ganz entscheidenden Jahren der Jugendlichen an sehr exponierter Stelle. Besprechen wir in den uns zur Verfügung gestellten 8 oder 9 Jahren die Dinge, die wichtig sind und bedeutsam für das Leben, für unser Leben, für das gemeinsame Leben auf dieser Erde? Sprechen wir von der Liebe und vom Glück, von der Unzufriedenheit und von der Einsamkeit, von der Freude und von der Verantwortung, vom Leid und vom Tod, von der tiefsten Dimension unseres Lebens, dem Glauben? Schwingen diese Themen mit, wenn wir Goethes Faust lesen oder die Gedichte von Günter Kunert oder den Vorleser von Bernhard Schlink? Verstehen unsere Schüler mehr vom Leben nach der Lektüre von Shakespeare oder Vergil? Oder wird nur gelesen und analysiert? Erfahren die Schüler im naturwissenschaftlichen Unterricht die Schönheit der Schöpfung und ihre Verlässlichkeit und den ordnenden Geist? Oder werden nur irgendwelche Dinge berechnet? Lassen wir sie die Freiheit und die Mächtigkeit des menschlichen Geistes verspüren in der Mathematik mit ihren abstrakten Konstruktionen, oder erschöpfen wir uns mit geistlosen Definitionen? Und erfahren sie in der Geschichte das Ringen der Menschen um eine menschenwürdige Gesellschaft, die Niederlagen und die Interessenkämpfe?

Das sind die Fragen, die mich seit einiger Zeit unruhig machen, wenn ich über Schule nachdenke. Man kann das alles auch anders fassen: Es geht um die tiefere Dimension unserer Wirklichkeit, es geht um die Wahrheit. Wenn man verantwortlich ist für eine Schule dieser Art, wie es das St. Benno-Gymnasium sein will, eine christliche Schule also, dann ist es für mich die größte Sorge, ob wir, die Lehrerinnen und Lehrer dieser Schule es schaffen, diese Dimension zu vermitteln in den vielen Jahren des Zusammenlebens und Arbeitens.

3.3.2 Beratungsarbeit

Wir haben für die Beratung der SchülerInnen und Eltern verschiedene Möglichkeiten geschaffen. Zunächst die Stelle der Beratungslehrerin, bei der es vor allem um die Schullaufbahnberatung geht. Sie nimmt auch an allen Notenkonferenzen teil und kann somit auch ihre Gesichtspunkte in die Diskussion einbringen. Der Schulseelsorger steht für Gespräche in religiösen und Lebensfragen mit SchülerInnen und Eltern zur Verfügung und ebenso auch die beiden DrogenberaterInnen. Die KlassenlehrerInnen sind gebeten, den Entwicklungsprozess ihrer Klassen und ihrer SchülerInnen zu begleiten, Kontakte zu den Eltern herzustellen und gegebenenfalls die notwendigen Schritte einzuleiten. Auch der Pädagogische Leiter ist Ansprechpartner bei Lebens- und Erziehungsfragen junger Menschen und begleitet Entwicklungsprozesse.

3.3.3 Pädagogische Veranstaltungen

Zu den pädagogischen Veranstaltungen gehören wie an jeder Schule die Halbjahreskonferenzen, in denen wir Leistungsnoten unserer SchülerInnen nie losgelöst von ihrem jeweiligen persönlichen Hintergrund betrachten und beurteilen. Wir haben Beobachtungs- und Beurteilungskriterien ausgearbeitet, die helfen sollen, die lebensmäßige Situation der SchülerInnen in den Blick zu fassen und den pädagogischen Charakter dieser Konferenzen zu sichern. Da für diese umfassenderen Aufgaben aber in Notenkonferenzen dann doch zu wenig Zeit ist, haben wir (auch als eine Reaktion auf Erfurt) in diesem Schuljahr im November erstmals pädagogische Klassenkonferenzen angesetzt.

In den monatlichen Gesamtlehrerkonferenzen nehmen wir uns die Zeit, um uns mit organisatorischen und pädagogischen Fragen auseinander zu setzen. Zusätzlich finden in jedem Schuljahr zwei bis drei zusammenhängende pädagogische Tage für das gesamte Kollegium statt. Auch während themenbezogener schulinterner Lehrerfortbildungen für KlassenlehrerInnen oder interessierte Kollegen arbeiten wir an der Erweiterung unserer pädagogischen und sozialen Kompetenzen.

In vielen dieser unterschiedlichen Fortbildungsveranstaltungen steht die Förderung der sozialen Kompetenz eines Lehrers im

Mittelpunkt. Sie ist neben seiner fachlichen und didaktischen Kompetenz eine berufliche Schlüsselqualifikation. Darauf machen uns jeden Tag Klassen oder einzelne Schüler aufmerksam. Dies kann sehr unangenehm, aber auch eine große Chance sein. Gerade schwierige Klassen zeigen uns, wo wir weiter wachsen müssen als Lehrer. Es geht dabei darum, die Fähigkeiten zum personorientierten Gespräch, unsere Möglichkeiten im Umgang mit schwierigen Schülern und Klassen und unseren Handlungsspielraum in schwierigen Situationen zu erweitern.

Vor diesem Hintergrund haben wir an unserer Schule eine Fallbesprechungsgruppe eingerichtet. In ihr beraten und unterstützen sich LehrerInnen gegenseitig bei Fragen und Problemen beruflicher Art. Unser effektivster und persönlichster Beitrag zur Persönlichkeitsentwicklung unserer SchülerInnen ist die Weiterentwicklung unserer eigenen Persönlichkeit.

3.3.4 *Pädagogische Arbeitskreise und schulinterne Lehrerfortbildungen*

Die Notwendigkeit einer sehr frühen wertorientierten Persönlichkeitsbildung wurde uns durch die Auseinandersetzung mit Problemen in unseren Unterstufenklassen klar. Wir nahmen dies zum Anlass, einen Arbeitskreis «Werteerziehung Unterstufe» ins Leben zu rufen. An diesem Arbeitskreis nehmen alle KlassenlehrerInnen der Unterstufe teil. Wer dazu nicht bereit ist, dem wird von mir keine Klassenleitung übertragen. Diese Gruppe trifft sich in vier- bis sechswöchigem Abstand und beschäftigt sich mit der Frage, wie wir Werteerziehung in der Unterstufe ganz konkret realisieren können; wie ist also z. B. umzusetzen: Wertschätzung des Einzelnen, Aufmerksamkeit für den Einzelnen, Vertrauen, Ehrlichkeit, Gemeinschaftssinn.

Wir stießen dabei schnell auf die Notwendigkeit, uns selbst besser zu schulen, um z. B. auf sinnvolle Weise Stilleübungen, Phantasiereisen, soziale Spiele, Kommunikationsübungen, Klassenrat (siehe unten) durchführen zu können. Dies führte uns zur Einrichtung von schulinternen Lehrerfortbildungen (ein- bis zweimal während eines Schuljahres, normalerweise zwei Tage während der Schulzeit), an denen wir solche Übungen zunächst an uns selbst erleben und sie dann auch praktizieren.

Eine Fortführung dieser Arbeit findet im Arbeitskreis «Pädagogik Mittelstufe» statt, an dem alle KlassenlehrerInnen der Mittelstufe teilnehmen. Hier geht es u. a. um die Einführung des Morgenkreises in der Mittelstufe, eine Weiterführung des Klassenrates, die Schulung der KollegInnen in Beratungsarbeit und Gesprächsführung.

In beiden Arbeitskreisen ist der kollegiale Austausch über aktuelle Entwicklungen und Schwierigkeiten in den Klassen ganz wesentlich. Wir machen die Erfahrung, gemeinsam an einem Strang zu ziehen und nicht als Einzelkämpfer allein auf weiter Flur zu stehen. Das inspiriert, macht Mut und befreit von der unsinnigen, aber oft lehrertypischen Vorstellung, man müsse immer alles im Griff und nur keine Probleme haben, um vor sich und KollegInnen ein guter Lehrer zu sein.

3.3.5 Schule als kulturelles Ereignis

Schülerinnen und Schüler können auch außerhalb des Unterrichtes in den Bereichen von Sport, Theater, Musik, Sprache, Kunst, Handwerk oder Medien ihre Begabungen und Fähigkeiten entfalten. In kleinen Gruppen kann der Förderung der Jugendlichen mehr Freiraum eingeräumt werden, als dies im regulären Unterricht der Fall ist. Außerdem werden durch diese freiwilligen Unternehmungen die Beziehungen sowohl der SchülerInnen untereinander als auch zwischen LehrerInnen und SchülerInnen vertieft; sie werden lebendig und unkompliziert, Beziehungen von «Mensch zu Mensch». Dies bedeutet für die beteiligten Lehrerinnen und Lehrer oft einen erheblichen Arbeitsaufwand. Wir sind überzeugt, dass sich dies lohnt, und bieten daher jedes Jahr über 40 Arbeitsgemeinschaften an.

Einen besonderen Schwerpunkt bei den Arbeitsgemeinschaften bildet der musisch-künstlerische Bereich, der unsere Schule in der Kulturstadt Dresden sehr attraktiv macht (von den 790 SchülerInnen haben 570 Instrumental- oder Gesangsunterricht). Neben dem musischen Profil in den Klassen 8 bis 10 gibt es auch Leistungskurse in Musik und Kunst in der Oberstufe. Darüber hinaus wird in sehr vielen Ensembles musiziert: Vororchester, Orchester, Vor-Big Band, Big Band, Musical, Jazzchor, Singkreis, Musikkreis. Ebenso nehmen Theaterspiel, Tanz und künstlerisches Gestalten einen wichtigen Platz im Schulleben ein. Diese Arbeit bereichert unsere Schule auch durch eine große kulturelle Vielfalt: Häufige Theaterabende, Konzerte, Kunstausstellungen, Vorführungen unterschiedlichster Art und Altersstufen sind fester Bestandteil unseres Schullebens. Wir sind überzeugt, dass die intensive Förderung gerade der musisch-künstlerischen Fähigkeiten der SchülerInnen ihre Sozialkompetenz wie auch ihre Fähigkeit zu komplexer Arbeitsorganisation sehr fördert.

Die SchülerInnen der Vinzenzkonferenz besuchen alte Menschen in einem Dresdner Altersheim und gestalten Nachmittage mit ihnen. In der AG «Senioren ans Netz» bringen Schüler älteren Leuten Internetkenntnisse bei.

In diesen Zusammenhang gehören auch unsere Informatikabteilung, in der das Internet eine sehr große Rolle spielt, und eine staatliche Medienwerkstatt an unserer Schule für alle Schulen Dresdens. Daher können wir auch sehr gut in eigenen Arbeitskreisen mit den modernen Kommunikationsmedien arbeiten und die Angebote der Medienwerkstatt nützen. Benno-TV und Benno On Air berichten in regelmäßigen Sendungen über die Schule, greifen aktuelle Themen auf und helfen auch beim Einsatz im Unterricht.

Darüber hinaus haben wir eine Kooperation mit der Universität Dresden (Fakultät Informatik) begonnen. Diese zielt auf die Förderung von begabten SchülerInnen ab, die in der Oberstufe gleichzeitig in einem begrenzten Umfang Vorlesungen in Informatik mit Mathematik und Logik hören können und so schon in ihrer Schulzeit einen Zugang zur Universität erhalten, einschließlich der in dieser Zeit schon zu erwerbenden «Scheine».

Wir unterstützen diese Entwicklungen, damit die SchülerInnen diese Techniken beherrschen können. Die Herausforderungen durch die neuen Medien sind aber nicht technisch zu lösen, sondern sie verlangen den kommunikationsfähigen und werteorientierten Menschen. Daher muss diese Ausbildung im Kontext unserer pädagogischen Profilierung gesehen werden.

An diese Stelle gehören auch unsere Schulpartnerschaften, durch die wir unsere Schüler auf eine zusammenwachsende und nachbarliche Welt vorbereiten wollen. Die konkrete Erfahrung anderer Kulturen und Mentalitäten hilft, Grenzen abzubauen, Ängste zu überwinden und die eigene Enge zu sprengen. Menschen kennenzulernen, Fremde zu schätzen, neue Freundschaften zu entwickeln, das erst lässt unsere Welt zusammenwachsen. Auch der Austausch von Lehrern wird allmählich entwickelt. Wir pflegen Partnerschaften mit folgenden Schulen: Harishonim High School in Herzliya, Israel (jüdisch-israelisch) – Comprehensive School Alef in Shfar-Am, Israel (arabisch-israelisch) – Lysée Sainte-Marie in Beaucamps-Ligny, Frankreich – Farnborough Hill in Hampshire, England – Amtsgymnasiet Odder, Dänemark – Atlanta International School, USA – Katholisches Lyzeum in Cieszyn, Polen – Aditi International School in Bangalore/Indien.

3.3.6 Erzieherische Prozesse

Die gesunde und positive Atmosphäre in einer Klasse und das soziale Miteinander der Schülerinnen und Schüler geben dem Einzelnen Sicherheit und bilden die Voraussetzung einer guten und gesamtmenschlichen Entwicklung.

Wenn diese Grundatmosphäre nicht stimmt, ist die persönliche Entwicklung behindert oder gar gestört. Eine wohlwollende und konstruktive Umgebung dagegen stützt den Einzelnen und fördert altersentsprechende Wachstumsprozesse und die Persönlichkeitsentwicklung. Immerhin verbringen unsere Schülerinnen und Schüler acht Jahre ihrer gymnasialen Schulzeit in einem bunt zusammengewürfelten Klassen- und Kursgefüge. Mit einem «Appell an die Einsicht» wird solch eine konstruktive Umgebung heute nur noch schwerlich erzeugt, wir müssen diese Umgebung für die Schüler schaffen.

3.3.6.1 Morgenkreis

Montagmorgen, erste Stunde: Es ist unsere Erfahrung, dass der Einstieg in die neue Schulwoche oft durch «Wochenendreste» blockiert ist. Um solche Blockaden zu lösen, führten wir in der Unterstufe den Morgenkreis ein, so wie er im Marchtaler Plan entwickelt wurde. Der jeweilige Klassenlehrer gestaltet diese erste Schulstunde der neuen Woche meditativ oder kommunikativ in Gesprächsrunden. Wir erleben den Morgenkreis sehr hilfreich und entwickeln derzeit altersadäquate Formen für die Mittelstufe.

3.3.6.2 Klassenrat

In den Klassen der Unterstufe haben wir begonnen, den sogenannten «Klassenrat» einzuführen. Der Klassenrat ist ein demo-
kratisches Gruppengespräch, das nach bestimmten Gesprächsregeln
verläuft. Schüler und Klassenlehrer beschäftigen sich mit Problemen, Konflikten oder sonstigen Anliegen ihrer Klasse.

Jeder Schüler hat die Möglichkeit, im Klassenrat einen Vorschlag
zu machen, eine Arbeit vorzustellen, ein Anliegen oder Problem
zu besprechen, das mit der Klasse, mit einzelnen Mitschülern oder
mit Lehrern zu tun hat. Dazu trägt er vor dem Klassenrat sein
Anliegen und seinen Namen in ein «Klassenratsbuch» ein, und in
der Reihenfolge der Eintragungen werden die eingebrachten Beiträge besprochen. Allerdings kann ein Problem nur mit dem Ein-
verständnis des Betroffenen besprochen werden.

Im Klassenrat besteht Gleichwertigkeit zwischen allen Teil-
nehmern, auch zwischen Lehrern und Schülern. Ergebnisse können nicht durch Abstimmung, sondern nur durch Einigung erzielt
werden. Kann auf diesem Wege keine Lösung erreicht werden,
muss das Problem beim nächsten Mal erneut besprochen werden.

Hier wird Gewalt- und Konfliktpotential in sinnvoller Weise ab-
gearbeitet. Geschieht dies nicht, führt es zu Zuständen, die auch
in Deutschland zunehmen und die wir nicht wollen. Der Klassenrat ist nicht zuletzt auch eine Möglichkeit, dass junge Menschen
zu aufrichtigen und mündigen Demokraten heranwachsen.

3.3.6.3 Zeiten der Orientierung

Wir machen die Erfahrung, dass wir den Schülern zur Entwicklung einer guten Klassenatmosphäre auch ausdrücklich Zeit einräumen müssen: Zeit, in der die Jugendlichen bewusster lernen,
miteinander umzugehen, anstatt sich aus dem Weg zu gehen; in
der sie die Wirkungen ihres Verhaltens erfahren; in der sie üben,
bei aller Unterschiedlichkeit achtungsvoll miteinander zu reden; in
der sie das Zusammenleben miteinander aushandeln; in der sie lernen, ihre eigenen Interessen zu vertreten, ohne die des anderen
geringzuschätzen. Dies verlangt eine bewusste Auseinandersetzung
und kann nur in intensiveren Prozessen geschehen, die sich über
längere Zeit hinziehen.

Es sind «Zeiten der Orientierung», in denen nicht Wissensstoff im Mittelpunkt steht, sondern der einzelne Mensch und die Klassengemeinschaft. Die jeweilige Klasse trifft sich während der Unterrichtszeiten mehrmals in drei bis vier zusammenhängenden Unterrichtsstunden außerhalb des Klassenzimmers, um Konflikte oder aktuelle Probleme im Umgang miteinander zu bearbeiten.

3.3.6.4 Religion und Religiöses

Wir bieten nur Religionsunterricht (auch den Leistungskurs in Religion) an, keine Ethik. Alle, auch die konfessionslosen SchülerInnen, müssen sich für den katholischen oder evangelischen Religionsunterricht entscheiden. Gerade mit den älteren Quereinsteigern wird dies in den Aufnahmegesprächen ausführlich besprochen.

Die konfessionslosen SchülerInnen werden von den Religionslehrern als Bereicherung empfunden, weil sie Fragen stellen, die an den Kern gehen. Sie sind sehr aufgeschlossen, erleben hier bei uns eine ganz andere Schulwirklichkeit, was sie bis in Klausuren hinein formulieren. Teilweise gehen sie mit ihren christlichen Mitschülern in die Jugendgruppen der Pfarrei. Für viele ist es – wie auch für ihre Eltern – die erste Begegnung mit Kirche und Christen.

Für die konfessionslosen SchülerInnen der Klassen 5 und 6 werden zusätzlich zum Religionsunterricht mehrere Nachmittage und Wochenenden vom Schulseelsorger und einer evangelischen Religionslehrerin gestaltet, um sie mit den Grundstrukturen und Vollzügen des christlichen Glaubens bekannt und vertraut zu machen. Obwohl diese Treffen für die Klasse 5 verpflichtend sind, erhalte ich sehr positive Rückmeldungen von Eltern.

Die religiösen Elemente im Schulleben sind: die tägliche Morgenbesinnung zu Beginn der ersten Stunde in allen Klassen und Kursen, der Morgenkreis am Montag in der ersten Stunde in den Klassen 5–7 mit dem Klassenlehrer, verschiedene Gottesdienste mit der gesamten Schule während des Schuljahres, eine wöchentliche Eucharistiefeier in unserer Hauskapelle. Etwa 20 Schüler treffen sich mehrmals in der Woche in der Pause, um miteinander in der Bibel zu lesen und sich darüber auszutauschen.

Eine wichtige Person an der Schule ist der Schulseelsorger. Seine Präsenz im Haus, seine offene Tür, seine Anwesenheit bei den

Notenkonferenzen, seine religiösen Impulse zu Beginn der Lehrer-
konferenzen machen das religiöse Leben im Alltag der Schule auch
an einer Person fest. Er koordiniert und kümmert sich mit den
KollegInnen um die religiösen Angebote. Er steht als Gesprächs-
partner für Eltern, LehrerInnen und SchülerInnen zur Verfügung.
Auch die von ihm betreuten GCL-Jugendgruppen bestehen größ-
tenteils aus unseren Schülern.

Besondere religiöse Ereignisse sind die Besinnungstage: Die
SchülerInnen der Klassenstufe 10 verbringen drei Tage in der Kar-
woche in Klöstern, Exerzitien- und Jugendhäusern in der Umgebung von Dresden. In kleinen Gruppen setzen sie sich mit
Themen auseinander, die für das Gelingen von Leben wichtig
sind; Fragen zur persönlichen Identität, zur Selbstfindung als
Mann oder Frau, zur Gestaltung von partnerschaftlichen Beziehungen, zu unterschiedlichen religiösen Themen werden miteinander besprochen und auf ganzheitliche Weise bearbeitet. Diese
Tage werden meist sowohl für die Einzelnen als auch die Gemeinschaft sehr bereichernd erlebt. Sie finden bewusst außerhalb
der Schule statt und werden von LehrerInnen vorbereitet und
begleitet. Da die religiösen Besinnungstage nur einige Wochen nach
dem Compassionpraktikum stattfinden, sind die Schüler auf eine
viel intensivere Weise aufgeschlossen, die tieferen Dimensionen
des Lebens zu bedenken.

Für die 12. Klassenstufe (Abitur) bieten wir für interessierte Frei-
willige sogenannte «Abi-Exerzitien» an. Sie wollen die SchülerInnen auf der Suche nach ihren persönlichen Lebensperspektiven
über die Schule hinaus unterstützen und auf ihrem eigenen Weg stärken.

Für die 11. Klassenstufe gibt es die Möglichkeit, freiwillig am
«Komm-und-sieh-Kurs» teilzunehmen. In sechswöchigen «Exer-
zitien im Alltag» setzen sich SchülerInnen mit Lebens- und
Glaubensfragen auf ganz persönliche Weise auseinander. Abschluss dieser Zeit bildet eine Besinnungswoche in Assisi. Dieser
Kurs soll helfen, die Chance menschlicher und religiöser Reifung
in den Begegnungen und Ereignissen des Alltags zu entdecken. Er
zielt nicht zuerst auf die Vermittlung von Theologie- und Glau-
benswissen, sondern auf Erfahrungen des Glaubens, die ihn wieder ins alltägliche Leben integrieren. In diesem Sinne sind die

Jugendlichen eingeladen, zum «Komm-und-sieh-Kurs» zu «kommen», um dann ihre Erfahrungen zu deuten, d. h. zu «sehen». Mitten in ihrem Arbeits- und Schulalltag setzen sich junge Menschen also mit existenziellen Lebensfragen auseinander und suchen nach einer Orientierung und Vertiefung ihres persönlichen religiösen Lebens. Alltags- und Glaubenserfahrungen zusammenzubringen ist das spezifische Anliegen dieses Weges.

Diese Erfahrungen der SchülerInnen waren für mehrere Kolleginnen und Kollegen so ermutigend, dass sie sich ebenfalls schon in einer Gruppe auf den Weg machten und religiöse Zeiten im Alltag und geistliche Tage in Assisi in den Herbstferien miteinander verbrachten.

Unsere Erfahrung zeigt, dass alle diese Zeiten wirklich persönlichkeitsbildende Prozesse in Gang setzen und in Gang halten. Sie sind für uns unverzichtbar, wenn es darum geht, Wertorientierung und Lebenswissen zu vermitteln, zu einem selbstbewussten und aufrichtigen Leben zu befähigen und die tieferen Dimensionen des Lebens zu erschließen.

Da wir nicht mehr von einer religiösen Sozialisation in Familie und Gesellschaft ausgehen können, brauchen wir in vielfacher Weise ganzheitliche Angebote, die die SchülerInnen christlichen Glaubensvollzug und christliche Religion sinnenhaft erfahren lassen. Der «Ort» religiöser Erziehung ist nicht der Kopf, sondern das Herz.

Hinsichtlich religiöser Erziehung gilt darüber hinaus das Gleiche wie in allen Erziehungsfragen. Das punktuelle Erlebnis führt nicht zur inneren Auseinandersetzung mit Lebenseinstellungen oder gar zur Aneignung einer solchen. Es ist die kontinuierliche Beschäftigung, die eine Vertiefung oder dauerhafte Aneignung von Lebenseinstellungen bedingt. Nur ein prozesshafter Weg führt vom (punktuellen) Erlebnis zur dauerhaften Bindung; zumal in einer Zeit, die geprägt ist von Beziehungs- und Bindungslosigkeit.

3.3.7 Eltern

Zum Abschluss will ich noch ein paar Bemerkungen zu den Eltern machen. Die kommen hiermit relativ kurz weg, und das ist nicht richtig so. Andererseits haben wir hier noch nicht viel entwickeln können, denn wir haben gerade erst das erste Jahrzehnt hinter uns gebracht. Im Schuljahresverlauf findet bei uns in Zusammenarbeit mit der Katholischen Akademie regelmäßig das «Elternforum» statt. Es handelt sich dabei um Vortragsabende zu Themenkreisen, die Schule und Elternhaus gemeinsam betreffen, wie Hintergründe zur Drogenproblematik, zu Gewalt, zu Perspektiven Jugendlicher heute, ihren Lebenswelten, aber auch zu theologischen Fragen. Darüber hinaus haben wir einen «Elterngesprächskreis», dessen Ziel der Austausch und das Gespräch zu pädagogischen Fragen und Themen ist, die die Eltern selbst beschäftigen. Dieser Kreis ist auch ein gutes Bindeglied zwischen Eltern und Schule: Es kann manches besprochen werden, was an Elternabenden für die jeweiligen Klassen keinen Raum findet.

Ich möchte einfach noch ein Problem anreißen, aber ich weiß nicht, ob es nur für unseren ostdeutschen Raum bezeichnend ist. Aufgrund der schlechten Beschäftigungslage haben viele Eltern keine Zeit mehr für ihre Kinder. Sie versuchen, dies aus schlechtem Gewissen den Kindern gegenüber auszugleichen durch materielle Dinge oder durch einseitige Stellungnahme immer zugunsten ihrer Kinder. Sie sind damit aber keine Partner in dieser Arbeit der Persönlichkeitsentwicklung. Manche Eltern sind überfordert, wenn sie Stellung beziehen sollen in der Wertediskussion. Ganz deutlich wird dies in der Drogenfrage, die ein immer größeres Problem wird und wo von Elternseite eine große Hilflosigkeit vorherrscht. Die Frage, welche Rolle die Eltern im Entwicklungsprozess in der Schule spielen können und sollen, müssen wir noch sehr intensiv bearbeiten. Allein die Betonung des Vorranges des Elternrechtes nützt nicht viel, wenn man die vielen Probleme in den Familien und die vielen Problemfamilien sieht.

3.3.8 Schule als Freiheitsprojekt

Bevor ich zum Schluss komme, möchte ich noch eine Bemerkung zum Gesagten anfügen: Wir versuchen – wie Sie gesehen haben – sehr viel an unserer Schule. Das geht natürlich nur, wenn alle Beteiligten in großer Freiheit und Selbständigkeit arbeiten können. Dazu gehört auch, dass die Schulverwaltung die LehrerInnen von allzu viel Papierkram verschont. Jedes Formular stiehlt den LehrerInnen die Zeit, die sie mit den Jugendlichen verbringen könnten. Ich brauche als Schulleiter ein sehr großes Vertrauen in meine KollegInnen, weil sonst ein so reiches Leben nicht möglich wäre. Die KollegInnen müssen die Schule als pädagogischen Lebensraum ausfüllen können, ihre Ideen verwirklichen können, denn sie sind direkt dran an den SchülerInnen. Auf diese Weise können sie auch die Bestätigung und Wertschätzung ihrer Arbeit erfahren. Hauptaufgabe von Schulleitung ist es dann, den Rahmen zu schaffen, dass die KollegInnen gut arbeiten können, den Gesamtbetrieb zusammenzuhalten und in eine gemeinsame Richtung zu lenken und vor allem, die KollegInnen zu bestärken. Erziehung zu Selbständigkeit und Selbstbewusstsein kann nur im Raum von Freiheit und Achtung geschehen. Dazu müssen dies zunächst die Schulleiter von ihren Schulträgern, die Lehrer von ihren Schulleitern erfahren; dann ist der Raum geschaffen, unsere Ziele mit unseren Schülern zu verwirklichen.

4 Konsequenzen

Ich möchte die Konsequenzen, die besonders für kirchliche Schulen zu ziehen sind, noch etwas ausfalten, da mir die Entwicklungen in der gegenwärtigen Gesellschaft zunehmend Sorgen machen und ich sehr große Zweifel habe, ob die gegenwärtige Schulentwicklung auf dem richtigen Weg ist. Ich kann dies natürlich hier nur knapp und thesenhaft ausbreiten.

Die Kinder und Jugendlichen sind über viele entscheidende Jahre hinweg täglich viele Stunden in der Schule, die allein durch die Zeitdauer zu einem bedeutenden Lebensraum wird. Also muss sie auch als Lebensraum gestaltet werden, in dem die Schüler ihre Persönlichkeit in allen Facetten entwickeln können. Dazu brauchen wir aber einerseits den politischen Willen, eine solche Schule zu gestalten, und das hat erhebliche Konsequenzen, und wir brauchen die Lehrer, die das können.

Wir brauchen Lehrer,
– für die die Menschenwürde und Werte wichtig sind und die bereit sind, diese zu verwirklichen mit und vor ihren Schülern;
– die die Überzeugung besitzen, dass das Leben durch Verantwortung für andere reicher wird und die dies leben mit und vor ihren Schülern;

– die eine reflektierte Grundüberzeugung für ihr Leben besitzen, einen Glauben, der alle Dimensionen von Welt umfassen kann, und die diese Überzeugung leben mit und vor ihren Schülern.

Wir brauchen ein Schulsystem, das all dies in der alltäglichen Arbeit mit dem Stoff, den Schule zu vermitteln hat, ermöglicht – und dies nicht nur nebenbei als lästiges erzieherisches Beiwerk.

Wir brauchen also auch Schulträger, die eine Vision von katholischer Schule besitzen, und die diese Vision mit ihren Schulleitern und Lehrern umzusetzen versuchen. Wir brauchen also Schulträger, die bereit sind, Hilfestellung zu geben bei dieser ungeheuerlichen Aufgabe der Neuevangelisierung. Lassen Sie mich dies sehr persönlich sagen: Als Schulleiter ist man oft einsam; man hat oft keinen Partner, mit dem man wesentliche, oft belastende Fragen besprechen könnte. Manchmal hat man Glück mit den Schulleiterkollegen. Der Träger wäre auch ein Partner, aber oft entzieht er sich und findet seine Hauptbeschäftigung in der Verwaltung und Finanzierung. Das ist auch wichtig. Aber unsere Schulen müssen doch viel mehr sein als nur gut verwaltete, funktionierende Betriebe.

Lassen wir uns bei der gegenwärtig geführten Diskussion um neue Schulsysteme nicht auf Nebenschauplätze führen wie Kindergartenunterricht, längere Schulzeiten usw.; diese sind natürlich viel leichter zu regeln als das, was pädagogisch nötig wäre, nämlich Charakter- und Persönlichkeitserziehung. Zu diesen Nebenschauplätzen gehören auch die sogenannten neuen Medien und die Wirtschaft.

Es wird so viel Zeit in die Frage investiert, was die Wirtschaft braucht. Wir müssen uns doch vielmehr fragen, was die Schüler zum Leben brauchen, welche Lebensbedeutung das hat, was wir ihnen zu vermitteln haben. Wenn wir das schaffen, dann erledigen wir die Dinge, die die Wirtschaft braucht, nebenbei.

Ich habe versucht, Ihnen das Spannungsfeld von katholischer Schule als einer Schule, die den Jugendlichen ganzheitlich zu begegnen versucht, aufzuzeigen. Natürlich ist dies auch Aufgabe der staatlichen Schule. Wir tun uns damit vielleicht etwas leichter, weil wir die Schule nach unseren Vorstellungen frei gestalten können, weil wir unserer Schule auch diese spezielle christliche Überschrift geben können, die das von mir Ausgeführte umfasst, und weil wir auch unsere Lehrer unter dieser Überschrift auswählen können. Das erleichtert vieles. Um so mehr ist es aber dann auch unsere Verpflichtung, entschieden diesen Weg einzuschlagen. Die katholische Schule als Herausforderung: ja zunächst für uns selber, aber dann hoffe ich auch für unsere jüngeren Geschwister, die staatlichen Schulen.

Wir stehen vor einer riesigen Aufgabe für unsere gesellschaftliche Zukunft. Verführer zur Resignation gibt es viele, aber ganz selten sind es die jungen Menschen. Es ist eine erfüllende Aufgabe, die jungen Leute dabei begleiten zu dürfen, dass sie selbstbewusst, aufrichtig, unbestechlich, mitempfindend und verantwortungsbereit leben können, also dass sie erfüllt leben können, weil sie erfahren haben, dass sie auf einem Fundament stehen, das ihr Leben und jedes Leben liebevoll trägt.

1   Dieser Beitrag wurde als Vortrag anlässlich eines Seminars des deutschen Arbeitskreises Katholischer Schulen AKS für die Leitungspersonen katholischer Schulen in den neuen Bundesländern gehalten. Kapitel 1 und 2 des Artikels wurden unter demselben Titel erstmals veröffentlicht in: engagement: Zeitschrift für Erziehung und Schule, Heft 1/2003, S. 75–79; er wurde uns in verdankenswerter Weise zum Abdruck überlassen. Die Ausführungen bes. in Kapitel 3 orientieren sich an Pflüger, F.; Leide, Jürgen: Das St. Benno-Gymnasium in Dresden. In: Wagner, M. (Hrsg.): Wozu kirchliche Schulen? Münster: Lit, 2001, S. 119–142.

i2 Vgl. Tomka, M.; Zulehner, P.: Religion in den Reformländern Ost(Mittel)Europas. Ostfildern: Schwabenverlag, 1999, S. 27.

3   «Tag des Herrn» , 18. Juli 1999.

4   Vgl. Tomka/Zulehner: Religion. aaO., S. 52ff.

5   Vgl. ebd. 230.

6   Vgl. ebd. 208.

7   Vgl. EMNID-Umfrage in: Das Sonntagsblatt, Nr. 25, 18. 6. 1997.

8   Saulek, Martin: Jesuitenpädagogik und Elitebildung. In: engagement : Zeitschrift für Erziehung und Schule, Heft 4/1999, S. 396–400, hier: S. 398–399.

Autorenverzeichnis

Brun, Maria: Religionslehrerin.

Frei, Werner: Reformierter Pfarrer, stellvertretender Leiter des Hauses der Stille und Besinnung in Kappel am Albis.

Hirner, Fred: Dozent an der Höheren Fachschule für Sozialpädagogik Luzern.

Lenherr, Alfons: Rektor Freies Katholisches Gymnasium Kreuzbühl, Zürich.

Loretan, Adrian: Professor für Kirchenrecht/Staatskirchenrecht an der Theologischen Fakultät der Universität Luzern.

Müller, Wolfgang W.: Professor für Dogmatik an der Theologischen Fakultät der Universität Luzern, Leiter des Ökumenischen Instituts Luzern.

Pflüger, Frido: Jesuit, ehemals Leiter St. Benno Gymnasium, Leipzig; heute Flüchtlingsarbeit im Sudan.

Ritter, André: Ref. Pfarrer, Direktor des Europäischen Instituts für interkulturelle und interreligiöse Forschung in Vaduz/Liechtenstein, freier Mitarbeiter am Ökumenischen Institut Luzern.

Santini-Amgarten, Bruno †: Leiter der Arbeitsstelle für Bildung der Schweizer Katholiken.

Schwab, Claude: Ref. Pfarrer, Dozent an der Pädagogischen Hochschule des Kantons Waadt, Saint-Légier.

Weibel, Rolf: Ehemaliger Chefredaktor der Schweizerischen Kirchenzeitung.

Weibel, Walter: Sekretär der Nordwestschweizerischen Erziehungsdirektorenkonferenz in Aarau.